»DER GLAUBE IN DEN STRASSEN
VON REGENSBURG«

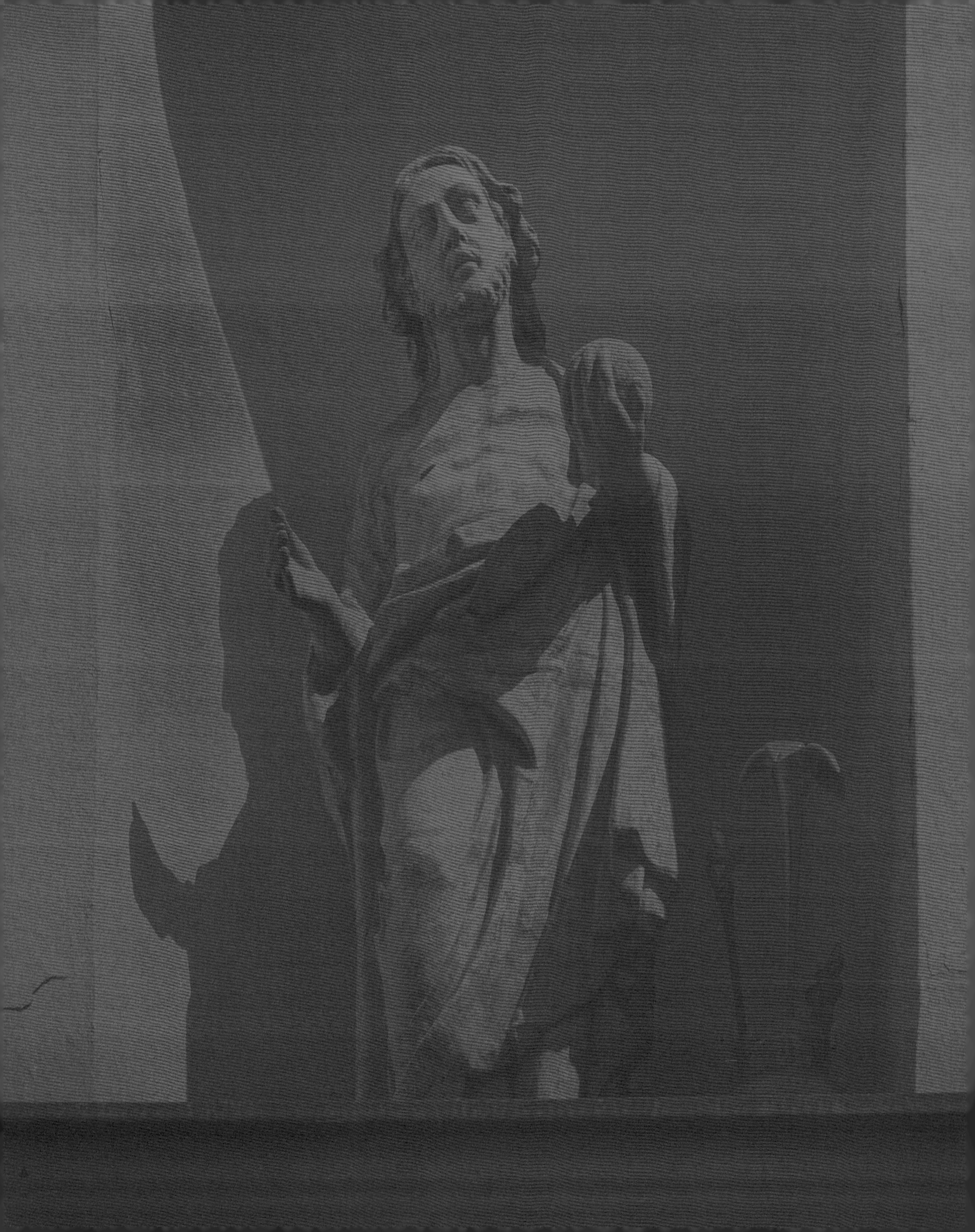

Achim Dittrich · Matthias Effhauser · Maria Baumann (Hg.)

»DER GLAUBE IN DEN STRASSEN VON REGENSBURG«

33 religiöse Bildwerke
Jesu Christi und der Heiligen

SCHNELL + STEINER

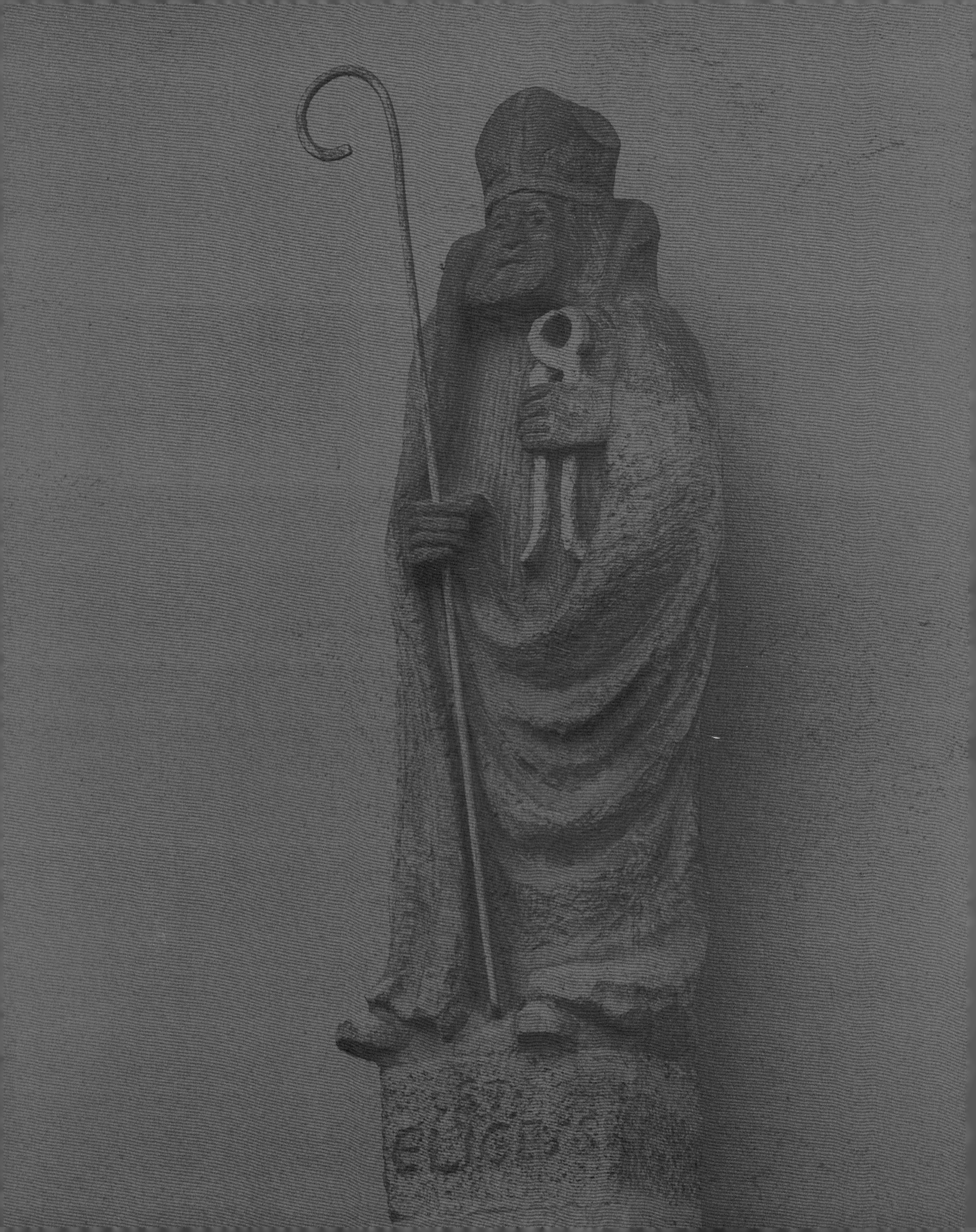

GELEITWORT

Nachdem der Verlag Friedrich Pustet im Jahr 2022 das Buch zu den Regensburger Hausmadonnen »Die Schönste von allen« herausgebracht hat, liegt jetzt auch der Nachfolgeband mit einer Auswahl vieler weiterer Christus- und Heiligendarstellungen in den Straßen von Regensburg vor.

Mit diesen beiden Bänden wird uns erstmals ein geistlicher Stadtführer für Regensburg an die Hand gegeben, der diese Glaubenszeugnisse erschließt und für den persönlichen Glauben fruchtbar macht. »Das Zeugnis unserer Väter und Mütter im Glauben soll uns Mut machen, auch heute unseren Glauben nicht zu verstecken, sondern ihn freimütig in der Öffentlichkeit zu bekennen und auch andere dafür zu interessieren.« Dieser mein Wunsch im Geleitwort zum Hausmadonnenbuch gilt nun auch für den vorliegenden Band zu den Christus- und Heiligendarstellungen.

29 Autorinnen und Autoren, u.a. mein Vorgänger als Bischof von Regensburg, Gerhard Kardinal Müller und der Bischof von Augsburg, Dr. Bertram Meier haben einen Beitrag geleistet: ihnen allen ein herzliches »Vergelt's Gott«. Ich danke besonders den Herausgebern Frau Dr. Maria Baumann, Spiritual Matthias Effhauser und Pfarrvikar Dr. Achim Dittrich für die gelungene Konzeption und die Auswahl der Autoren. Herrn Gerald Richter danke ich für die wunderbaren Fotos und Felix Weiland, dem Verleger des Schnell & Steiner Verlages, für die vorzügliche Betreuung und Realisierung dieses Buches.

Mit einer Gebetseinladung an alle Leserinnen und Leser möchte ich schließen: »O Jesu, mach uns alle eins in dir! Sie schon vollendet – angefochten wir; doch alle dein, dich lobend dort und hier« (Gotteslob 548,2).

Regensburg, am Hochfest der Apostelfürsten Petrus und Paulus 2023

+ Rudolf Voderholzer
Bischof von Regensburg

»DER GLAUBE IN DEN STRASSEN VON REGENSBURG«

33 RELIGIÖSE BILDWERKE JESU CHRISTI UND DER HEILIGEN

Maria Baumann
Sigmund Bonk
Maria Marina Dirks
Achim Dittrich
Christian Dostal
Matthias Effhauser
Josef Eichinger
Reiner Fleischmann
Michael Fuchs
Roman Gerl
Josef Graf
Elias Haas
Helmut Huber
Wilhelm Imkamp
Bertram Meier
Rosa Micus
Gerhard Ludwig Müller
Karl-Ludwig Ritzke
Harald Scharf
Werner Schrüfer
Georg Schwager
Martin Seiberl
Christoph Seidl
Adolfine Treiber
Thomas Väth
Rudolf Voderholzer
Hans-Ulrich Weidemann
Gabriel Weiten
Maria Rita Zirngibl

HINFÜHRUNGEN DER HERAUSGEBER

Achim Dittrich · Matthias Effhauser · Maria Baumann

»Aus den Augen, aus dem Sinn!« – so lautet eine zutreffende Alltagsweisheit. Im Umkehrschluss bedeutet diese, dass wichtige Dinge dadurch »in den Sinn« der Menschen gelangen, indem sie augenfällig, in den Blick gerückt werden. Das war und ist auch die Intention der sog. Hausfiguren, welche die Besitzer von Regensburger Häusern an ihren Fassaden in den vergangenen Jahrhunderten angebracht haben. Fast 200 religiöse Darstellungen nicht nur figürlicher Art finden sich in den Straßen, an den Häusern und Gebäuden im Stadtgebiet, Darstellungen, in denen der dreifaltige Gott, in denen Christus, die Heilige Familie, Engel und viele verschiedene Heilige gezeigt werden.

2020 regte Ortsbischof Dr. Rudolf Voderholzer angesichts der Strahlenkranzmadonna über dem Portal der Niedermünsterkirche an, sämtliche Heiligendarstellungen im Stadtbild zu erkunden, dem »Glauben in den Straßen von Regensburg« nachzugehen. So erschien bereits 2022 in der Reihe »Regensburger Marianische Beiträge« der Band »Die Schönste von allen!«, der 72 Hausmadonnen vorstellt; jener versteht sich als kunsthistorisch orientierter Stadtführer. Dieser Nachfolge-Band nun präsentiert in anderer Gestaltung – nämlich als Bild-Betrachtungs-Buch – 33 verschiedene Motive des christlichen Glaubens, wie er uns in den Straßen und auf den Plätzen im gesamten Stadtgebiet begegnet.

Die Hausfiguren sollen Schutz und Segen auf das Gebäude und seine Bewohner herabrufen; sie sind ein katholisches Bekenntnis und mitunter künstlerische Verkündigung, für das Auge eben! Sie stellen eine Aufforderung an die Passanten dar, die Geheimnisse und Gestalten des christlichen Glaubens zu bedenken.

Unterwegs in den Straßen ist man oft zu sehr Passant: Vorübergehender, ohne Muße, um die jeweilige Darstellung, das Christus-Bild oder die Heiligenfigur betrachten zu können. Zumal viele Darstellungen an den Fassaden in einem oberen Stockwerk angebracht und gar nicht so genau zu erkennen sind. Dieser Bildband will in Foto-Nahaufnahmen 33 ausgewählte Glaubensdarstellungen in den Blick rücken. 29 verschiedene Autoren haben Betrachtungen dazu geschrieben, die informieren und auch hinleiten zum geistlichen Gehalt der Bilder und Figuren. So verschieden die Autoren und Autorinnen sind: Bischöfe, Priester, Ordensleute, Diakone, Theologen, Kunstwissenschaftler etc., so vielfältig erscheinen die 33 Texte zu den Glaubensmotiven aus Regensburg, die ihrerseits aus fünf Jahrhunderten stammen, vom gotischen Relief bis zur zeitgenössischen Bronzeplastik. Über die ausgewählten Objekte hinaus werden alle 190 bekannten im Anhang dokumentiert und kunsthistorisch skizziert, um gezielte Spaziergänge zu den christlichen Heiligen und Glaubensmotiven in den Straßen unserer Stadt zu ermöglichen. (ad)

Das vorliegende Buch mit Christus- und Heiligendarstellungen in den Straßen von Regensburg hat die Absicht, Zeugnisse des Glaubens zu erschließen und für den eigenen Glauben fruchtbar zu machen. Der Weg dorthin führt über die Betrachtung. So will dieser Band im guten Sinne ein Betrachtungsbuch sein. Betrachten heißt, ich sehe mir etwas aufmerksam an, schaue genau hin, setzte mich damit auseinander und nehme wahr. Betrachten heißt, nicht nur etwas flüchtig in den Blick zu nehmen, sondern mehr sehen zu wollen.

Ein Betrachter will verweilen. Er nimmt sich Zeit, hält inne, um ein Bild, eine Figur, ein Relief auf sich wirken zu lassen, es zu »verkosten«. Ein Betrachter wird nachdenklich mit seinen Augen.

Dieses Betrachtungsbuch mit Christus- und Heiligendarstellungen in den Straßen von Regensburg macht Zeugnisse des Glaubens sichtbar und anschaubar. Es lädt ein, einen Blick zu bekommen und dafür aufmerksam zu werden, was wir gerne auf unserem Weg durch die Straßen übersehen oder woran wir allzu schnell achtlos vorübergehen. Das Buch ermuntert also, innezuhalten und Zeugnisse des Glaubens in dieser Stadt wahrzunehmen. Es will Vordergründiges und vor allem Hintergründiges zu den jeweiligen Darstellungen erschließen. Die Geschichte dahinter: einer besonderen Verortung, einer Entstehungszeit, eines Anlasses …

Die Texte ziehen in Betracht, über die jeweilige Zeitgeschichte hinaus, nach der Bedeutung für unsere Zeit zu fragen. In der persönlichen Betrachtung die zeitlose Botschaft dahinter zu erkennen.

Der Band möchte Christus- und Heiligendarstellungen erschließen, um Glaubenszeugnisse in unsere Zeit hereinzuholen und für uns fruchtbar zu machen. Es will manchen Fragen, die einst gestellt wurden, heute nachgehen und nach tragfähigen Antworten suchen.

Das Buch soll dazu beitragen, die Glaubenszeugnisse in unserer Stadt nicht außer Betracht oder unberücksichtigt zu lassen, sondern mit offenen Augen durch die Straßen von Regensburg zu gehen. Aus der beträchtlichen Zahl der Darstellungen haben die Herausgeber 33 ausgewählt. Alle diese Christus- und Heiligendarstellungen verdienen Beachtung, um – wenn nicht schon geschehen – dem Betrachter einen neuen Ein-blick anzubieten. (me)

Regensburg ist eine Stadt der Geschichte und Geschichten. Wir möchten Sie anregen, nicht nur die großen Denkmäler neu zu entdecken, sondern mit neugierigen Blicken auch die kleinen Schönheiten wahrzunehmen. Die zahlreichen, oft recht versteckt angebrachten Kleindenkmäler machen den besonderen Reiz mancher traditionsreichen Fassade aus. Die Steinbilder erzählen von der Zeit, in der die Häuser erbaut wurden, von den Hoffnungen und dem Glauben der Hausbesitzer. Um viele Reliefs und Figuren ranken sich spannende Legenden. Und einige Kunstwerke haben selbst eine recht bewegte Geschichte hinter sich, bevor sie an dem Platz eingemauert wurden, an dem sie heute so selbstverständlich zum Stadtbild gehören, dass sie oft gar nicht mehr bewusst wahrgenommen werden.

Repräsentativer Schmuck, der nach außen ein Zeichen setzt – auch das sind die Hausheiligen. An der Fassade wird ein Statement gesetzt – zu Religion, Geschichte und Gesellschaft in der Zeit. Bereits im Mittelalter verbindet sich ein bildhauerisch ausgeführter Bauschmuck immer mehr mit der architektonischen Repräsentation. Figürliche und emblematische Darstellungen wie Wappensteine werden sichtbar in die Fassade integriert. Stand und Glaube erhalten ein Zeichen nach außen. War es seit dem Spätmittelalter Brauch, das Haus unter den Schutz eines Heiligen zu stellen, blüht dieses Zeichen im Barock neu auf. Die Hausheiligen werden zum präsentierenden Zeichen, das nach außen zeigt, wie sich das Haus und seine Bewohner verstanden wissen wollen. Die Bilder der Gottesmutter dominieren bei den Hausheiligen. Beim Gang durch die Stadt ist jedoch eine Vielzahl von Figuren zu entdecken, sowohl an Privathäusern als auch an Kirchenfassaden. Mit diesem Buch möchten wir Sie einladen zu einem Spaziergang mit den Augen und einem lohnenden Blick nach oben. (mb)

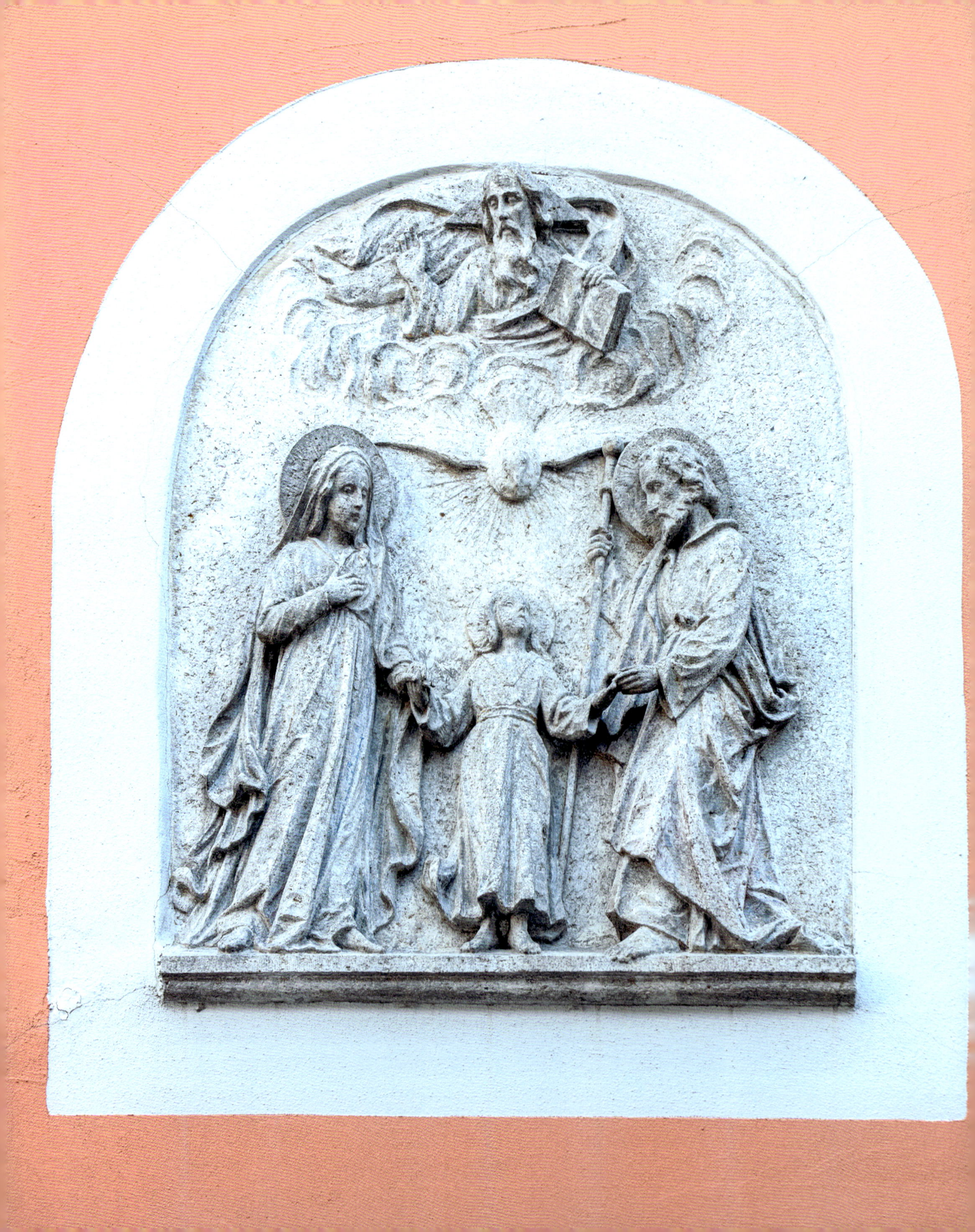

»HEILIGER WANDEL«

Relief der Hl. Familie mit Trinität · Fahrbeckgasse 1

Dr. Maria Baumann, Diözesankonservatorin

Das dreigeschossige Eckhaus »Fahrbeckgasse 1« stammt in seinem Kern aus dem 17. Jahrhundert. In einer Freifläche der Nordfassade zeigt ein neugotisches Rundbogenrelief des späten 19. Jahrhunderts aus Kunststein die Heilige Familie im Motiv »Heiliger Wandel«: Maria und Josef, die in der Mitte das Jesuskind an den Händen halten, beschützt von Gottvater, dargestellt als Halbfigur in einem bewegten Wolkenband, in seiner Linken ein offenes Buch, die Rechte segnend erhoben. Die Bildmitte konzentriert kraftvoll der Heilige Geist in Gestalt einer strahlenumkränzten Taube mit weit geöffneten Flügeln.

Das ikonographische Thema des Heiligen Wandels war bereits im Mittelalter populär, da es sowohl volkstümlich als auch theologisch interpretiert werden konnte. Schließlich entwickelte sich der Heilige Wandel zu einem der beliebtesten Bildmotive der Gegenreformation, von den Jesuiten nach spanischen Vorbildern verbreitet. Das Thema fand in Form von Kupferstichen europaweite Aufnahme und wurde häufig kopiert. Diese Szene aus der Kindheit Jesu wird auch als »Rückkehr aus Ägypten«, »Rückkehr aus dem Tempel« oder »Gang der Heiligen Familie übers Gebirge« bezeichnet. Alle diese Benennungen gehen auf Überlieferungen in den sogenannten apokryphen Schriften zurück, aus denen Motive für Darstellungen aus der Heilsgeschichte abgeleitet wurden.

Die Erscheinung Gottvaters mit der Taube über der Heiligen Familie als Gehende (»wandelnde«) wurde in der Kunst des 17. Jahrhunderts als »Dreieinigkeit auf Erden« gedeutet. So bildet die Ansicht von Vater, Sohn und Heiligem Geist auch die Mittelachse des früher farbig gefassten Reliefs an der Fassade »Fahrbeckgasse 1«. Die Figurengruppe der Gottesmutter und des hl. Josef mit dem Jesuskind in ihrer Mitte – alle drei in Gewändern mit bewegtem Faltenwurf – verbindet in der Horizontalen eine innige Zugewandtheit.

Anfang des 20. Jahrhunderts erwarb der Urgroßvater des heutigen Eigentümers das Haus. Georg Pfeffer war Bäcker. Baupläne von 1909 dokumentieren einen Backstubenumbau von Februar bis Mai. Er ließ das Steinbild der Heiligen Familie, das nach der

Familienüberlieferung aus einer Feldkapelle stammte, an der Schauseite des Hauses anbringen. Dem Gebäude hatte bereits der Abbruch gedroht. 1979 stellte das Landesamt für Denkmalpflege die Denkmalwürdigkeit des Hauses fest. 1980 konnte die Familie es zurückkaufen.

Das Relief nimmt bildlich den historischen Namen der angrenzenden Gasse auf, denn das Haus steht mit seiner Traufseite zur Heiliggeistgasse. Um 1368 heißt es »in der hl. Geist Strazz«, im 18. Jahrhundert wurde die stille Straße als »Geistgäßl« bezeichnet. Die Benennung erinnert eventuell an eine Kapelle, die dem Heiligen Geist geweiht war, deren Lage und Geschichte aber nicht überliefert ist. Man könnte vermuten, dass die Kapelle zu einem Heiliggeistspital gehörte. Im Archiv der Katharinenspitalstiftung gibt es zwei Urkunden, die im 13. Jahrhundert eine Schenkung an ein Heiliggeistspital ausweisen. Das Heiliggeist-Patrozinium war im Mittelalter weit verbreitet; rund 40.000 Spitäler in Europa trugen diesen Titulus. Ob, wo und wie lange eine dem Heiligen Geist geweihte Fürsorgeeinrichtung für Arme und Kranke in Regensburg existierte, ist nicht sicher nachweisbar.

VOR JEDER FAMILIE ERSCHEINT DAS BILD DER FAMILIE VON NAZARETH MIT IHREM ALLTAG AUS ERMÜDUNG UND SOGAR AUS ALPTRÄUMEN WIE IN DEM MOMENT, ALS SIE UNTER DER UNFASSBAREN GEWALT DES HERODES LEIDEN MUSSTEN – EINE ERFAHRUNG, DIE SICH NOCH HEUTE IN VIELEN FAMILIEN AUSGESCHLOSSENER UND WEHRLOSER FLÜCHTLINGE TRAGISCH WIEDERHOLT. DIE FAMILIEN ... SIND AUFGEFORDERT, WIE MARIA IHRE TRAURIGEN UND BEGEISTERNDEN FAMILIÄREN HERAUSFORDERUNGEN MUTIG UND GELASSEN ZU LEBEN UND DIE WUNDER GOTTES IM HERZEN ZU BEWAHREN UND DARÜBER NACHZUDENKEN (VGL. LK 2,19.51). IM SCHATZ VON MARIAS HERZ BEFINDEN SICH AUCH ALLE EREIGNISSE EINER JEDEN UNSERER FAMILIEN, DIE SIE SORGSAM BEWAHRT. DAHER KANN SIE UNS HELFEN, SIE ZU DEUTEN, UM IN DER FAMILIENGESCHICHTE DIE BOTSCHAFT GOTTES ZU ERKENNEN.

(Papst Franziskus, Amoris laetitia, Nr. 30)

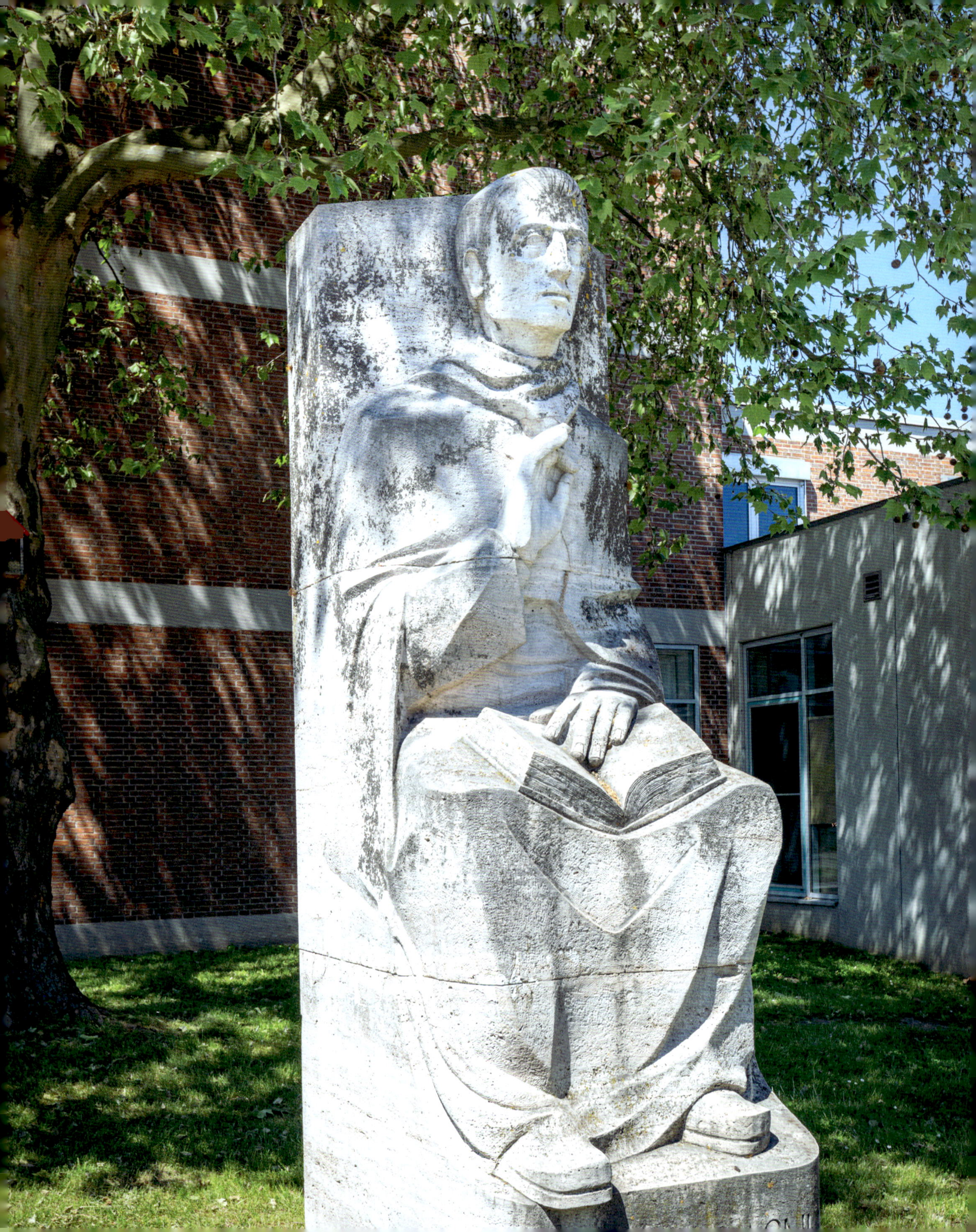

ALBERT DER GROSSE UND DIE GEHEIMNISVOLLE ROSE

Travertinplastik
Albertus-Magnus-Gymnasium · Hans-Sachs-Str. 2

Prof. Dr. Sigmund Bonk, Akademisches Forum Albertus Magnus

Der überlebensgroß gestaltete Kirchenlehrer sitzt aufrecht auf seinem Lehrstuhl, um ewige Wahrheiten zu verkünden. »Gravitätisch« (von lat. gravitas, gravitatis [f.]: Schwere, Gewicht, aber auch Dignität, Erhabenheit) hebt er seinen rechten Arm, um einen bedeutenden Gedanken, den er, hochkonzentriert vor sich hinblickend, gerade zu formulieren im Begriff ist, mit einer gezielten Geste effektvoll zu unterstreichen. Auf diese Weise empfing Albert bereits 1965 die erste Schülergeneration des »AMG« (Albertus-Magnus-Gymnasiums).

Aus dem Stein – genauer aus drei übereinander geschichteten Quadern – wurde er geschlagen von dem damals namhaften Bildhauer Toni Fiedler. Der 1899 in Tölz (gerade in diesem Jahr wurde dem Städtchen an der Isar auch der ehrende Namenszusatz »Bad« verliehen) geborene Künstler war 1936 nach Rom übersiedelt, wohin er seine jüdische Frau in Sicherheit brachte und wo er 41 Jahre darauf auch verstarb. Wie viele deutsche Bildhauer seiner Generation strebte er in seinen Werken Monumentalität an. Hierzu eignete sich, geradeso gut wie der Marmor, der graue Travertin – ein relativ weicher poröser Kalkstein, den bereits die alten Römer schätzten und vielfach in Einsatz zu bringen wussten. Die Zeiten bzw. Verhältnisse änderten sich in der ersten Hälfte des 20. Jahrhunderts ebenso schnell wie dramatisch: Dem sollten monumentale Steinwerke und der weitgehende Verzicht auf Bewegtheit der Darstellung (man denke zum Kontrast an Statuen aus der Barockzeit, etwa von Bernini!) beruhigend und Halt verleihend entgegenwirken.

Das Monumentale der Darstellung ist im Übrigen dem Namen des Dargestellten durchaus konform: »Albertus Magnus« (geb. um 1200 in Lauingen an der Donau; gest. 1280 in Köln am Rhein). Häufig kommt es gerade nicht vor, dass ein, wie man heute sagen würde, Intellektueller (Theologe, Philosoph, Naturforscher) mit dem Ehrentitel eines Großen versehen wird. Im Falle Alberts geschah dies indessen mit vollem Recht, feierte der Gelehrte doch unvergleichliche Triumphe in der wichtigsten Universität der mittelalterlichen Welt

(i. e. Paris), drückte er doch einer ganzen geistesgeschichtlichen Epoche (dem Hoch- und Spätmittelalter) einen christianisierten Aristotelismus als deren unverwechselbares akademisches Siegel auf und war er dazu, gewissermaßen »so nebenher«, ja auch noch Bischof von Regensburg (ab 1260). In der verblüffend kurzen Zeit von nur vierzehn Monaten hatte er das geistlich und finanziell zutiefst zerrüttete Bistum wieder »auf Vordermann« gebracht.

»Der Große« also: Hier im sog. »Mittleren Westen« der Stadt, im Maxiformat und großer Pose. Jeweils an seinem Gedenktag, dem 15. November, ist an seinem Denkmal (es befindet sich links vor dem Haupteingang des »AMG«) regelmäßig etwas Seltsames festzustellen gewesen. Im Laufe des Tages begegnet dem Großen stets das Kleine, dem Lastenden das Leichte, dem nach unten in die Tiefe Gravitierenden ein nach oben ins Licht sich Reckendes – und dies in der schlanken Gestalt einer langstieligen Rose. Die edle Blume lag verlässlich einfach da, immer am richtigen Tag und wie von unsichtbarer Zauberhand abgelegt. Lange Jahre lang ist das schon so gegangen.

Da wollte der damalige Schulleiter dieser ein wenig mysteriösen Sache endlich auch einmal auf den Grund gehen, indem er, so gut es ihm der Dienst eben erlaubte, den steinernen Albert an dessen Ehrentag einfach nicht aus den Augen ließ. Da glaubt der Rektor einen alten Mann in dessen Nähe auszumachen, stürzt aus dem Schulgebäude in den Novembernebel hinaus und fragt den unbekannten Herren, ob er denn der alljährliche anonyme Rosenspender sei. Dieser ist sogleich geständig und gesteht in diesem Zusammenhang auch seine Dankbarkeit gegenüber dem Heiligen und »dessen« Gymnasium mit ein. Des älteren Mannes beide Söhne hätten dort ihr Abitur gemacht und darüber hinaus eine grundsolide Erziehung erhalten. Die jährliche Blumengabe sei ein Ausdruck seiner großen Dankbarkeit hierfür – und seiner unverbrüchlichen Verbundenheit mit dem AMG. Als diese Gabe dann an einem späteren 15. November erstmalig ausbleibt, legt der Schulleiter abends eine eigene Rose ab. Und diese Tradition hat er bis in die Gegenwart hinein aufrechterhalten.

Ob es dem dankbaren Vater bewusst war oder auch nicht: Die Rose ist ein durchaus passendes Symbol für den großen Albert gewesen. Mit seinem Meister in philosophicis, dem ebenfalls großen Aristoteles (384–322 v. Chr.) teilte er eine ebenso ernsthafte wie kindliche Freude an der Naturkunde. Das Interesse an Pflanzen und Tieren hat tatsächlich vor allen anderen Albert dem Abendland und der Wissenschaft zurückgegeben. So ist etwa 1.500 Jahre lang in der gesamten europäischen Literatur kein einziges Mal von Schmetterlingen die Rede gewesen. Albert ist buchstäblich der Erste, der seit dem griechisch-makedonischen Denker, dem im Mittelalter häufig sog. »Stagiriten« (Mann aus dem Städtchen Stageira auf der Halbinsel Chalikide), über diese bezaubernden zarten kleinen Wesen geschrieben hat. Auch für viele andere Insekten, Blumen, Kräuter und Pflanzen hat Albert sich leidenschaftlich interessiert. Vermutlich ist er auch der Erfinder der Hochbeete gewesen, die ein genaueres Betrachten, Berühren und Beriechen der Blumen und Kräuter ermöglichen – und dies, ohne dass man sich dabei niederzuknien braucht. Am Donaustrand unter seinem spektakulär schön gelegenen Sommersitz Burg Donaustauf studierte Albert zudem das Laichverhalten der Barben; in seinem Burginnenhof war er vom emsigen Treiben der Bienen fasziniert.

Was uns heute so naheliegend scheint, ist es damals durchaus nicht gewesen. Augustinus (354–430) hatte sich selbst eindringlich die Frage gestellt, was er eigentlich wissen oder gründlich kennen möchte und sich in den »Soliloquien« daraufhin selbst die jahrhundertelang gerühmte Antwort zugesagt: »Gott und die Seele, weiter nichts.« Diese Grundentscheidung ist, geistesgeschichtlich betrachtet, außerordentlich folgenreich gewesen. Sie versperrte der naturwissenschaftlichen Forschung und einer sich darauf stützenden Technik und Kultur den Weg. Es war Albert, der die Weichen vorsichtig, aber doch wirkungsreich in eine andere, die augustinische Dezision seines Erachtens ergänzende (ihr also nicht widersprechende) Richtung gestellt hat. Dass es inzwischen zu einem eher bedrückenden Übergewicht der Naturforschung gegenüber den Geisteswissenschaften und der Theologie gekommen ist, war freilich nicht Alberts' Schuld. Die geheimnisvoll jährlich wiederkehrende heitere Rose an seinem ernsten Denkmal hat er zweifellos mehr als verdient. Diese kleine Tradition soll denn weiter aufrechterhalten bleiben, wofür auch der Verfasser dieser Zeilen einsteht.

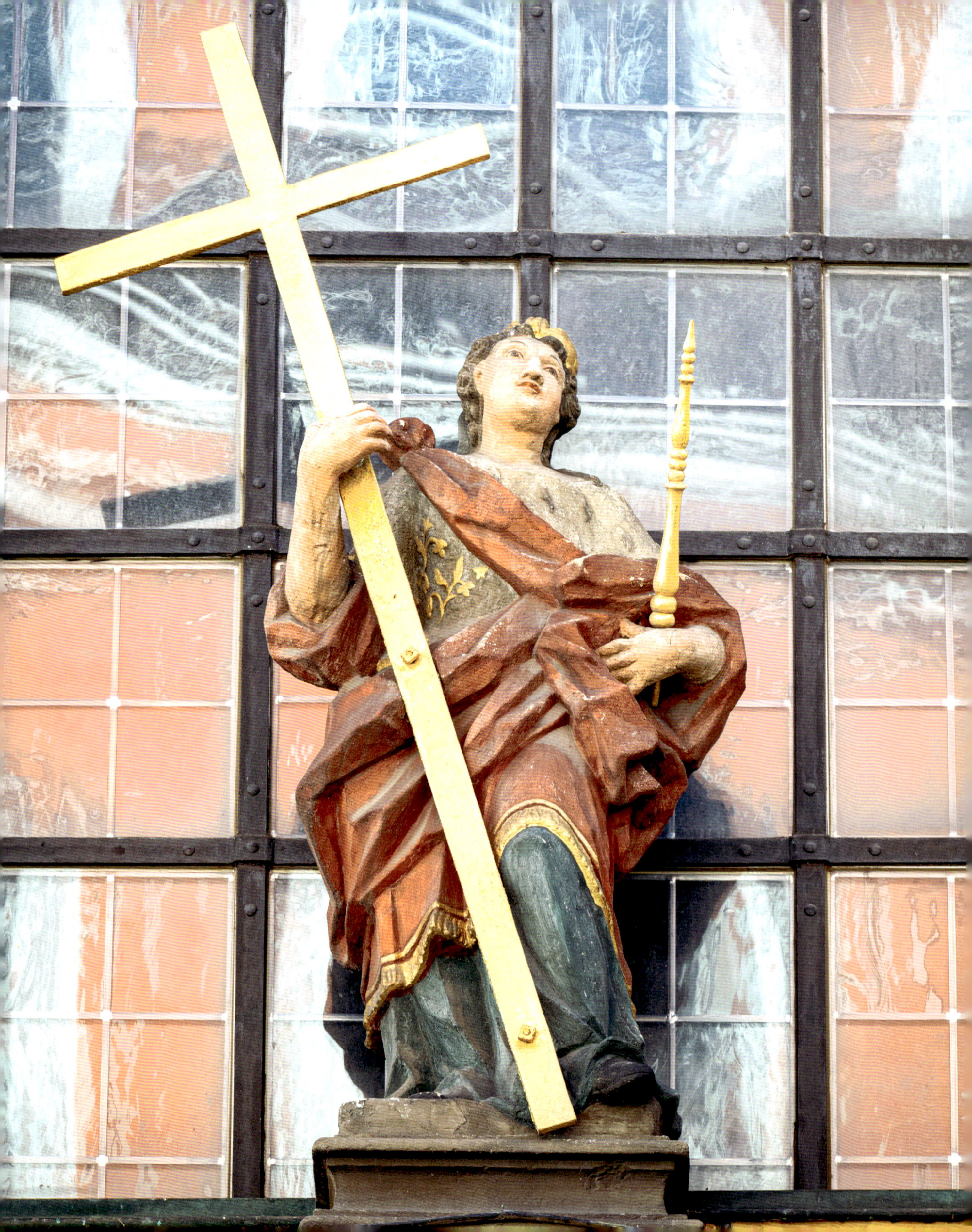

DIE HL. HELENA AUF DEM PORTAL DER KLOSTERKIRCHE HEILIG KREUZ

Kolorierte Steinfigur · Kirche Heilig Kreuz · Nonnenplatz 1

Schwester Maria Marina Dirks OP,
Priorin des Dominikanerinnenklosters vom Hl. Kreuz

Ihr Blick schweift in die Ferne, die Augen sind weit geöffnet, ihr Schritt ist nach vorne gerichtet. Ihre Haltung drückt Entschlossenheit aus. Auf ihrem Haupt trägt sie eine Krone. Im linken Arm hält sie ein Zepter, Ausdruck kaiserlicher Macht und Würde. Mit der rechten Hand umfasst sie ein überlebensgroßes Kreuz, dessen goldene Farbe sich in Zepter und Krone widerspiegeln. Die goldenen Blumen auf dem majestätischen Gewand scheinen aus dem Kreuz emporzuwachsen. Ihre Gestalt strahlt Lebenskraft und Lebendigkeit aus.

Wer ist diese Frau mit dem sympathisch fein geschnittenen, etwas fülligen Gesicht, das wie auf den zeitgenössischen Münzporträts Freundlichkeit ausstrahlt, mit einem leichten Zug von Humor um den sehr kleinen Mund, die sich hier so prächtig und würdevoll als Herrscherin darstellt und die sich ebenso offenkundig zum christlichen Glauben bekennt?

Die hl. Helena ist bekannt als die Mutter Kaiser Konstantins des Großen. Als solche war sie eine bedeutende Schlüsselfigur zur Ausbreitung des Christentums. Sie hat das neue christliche Zeitalter mitgestaltet. Doch Zepter und Krone sind ihr nicht in die Wiege gelegt worden; und dem Christentum wandte sie sich erst spät in ihrem Leben zu. Helena wurde vermutlich um das Jahr 248/49 in armen Verhältnissen geboren, in Drepanon, dem später nach ihr benannten Helenopolis, einer antiken Stadt in der kleinasiatischen Landschaft Bithynien in der heutigen Türkei. Nach dem heiligem Bischof Ambrosius von Mailand (gest. 397) war sie eine einfache Herbergswirtin gewesen; eine gute Herbergswirtin mit Charakter allerdings, wie er ausdrücklich vermerkt.

Wie wurde aus dieser einfachen Herbergswirtin eine römische »Kaiserin«? Und wie ist aus der Tochter eines heidnischen Gastwirtes eine Christin geworden? Ein junger römischer Offizier, Konstantius Chlorus, lernte sie bei einer Durchreise kennen. Da Helenas niedrige soziale Stellung ein Hindernis war, konnten sie keine ordnungsgemäße Ehe eingehen. Es ist deshalb anzunehmen, dass sie in einer langjährigen eheähnlichen Beziehung lebten, aus der ihr so berühmter Sohn Konstantin hervorging. Dieser Lebens- und Liebesgemeinschaft wurde jedoch ein jähes Ende gesetzt, als Konstantin Chlorus 289 von Kaiser Diokletian als Caesar bzw. Unterkaiser des weströmischen Reiches vorgesehen wurde. Von politischen Motiven gedrängt, trennte er sich von Helena, um eine standesgemäße Ehe mit der Stieftochter des westlichen Kaisers Maximian einzugehen.

Was mag da in Helenas Herzen vorgegangen sein? Sie spürte gewiss den schmerzlichen Verlust wie viele verlassene Frauen. Zudem wird ihr einziger Sohn Konstantin zur Erziehung an den Hof Kaiser Diokletians gegeben. Hielt sie sich während dieser Zeit bei ihrem Sohn auf? Die Quellen schweigen über Helenas unmittelbares Schicksal. Kurz nachdem Konstantius Chlorus schließlich zum Kaiser des Westens aufstieg, trat sein Sohn Konstantin im Jahr 306 seine Nachfolge an, indem er im heutigen York das Heer seines Vaters übernahm. Sehr bald nach seinem Regierungsantritt holte Konstantin seine Mutter zu sich in seine Residenzstadt nach Trier. Der Ehrentitel Kaiserin, den Konstantin seiner Mutter verlieh, spricht für ihre enge Beziehung.

Als Kaisermutter trat Helena aus dem Schattendasein heraus und gewann zunehmend an Bedeutung. In dieser Zeit wandte sie sich auch der christlichen Religion zu. Gab ihr Sohn Konstantin, der schon länger mit dem Christentum sympathisierte, dazu den Anstoß? Da Halbherzigkeit ihrem Wesen fern lag, hat sie sich die christliche Botschaft mit ganzem Herzen zu eigen gemacht. Es drängt sich der Eindruck auf, dass sie mehr noch als ihr Sohn aus ganzer Seele und mit all ihrer Kraft lebte, was sie von der frohen Botschaft erkannt hatte. Sie war eine Frau der Tat. Spätestens nachdem ihr Sohn 312 seinen Gegner Maxentius in der Schlacht auf der Milvischen Brücke besiegt hatte, machte sie ernst und ließ sich taufen. Der Legende nach trugen die Schilde der Soldaten das ihrem Sohn zuvor in einem Traumbild gezeigte Christusmonogramm.

Dass Konstantin, nun Kaiser des weströmischen Reiches, im folgenden Jahr das die Religionsfreiheit gewährende Mailänder Edikt erließ und damit der Christenverfolgung ein Ende machte, vereinfachte ihr die freie Religionsausübung. Sie wirkte mit großer Wohltätigkeit und war, unterstützt durch ihren Sohn, freigebig gegenüber der Kirche und den Armen.

Einen Höhepunkt im Leben der Kaiserin stellt ihre Pilgerreise ins Heilige Land dar, die sie noch im hohen Alter auf sich nahm. Sie wurde möglich, nachdem Konstantin 324 Alleinherrscher des ganzen römisches Reiches wurde. Die Reise, die politisch bedeutsam war, führte sie durch die Ostprovinzen. Unermüdlich wirkte sie durch karikative Werke, unterstützte sie die dortigen Christengemeinden und beaufsichtige sie die Baufortschritte der kaiserlichen Kirchenbauten. Dies brachte ihr nicht weniger als den Ruhm ein, die erste christliche »Kaiserin« zu sein.

Sie kam aber vor allem als echte Pilgerin nach Palästina, um in frommer Verehrung die heiligen Stätten des christlichen Glaubens zu besuchen und »an den Orten zu beten, an denen die Füße Christi den Boden berührt haben«, wie der Geschichtsschreiber Eusebius von Cäsarea festhält. Durch zahlreiche Legenden ist ihr Leben untrennbar mit der Auffindung des Heiligen Kreuzes verbunden. Gott selbst soll ihr im Traum diese Reise aufgetragen haben. Der Überlieferung nach veranlasste sie Grabungen unter einem römischen Tempel, bei denen der Ort des Heiligen Grabes sowie Reste des Kreuzes Christi gefunden wurden. Letzteres konnte durch die Holztafel mit der INRI-Aufschrift »Jesus von Nazareth, König der Juden«, die der damalige Statthalter Pontius Pilatus an das Kreuz hatte anbringen lassen, als das wahre Kreuz Christi erkannt werden.

Über der Kreuzauffindungsstelle ließ Helena die sogenannte Grabeskirche errichten und sie stiftete auch die Geburtskirche in Bethlehem. In Deutschland beanspruchen vier Kirchen, ebenfalls auf die hl. Helena zurückzugehen: Der Dom zu Trier, St. Gereon in Köln, St. Viktor in Xanten und das Bonner Münster. Auch zahlreiche Reliquien, Überreste der Heiligen oder Gegenstände, mit denen Heilige in Berührung kamen, gehen auf die Entdeckung Helenas zurück. In ihr war der Glaube an die besondere Kraft der Überreste auch der heiligen Märtyrer, die für den Glauben starben, durch und durch lebendig. Die Reliquienverehrung ist die älteste Form der Heiligenverehrung.

Für ihre Pilgerfahrt gab es aber noch einen anderen gewichtigen Grund. Nach Eusebius unternahm sie ihre Pilgerreise auch, weil sie meinte, »für ihren Sohn, den so mächtigen Kaiser, und seine Söhne, die von Gott so geliebten Caesaren, ihre Enkel, Gott Dankgebete darbringen zu müssen«. Im Klartext wollte sie Abbitte für eine Familientragödie leisten, bei der ihr Sohn Konstantin aus unbekanntem Grund seinen Sohn Crispus umbringen ließ. Dieser lag seiner Großmutter Helena besonders am Herzen.

Hellsichtig hat Helena den Kern des Christentums erkannt. Bei dem Gott der Christen ist echte Vergebung und Erlösung möglich. Es gibt kein Verbrechen, dass nicht verziehen wird, wenn echte Reue erweckt wird. Mit der Ausbreitung des Christentums sollte Versöhnung und Frieden ins Kaiserhaus und ins Römische Reich einziehen. Fortan sollten die römischen Kaiser, anstatt Krieg zu führen, den Frieden predigen.

Kurz nach ihrer Rückkehr aus dem Heiligen Land starb Helena am 18. August 328 oder 329 in Nikomedien. Annähernd 80jährig beschloss sie ihr Leben in Gegenwart ihres Sohnes, »der ihr zur Seite stand, sie pflegte und ihre Hände in den seinigen hielt«, wie Eusebius zu berichten weiß. Einige Jahrzehnte später urteilte Paulinus von Nola, dass Konstantin es verdient hat, an der Spitze der christlichen Herrscher zu stehen, allerdings »nicht so sehr durch seinen eigenen Glauben als durch den seiner Mutter Helena«.

Helenas Gebeine ruhen heute angeblich in der eher unscheinbaren Kirche Santa Maria in Ara Coeli in Rom und ihr Haupt befindet sich im Dom zu Trier.

Ganz zu Recht ziert ihre Figur das Kirchenportal der Regensburger Dominikanerinnenkirche, die dem Heiligen Kreuz geweiht ist, dem Zeichen des wahren Lebens. Heute mehr denn je lädt sie uns zur Verehrung des Kreuzes ein: »Wir beten Dich an, Herr Jesus Christus und preisen Dich, denn durch dein heiliges Kreuz hast du die ganze Welt erlöst.«

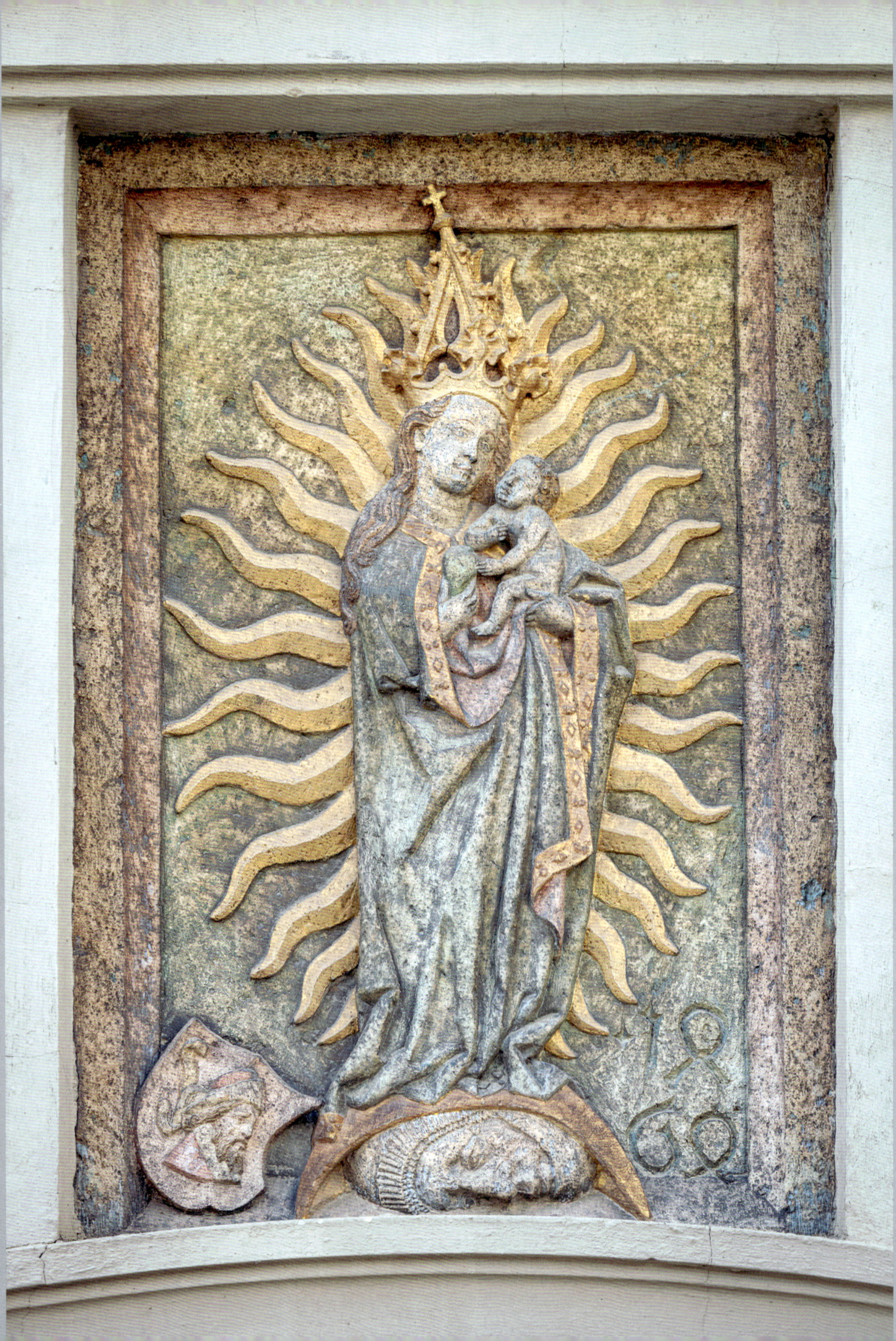

MARIA, DIE LEBENDIGE MONSTRANZ

»Türkenmadonna« · Steinrelief einer Strahlenkranzmadonna mit Kind
Alte Dechantei · Kapellengasse 6

Pfarrvikar Dr. Achim Dittrich, Institutum Marianum

In der Kapellengasse bei der Stiftskirche »Alte Kapelle« findet sich am Gebäude der sogenannten Alten Dechantei ein schönes Renaissance-Portal mit einem alten Hauszeichen darüber, eine Hausmadonna aus dem Jahre 1464. Bekannt ist auch noch der Stifter, der damalige Dekan Johannes Haiden, der das mittelalterliche Anwesen gründlich renovieren ließ; sein Wappen ist unten links im Bild zu sehen.

Diese Hausmadonna gehört zu den ältesten in der Stadt und ist hervorragend erhalten; sie wird auch »Türkenmadonna« genannt, weil sie unter dem Eindruck der Eroberung von Konstantinopel 1453 entstanden ist und eine fromme Gewissheit zum Ausdruck bringt, nämlich den Triumph der Maria-Ecclesia über die feindliche Militärmacht, symbolisiert durch den Soldatenkopf im nach unten gewendeten Sichelmond. Wahrscheinlich haben die professionellen Steinmetze der Dombauhütte St. Peter dieses Steinrelief geschaffen, das theologische Programm dürfte auf den Stifter, Dekan Haiden, selbst zurückgehen. Und hier gibt es einige Besonderheiten gegenüber den sonstigen Darstellungen einer Strahlenkranz- bzw. Sichelmond-Madonna.

Allgemein bezieht eine Strahlenkranz-Madonna ihre Kennzeichen: Sichelmond, Sternenkranz ums Haupt und den Mond zu Füßen, von der Johannes-Offenbarung, Kapitel 12. In diesem letzten Buch der Heiligen Schrift wird zwar nicht von Maria namentlich gesprochen, aber schon seit der Spätantike gab es immer auch eine marianische Betrachtungsweise. Die theologische Auslegung sieht im »Großen Zeichen« am Himmel (Offb 12,1) zuerst das personifizierte Volk Israel und das neue Gottesvolk, die Kirche Jesu Christi. Sowohl Judentum als auch Hellenismus liebten Personifizierungen, doch in der jüdisch-christlichen Tradition ist ebenso klar, dass Gott konkret und mit lebendigen Menschen handelt. Die Personifizierungen brauchen also immer eine Konkretisierung in der Welt und Geschichte, weshalb wir von der christlichen Heilsgeschichte sprechen. Und da ist Maria die konkrete Person, in der einerseits die vorgängige Geschichte Israels sich bündelt als »Tochter Zion«

und »Heiliger Rest«; und von der andererseits die christliche Kirche in gewisser Weise ihren Ausgang nimmt, weshalb das II. Vatikanum mit dem Kirchenvater Ambrosius von Mailand die Gottesmutter als »Urbild der Kirche« charakterisiert.

Das Volk Israel und die Kirche des Neuen Bundes sind in der Welt Verfolgungen und Leiden ausgesetzt, ihre Mission ist es, die vermittelte Gegenwart Gottes zu ermöglichen. Die Apokalyptische Frau der Johannes-Offenbarung ist nicht nur das wunderbare himmlische Zeichen, strahlend mit kosmischen Attributen umgeben; sie ist auch die Schwangere und Gebärende, die in Wehen Schreiende. Das Kind, das sie gebiert, ist sofort vom Bösen bedroht, dargestellt im Drachen der Apokalypse. Doch der himmlische Vater bewahrt sowohl die Mutter als auch das Kind.

Maria hat konkret geschichtlich und persönlich vollzogen, was die Kirche als Gemeinschaft im Heiligen Geist erfährt und tun soll: Christus zur Welt bringen! In Maria können wir also die Kirche betrachten – die Kirche muss sich ihrerseits an Maria orientieren: Ganz Gott ergeben, um in der Gnade das Heil Christi zu den gläubigen Menschen bringen zu können. Der Widersacher ist in der Welt noch präsent, obwohl er im Himmel seinen Platz und den Kampf gegen Gott schon verloren hat.

Die Maria-Ecclesia zeigt uns also, dass wir von Gott begleitet und gerettet werden, aber nicht vor irdischen Gefahren und Anfeindungen verschont bleiben. Die Apokalypse bringt in ihren 22 Kapiteln viele Bilder und Schilderungen der Gefahr, ja finaler Katastrophen; und es gibt Opfer, es gibt viele Abtrünnige. Doch wer im Glauben treu bleibt, und Christus folgt, der wird gerettet, selbst wenn er das leibliche Leben einbüßt. Die Johannes-Offenbarung spricht uns vom Lamm, das geschlachtet worden ist, aber dennoch triumphiert und im Himmlischen Jerusalem schließlich das strahlende Licht sein wird für alle Apostel und Gläubigen. An all das können wir denken, wenn wir in der Kapellengasse Maria als Strahlenkranz-Madonna sehen. Doch die Darstellung zeigt noch mehr!

Dekan Haiden hat eine eucharistische Botschaft im Steinrelief verewigen lassen. Maria erscheint als Tabernakel-Säule, denn über ihrem Haupt sieht man gotisches Maßwerk, wie es für den Kathedralbau des Spätmittelalters typisch ist. In den großen Kirchen feierte man die heilige Eucharistie, die Gegenwart Christi im gewandelten Brot, mit schönen Zeige-Geräten für die große Hostie, in den Monstranzen. Und für die Aufbewahrung und Verehrung der Eucharistie stellte man im Bereich von Altar und Chor hohe Stelen auf, zum Einstellen des Ziboriums, der heiligen Kommunion. Diese Stele war teilweise an die Wand angebaut oder stand frei in der Fläche – leider sind diese Stelen in einigen gotischen Kathedralen durch spätere Wirren verschwunden. Auf unserem Steinrelief stellt Maria solch eine lebendige Tabernakel-Stele dar. Man kann sie ebenso als eine lebendige Monstranz auffassen – sie zeigt uns Jesus Christus, das Kind.

Normalerweise trägt Jesus bei den gotischen Madonnen einen Vogel oder eine Frucht in der Hand, später dann einen Reichsapfel bzw. die Weltkugel. Hier fehlt ein solcher

Gegenstand in den Händen Jesu, welche in ihrer Haltung seltsam dargestellt sind. Maria hält etwas in der rechten Hand, dass man zunächst für eine Kugel oder eine Frucht (Apfel oder Birne) ansehen könnte. Doch bei genauer Ansicht neigt man dazu, nicht eines der klassischen Attribute zu erkennen, sondern etwas sehr Seltenes, einen Laib Brot. Diese Interpretation wird gestützt durch die Haltung der Hände Jesu: seine Linke fasst auch an das Brot, seine Rechte zeigt auf ihn selbst. Es ist daher naheliegend, dass Dekan Haiden hier eine eucharistische Mariendarstellung hat ausführen lassen, gemäß der Brotrede Jesu in Kapharnaum: »Ich bin das lebendige Brot, das vom Himmel herabgekommen ist. Wer von diesem Brot isst, wird in Ewigkeit leben. Das Brot, das ich geben werde, ist mein Fleisch für das Leben der Welt« (Joh 6,51).

Ein historisches Moment kann vielleicht noch die eucharistische Interpretation der Hausmadonna in der Kapellengasse bestärken: 1464, im Jahr der Anbringung des Steinreliefs, feierte die katholische Kirche das 200-jährige Jubiläum der allgemeinen Einführung des Fronleichnams-Festes!

DIE GOTTESMUTTER IST, WIE SCHON DER HEILIGE AMBROSIUS LEHRTE, DER TYPUS DER KIRCHE UNTER DER RÜCKSICHT DES GLAUBENS, DER LIEBE UND DER VOLLKOMMENEN EINHEIT MIT CHRISTUS. IM GEHEIMNIS DER KIRCHE, DIE JA AUCH SELBST MIT RECHT MUTTER UND JUNGFRAU GENANNT WIRD, IST DIE SELIGE JUNGFRAU VORANGEGANGEN, DA SIE IN HERVORRAGENDER UND EINZIGARTIGER WEISE DAS URBILD SOWOHL DER JUNGFRAU WIE DER MUTTER DARSTELLT.

(Zweites Vatikanisches Konzil, Lumen gentium, Nr. 63)

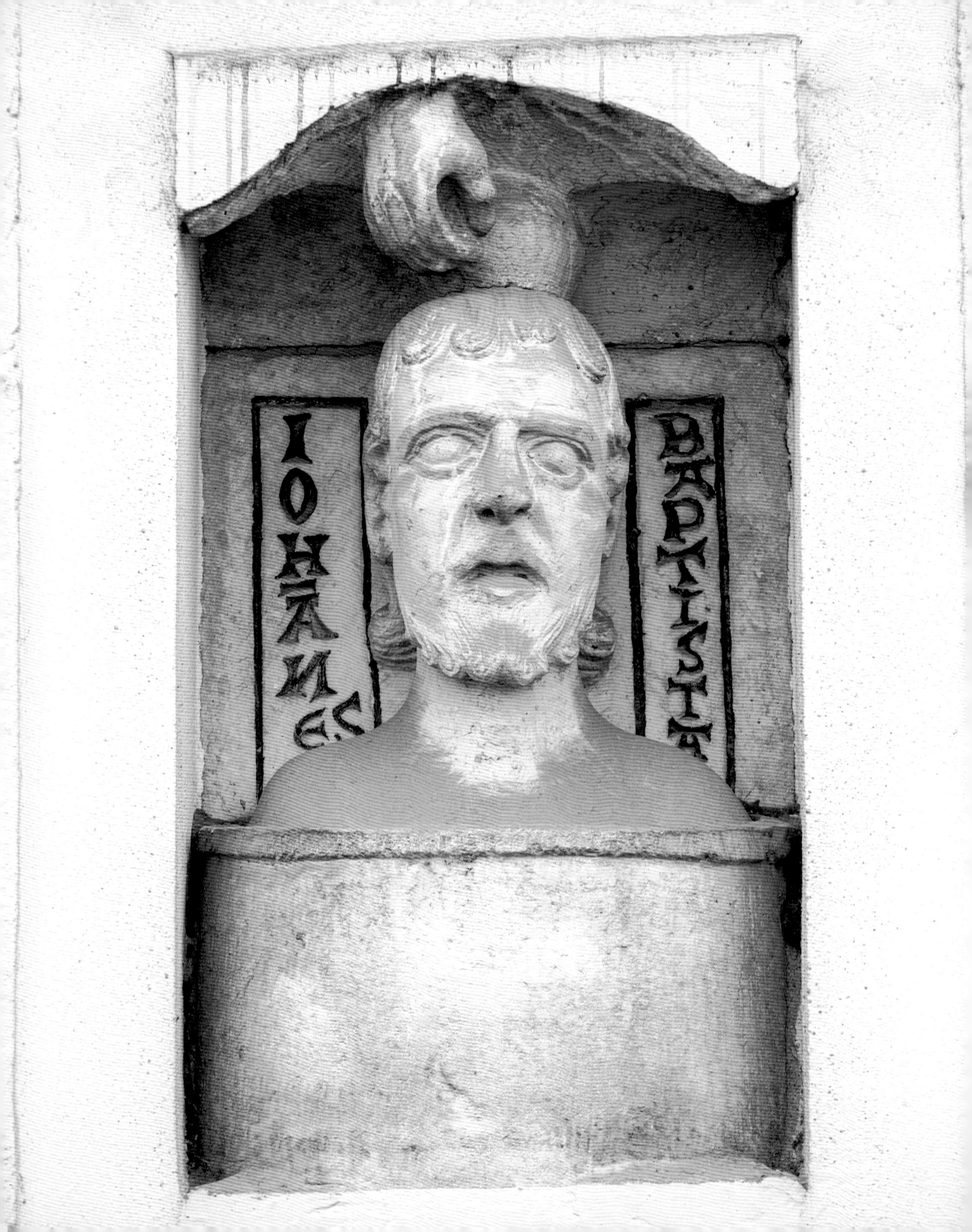
BAPTISTA

JOHANNES DER TÄUFER ALS DELINQUENT

Steinbüste · Huber'sches Stiftungshaus · Glockengasse 14

Pfarrvikar Dr. Achim Dittrich, Institutum Marianum

In der Regensburger Altstadt findet sich an einem schön renovierten Haus aus dem 14. Jahrhundert in der Glockengasse eine Steinbüste, deren Deutung umstritten ist. Sie befindet sich in einer rechteckigen Nische über dem Eingangsportal, an deren Rückseite vertikal links und rechts der Büste die Worte »Johanes« und »Baptista« eingemeißelt sind. Das Gebäude wurde im Jahre 1605 von Johann Huber der Stadt geschenkt als Stiftung für lutherische Geistliche, weshalb das Anwesen auch »Huber'sches Stiftungshaus« heißt; 1780 erwarb es Johann Michael Schleusinger – wiederum ein Besitzer, der auf den heiligen Johannes getauft war. Es ist naheliegend, dass diese Besitzer bei der Fassadengestaltung ihres Gebäudes mit einem frommen Hauszeichen auf ihren Namenspatron zurückgegriffen haben.

In der Literatur (bei Karl Bauer) gibt es abenteuerliche Geschichten, wie die Regensburger die Männerbüste gedeutet haben, z.B. als das Porträt eines zum Tode Verurteilten, der als Auflage für seine Begnadigung sein bewahrtes Haupt als Steinbüste zu präsentieren hatte. Das ignoriert zwar die Inschrift, die klar auf Johannes den Täufer verweist, aber – großzügig gedacht – passt es dann doch wieder, denn auch Johannes hat seinen Kopf verloren, auf Befehl von König Herodes Agrippa.

Die heutige Büste soll eine barocke Nachbildung des gotischen Originals sein, als welches manche das Männerhaupt im Hinterhof des Stiftungshauses ansehen, das allerdings spätgotisch vornehm erscheint und wohl kaum den Täufer darstellt. Wenn man sich andere spätgotische Büsten in Regensburg anschaut, kann man durchaus eine stilistische Ähnlichkeit erkennen.

Die heutige Büste an der Glockengasse zeigt trotz ihrer schlichten Ausführung ein markantes Gesicht, das mit leicht geöffnetem Mund geradeaus schaut, wie in Erwartung eines rückwärtigen Schlages. Tatsächlich kommt von oben eine vollplastische Hand, die mitunter als sich ballende Faust angesehen wird. Diese Deutung entspricht durchaus der Mimik des

Männerhauptes, das auf einem entblößten Hals und bloßen Schultern ruht. Doch blieb bislang eine Interpretation außen vor, die hinsichtlich einer biblischen Gestalt eigentlich die naheliegendste darstellt, nämlich die Deutung gemäß dem Lukasevangelium: »Und die Hand des Herrn war mit ihm« (Lk 1,66). Es wird wohl nicht mehr zu ergründen sein, was sich der Steinmetz bzw. sein Auftraggeber genau gedacht haben, aber die Büste spricht für sich. Ich meine, man kann beide Interpretationslinien gelten lassen und sogar verbinden.

Tatsächlich erscheint die Büste mit der markanten Mimik als das Haupt eines Mannes, der auf den Schlag des Henkers wartet, der von hinten zuschlagen wird – dann wäre die Hand wirklich eine Faust, die treffen will. Und Johannes harrt willig und gefasst auf das, was die Hand Gottes ihm zufügen wird.

Ist es nicht so, dass die jüdisch-christliche Frömmigkeit früher alle Schicksalsschläge als gottgegeben verstanden hat. Das ist das große Thema im Buch Hiob! Immer wieder hören wir im Alten Testament Ausdrücke weitreichender Gottergebenheit: »Der Herr hat's gegeben, der Herr hat's genommen – gepriesen sei der Name des Herrn!« (Ijob 1,21). Am Ende wird uns sogar das irdisch-physische Leben genommen, vom Herrn über Leben und Tod.

Aber nicht nur die großen Schicksalsschläge, auch die kleinen Schläge in unserem alltäglichen Leben sollten wir ergeben hinnehmen, ja sogar in Dankbarkeit, wenn wir der Aufforderung aus Psalm 141 folgen: »Der Gerechte mag mich schlagen aus Güte. Wenn es mich bessert, ist es Salböl für mein Haupt!« (Ps 141,5). Wir wachsen und reifen durch Erfahrung, auch durch schwere Erlebnisse. Das gilt nicht nur individuell – gemeinsame Erlebnisse verbinden Menschen, schwierige vielleicht sogar stärker als heitere. Allerdings ist diese fromme Mentalität arg geschwunden, der moderne, ja postmoderne Mensch fühlt sich im Sinne von Heidegger ins Dasein geworfen, nicht geführt. Eine nur vom Zufall regierte Welt wäre wirklich furchtbar, eine Welt, in der der Mensch umherschweift und Schicksalsschläge zu erleiden hat, die ohne jeden Sinn bleiben. Johannes der Täufer kann uns da auf eine andere Spur führen!

Er war ein Gottergebener – die Hand des Herrn war nach dem Zeugnis des Lukas von Kindesbeinen an mit ihm und er hat sich selbst radikal in die Hand Gottes gegeben, hat alle Sicherheiten aufgegeben und als Bußprediger in der Wüste gesprochen, am Jordan getauft – als Vorläufer des Messias. Er war furchtlos und hat selbst dem ehebrecherischen König die Wahrheit ins Gesicht gesagt, was ihm die Einkerkerung und schließlich den Tod durch Enthauptung einbrachte.

Als Kind hat mich in einer Wegkapelle das Johannes-Haupt auf einem Teller fasziniert, aus koloriertem Gips an der Wand aufgehängt. Die biblische Erzählung dazu (vgl. Mk 6,14–29 und Mt 14,1–12) ist ja auch spektakulär, wie aus einem Hollywood-Streifen: Das Haupt des unbequemen Predigers wird vom Henker auf einem Teller präsentiert, nachdem der durchaus schuldbewusste König sich durch lüsterne Überheblichkeit zu einem folgenschweren Versprechen hat hinreißen lassen. Sicherlich war Johannes auf seinen Tod gefasst, als der Henker in sein Verließ kam; sicherlich hat er mit Haltung das Schwert erwartet und vielleicht so ähnlich geschaut, wie die Büste in der Glockengasse es darstellt. Seine Mission war erfüllt, er hatte Christus den Weg bereitet!

Bei allem Sendungsbewusstsein wusste Johannes stets um seine Rolle, nämlich lediglich die »Stimme des Rufers in der Wüste« (Mk 1,1–4) zu sein für den, der nach ihm kommt, der größer ist als er; der mit Feuer und dem Heiligen Geist taufen würde (Mt 3,11). Und so würdigt Jesus den Täufer auch: »Es gibt unter den vom Weibe geborenen keinen Größeren als Johannes den Täufer« (Mt 11,11), er war der letzte Prophet des Sinai-Bundes, die adventliche Gestalt, die wie Maria dem erwarteten Gottesgesalbten den Weg bereitete und dem göttlichen Wort das Tor öffnete.

Das Reich Gottes kam damals und kommt heute durch gottergebene Menschen, die sich in Dienst nehmen lassen, die sich vorbehaltlos Gott überantworten. So sollten wir uns bewusst machen, dass Gott mit den Gläubigen ist, dass seine Hand mit uns ist, eine gütige Hand, die Segen bringt, aber auch Lasten auferlegt, bis sie zuletzt das irdische Leben nimmt, dafür aber das ewige Leben schenkt. Zu solch biblischen Gedanken kann uns die Johannes-Büste in der Glockengasse animieren. Und wer im Huber'schen Stiftungshaus einkehren möchte, der kann sein äußeres Haupt gestalten lassen, denn das Gebäude beherbergt heute auch einen Frisör.

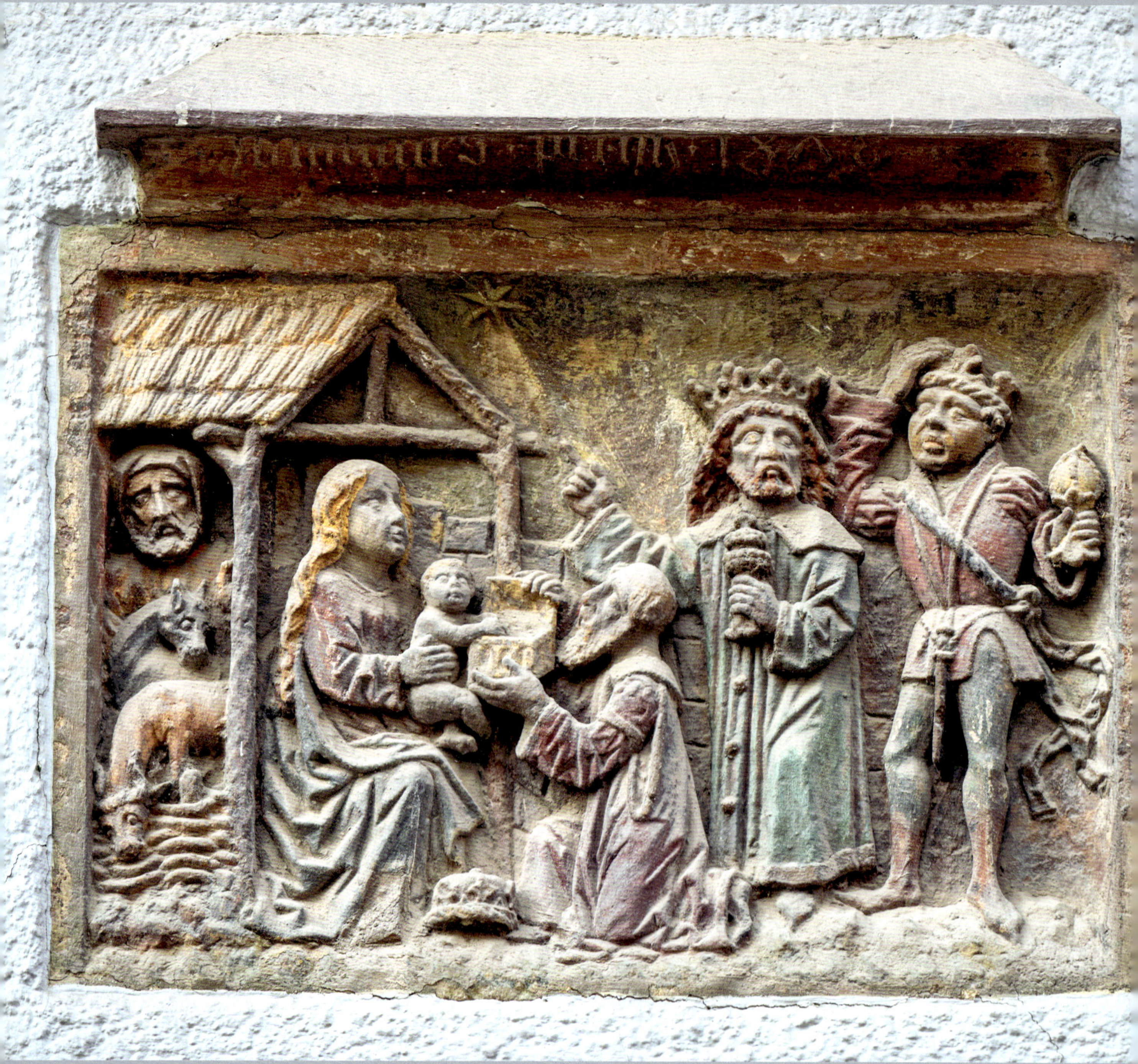

DIE KÖNIGE HULDIGEN DEM WAHREN KÖNIG!

Steinrelief · Schwarze-Bären-Straße 1

Pfarrvikar Dr. Achim Dittrich, Institutum Marianum

In der Altstadt von Regensburg gibt es viele schöne und ausgefallene Straßennamen, wie z.B. »Zur Schönen Gelegenheit« am Arnulfsplatz. Besonders häufig werden Tiernamen verwendet, um die Altstadtgassen zu benennen: Lamm, Hahn, Fisch und Bär, neben dem goldenen auch der schwarze Bär.

In jener Straße befindet sich die lange, schlichte Neorenaissance-Fassade »Schwarze-Bären-Straße Nr. 1«, an der sich nicht nur das ebenfalls in diesem Buch besprochene Josefs-Mosaik befindet, sondern ebenso ein spätgotisches Steinrelief. Die anspruchsvolle Steinmetz-Arbeit zeigt die Anbetung des Jesus-Kindes durch die Heiligen Drei Könige. Der erfolgreiche Unternehmer Georg Joseph Manz hat Mitte des 19. Jahrhunderts beim Umbau zweier alter Gebäude zu einem neuen Druckerei-Gebäude in der Schwarze-Bären-Straße dieses alte Stück in der Fassade über dem Eingang einfügen und wohl auch kolorieren lassen. Die Farben sind heute ziemlich verblasst, aber die lebhafte Darstellung des kunstvollen Reliefs ist bei genauerem Hinsehen wunderschön, geschützt durch ein waagrechtes Schutzblech und eine Wasserschlagkante, in die eine Minuskel-Inschrift mit dem Namen des ursprünglichen Stifters samt der Jahreszahl eingraviert ist: Johannes Pechk 1478.

Dargestellt ist auf dem Relief eine Bethlehem-Szene mit den drei Sterndeutern aus dem Morgenland; sie geht zurück auf das Matthäusevangelium (Mt 1,18–25), das von »Magoi« aus dem Orient spricht; die Dreizahl wurde aus den dargebrachten Gaben von Gold, Weihrauch und Myrrhe geschlossen. Künstlerische Darstellungen dieses Motivs gibt es seit der Spätantike; eine sehr alte findet sich als Mosaik über dem Portal der Geburtskirche in Bethlehem. Im 15. Jahrhundert war die Anbetung der Könige ein beliebtes Motiv der frommen Kunst. Auch »Johannes Pechk« – wohl ein Dom- oder Stiftskleriker – wollte sein Anwesen religiös ausweisen und unter den Schutz des höchsten Königs stellen, dem die Könige im Kind in der Krippe gehuldigt haben.

Das rechteckige Hochrelief ist fein ausgearbeitet und zeigt die sitzende Gottesmutter mit offenem Haar, die den Königen das Jesuskind präsentiert; diese sind prächtig gekleidet und stellen die drei Lebensalter dar. Der dunkelhäutige, jugendliche König Caspar steht rechts sehr exponiert; er vertritt den Kontinent Afrika; die beiden anderen Könige mittleren und höheren Altes vertreten die Kontinente Asien und Europa – die ganze damals bekannte Welt huldigt dem Kind! Die rechte Bildhälfte wird durch die königlichen Gäste eingenommen, die linke durch den Stall und die quasi hofhaltende Gottesmutter mit dem königlichen Kind. Über dem Stall steht ein Stern, der kniende König hat seine Krone abgelegt.

Der Nährvater Josef ist bescheiden dargestellt: als bloßer Kopf im äußersten Winkel, oberhalb des verkleinerten Duo von Ochs und Esel. Er schaut ernst, aber sein Gesicht ist doch sehr genau ausgearbeitet – es könnte ein Porträt sein, vielleicht das des Steinmetzen. Es sollte noch 100 Jahre dauern, bis – besonders durch die karmelitische Frömmigkeit – der Nährvater Jesu in ein besseres und stärkeres Licht gerückt wurde, wie ja auch das imposante Josefs-Mosaik an der gleichen Hausfassade zeigt.

Georg J. Manz hat kein museales Moment bei der Neugestaltung des Gebäudes 1850 verwendet, sondern durch das gotische Relief seinen persönlichen Glauben zum Ausdruck bringen wollen: dass nicht äußere Größe, sondern die Verehrung des wahren Gottes Segen bringt. Das Mittelalter hatte ein sehr waches Bewusstsein für die Tatsache, dass selbstverliebte Regenten ihr Volk meist ins Unglück stürzen. Jede Regierung, jeder verantwortliche Politiker, jede Frau und jeder Mann in einer Machtposition sollte den wahren Gott über sich wissen, der sich nicht nach Menschenart aufplustern muss, sondern uns als Kind erscheinen kann. Wenn Minister beim Regierungsantritt nicht mehr auf Gott als den höchsten Souverän ihren Eid ablegen können, dann ist das kein gutes Zeichen, dann zeigt sich darin die zunehmende Entchristianisierung unseres Landes. Doch auch jeder einfache Gläubige muss sich immer wieder kritisch fragen – vor wem beuge ich das Knie, wem fühle ich mich verpflichtet – ist es wirklich der dreifaltige Gott, ist es wirklich Jesus Christus?

»

DIE WEISEN AUS DEM OSTEN SIND DER ANFANG. SIE STEHEN FÜR DEN AUFBRUCH DER MENSCHHEIT AUF CHRISTUS HIN. SIE ERÖFFNEN EINE PROZESSION, DIE DURCH DIE GANZE GESCHICHTE HINDURCHZIEHT. SIE STEHEN NICHT NUR FÜR DIE MENSCHEN, DIE ZU CHRISTUS GEFUNDEN HABEN. SIE STEHEN FÜR DIE INNERE ERWARTUNG DES MENSCHLICHEN GEISTES, FÜR DIE BEWEGUNG DER RELIGIONEN UND DER MENSCHLICHEN VERNUNFT AUF CHRISTUS ZU.

(Joseph Ratzinger/Benedikt XVI., Jesus von Nazareth. Prolog. Die Kindheitsgeschichten, Freiburg u. a. 2012, S. 105–106)

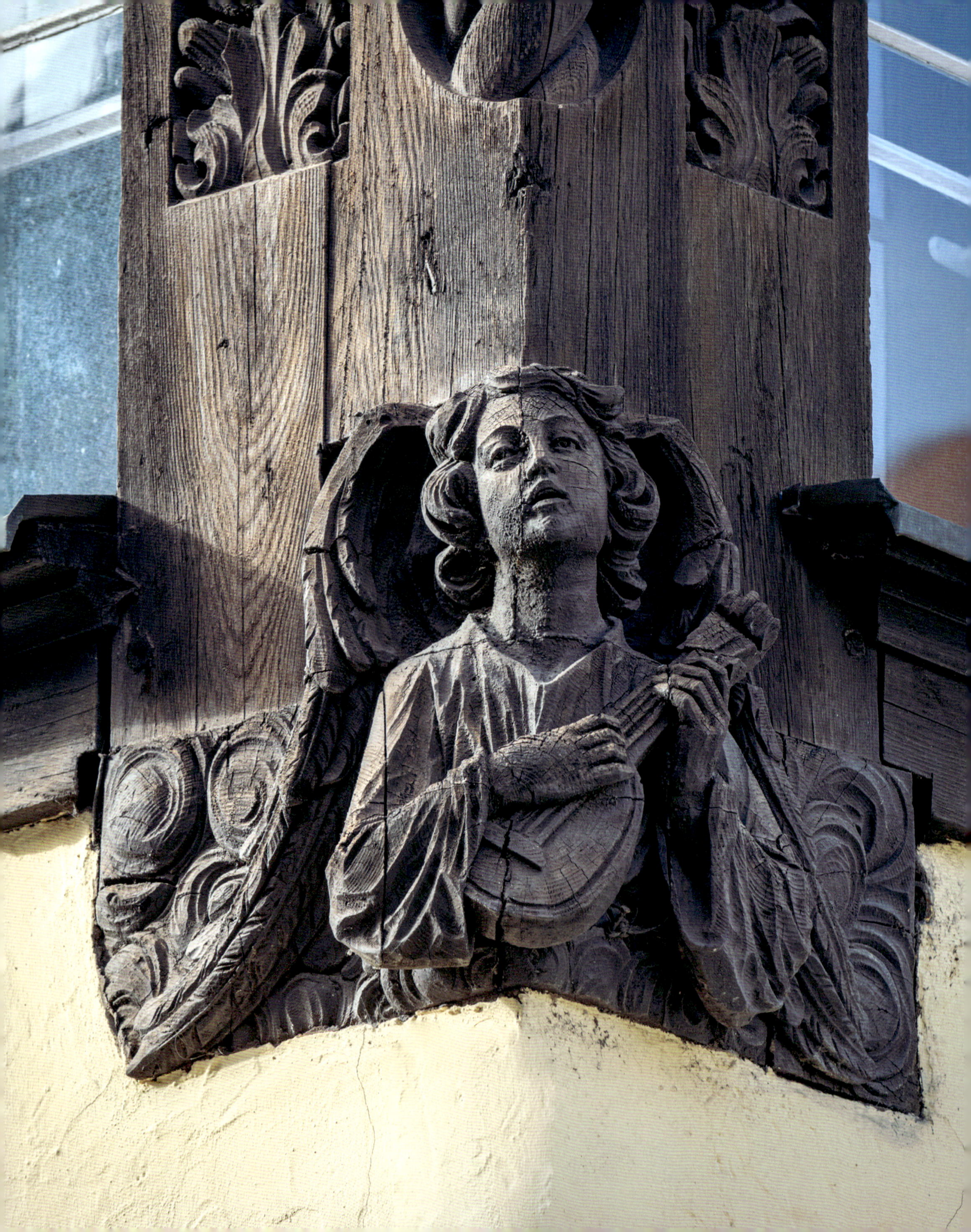

MUSIZIERENDER ENGEL

Holzschnitzerei · Alte Dechantei · Kapellengasse 6

Diözesanmusikdirektor Dr. Christian Dostal

Der Weg von meinem Büro im Diözesanzentrum am Obermünsterplatz zum Bischöflichen Ordinariat in der Niedermünstergasse führt mich regelmäßig durch die Schwarze-Bären-Straße, von der ich an der sogenannten »Alten Dechantei« um die Ecke biege und durch den kleinen Durchgang an der Alten Kapelle Richtung Kornmarkt gehe. Genau an dieser Ecke richte ich schon automatisch meinen Blick nach oben in den ersten Stock, denn bei jedem Vorbeigehen muss ich wenigstens kurz die geschnitzte Holzfigur betrachten, die aus dem ersten Stock – ja, man kann nicht sagen, auf die Passanten »hinab«-blickt, denn der Blick des jungen Männergesichts richtet sich nicht nach unten, sondern er sieht versonnen in etwa östliche Richtung. Die angedeuteten Flügel machen sehr schnell klar: Es handelt sich um einen Engel. In seinen Händen hält er ein lautenähnliches Musikinstrument und scheint zu singen, ungeachtet des meist sehr belebten Treibens auf der Straße unter ihm.

Ich kann nicht anders – ich muss ihn jedes Mal betrachten, wenn ich an ihm vorbeigehe. Er hat sicher unzählige Menschen an ihm vorbeiziehen sehen. Er hat viele Bewohner des Hauses begrüßt und verabschiedet. Er hat die unterschiedlichsten Zeiten kommen und gehen sehen, gute und schlechte, Krieg und Frieden. Die Menschen zu seinen Füßen haben sich über verschiedenste Dinge unterhalten, über die jeweilige Zeit, die jeweilige Politik und Gesellschaft, sicherlich sind auch viele geistliche Gespräche und Dispute an sein Ohr gedrungen, schließlich war das Haus die längste Zeit von Klerikern des Stiftskapitels der Alten Kapelle bewohnt. Und sicherlich sind auch nicht wenige Liebespaare abends an der Hausecke vorbeigeschlendert, stumm in ihrem Glück versunken.

Heute ist es wahrscheinlich eher langweilig, die Menschengruppen zu beobachten, die stumm auf ihr Smartphone blickend nebeneinanderhergehen und sich offenbar nichts mehr zu sagen haben. Auch das registriert der Engel wahrscheinlich mit einem Auge. Und doch ficht ihn das alles durch die Zeiten nicht an. Er hat Wichtigeres zu tun. Und das ist zeitlos.

Ungeachtet allen bunten Treibens auf der Straße, ungeachtet allen Weltgeschehens scheint er unablässig das zu tun, was über all unseren alltäglichen Dingen steht: Er singt Gott den Lobpreis. Ihm, dem Schöpfergott, der doch um so viel größer ist als all unser tägliches Sorgen und Mühen, größer als jede Zeitgeistströmung, größer als alles, was sich unser kleiner Menschenverstand vorstellen kann. Der Engel zeigt uns: Mit diesem unendlich großen Gott dürfen auch wir jeden Tag aufs Neue in Kontakt treten. Ganz einfach im Gebet. Im Großen und im Kleinen. Und sind es auch nur ein paar Worte. Der Weg zu ihm ist ganz kurz.

»Wer singt, betet doppelt«, dieses Augustinus zugeschriebene Wort trifft auch in besonderer Weise auf unseren »Musizierenden Engel« zu. Was mag er wohl gerade singen, begleitet von seiner Laute, die er spielt? Ich vermute, es sind Psalmen. Psalmen, dieser uralte Gebetsschatz, in denen unsere menschliche Gefühlswelt in all ihrer Bandbreite ihr Abbild findet, von größter Freude bis hin zu abgrundtiefer Verzweiflung. Vielleicht hat unser Engel ja ein so sensibles Gespür, dass er die Gefühle der vorbeieilenden Menschen aufnehmen kann und stellvertretend für sie ihre Freude und ihre Zufriedenheit, aber sicher oft auch ihre Ratlosigkeit, ihren Schmerz und ihre Verzweiflung vor Gott trägt – stellvertretend für die, die selbst nicht oder nicht mehr beten können oder wollen. Und wenn selbst die Worte der Psalmen nicht mehr ausreichen, da kann Musik ausdrücken, wofür es keine Worte gibt. Ich bin sicher, unser Engel kann auch noch die stummen Ängste der Menschen, die an ihm achtlos vorbeieilen, in Töne übersetzen.

Musik hat keine Grenzen. Musik kann das Innerste von Menschen berühren. Sie dringt dorthin, wohin kein Wort mehr dringt – weil es oft keine Worte für die erlebte Freude, aber auch für die durchlittene Angst mehr gibt. Musik kennt keine Sprachbarrieren. Die gleiche Musik kann bei Großveranstaltungen tausende von Menschen in gleicher Weise berühren, auch wenn alle Zuhörenden unterschiedliche Sprachen sprechen. Musik kann eine kleine und leise Melodie sein, die uns zu Tränen rührt, Musik kann aber auch einem Wirbelsturm gleichen, der uns mit fulminanten Klängen in ungeahnte Höhen nach oben reißt.

Einer der prominentesten Bewohner der »Alten Dechantei«, der um diese Macht der Musik wusste, war der Kirchenmusiker, Musikforscher und -sammler Carl Proske. Ein Mann, der mit der kirchenmusikalischen Geschichte Regensburgs und unseres ganzen Landes untrennbar verbunden ist und dessen umfangreiche Musiksammlung noch heute in der Bischöflichen Zentralbibliothek in Regensburg besucht werden kann. Ob er den Engel an seinem Haus anbringen ließ oder ob dieser schon vor seinem Einzug an der Hausecke angebracht war, ist nicht bekannt. Aber sicherlich fühlte er sich mit ihm genauso verbunden wie ich. Schließlich sind es wir Kirchenmusiker, deren Aufgabe es ist, mit unserer Musik das Wort Gottes da weiterzuführen, wo Sprache nicht mehr weiterkommt. Unser Bestreben muss es sein, selbst so tief in das Wort Gottes einzutauchen und quasi seine Essenz so zu verinnerlichen, dass wir es durch die Musik auch da noch leuchten lassen können, wo es die Möglichkeiten der Sprache ihre Grenzen hat.

Jedes Mal beim Weitergehen, wenn der »Musizierende Engel« langsam aus meinem Blickfeld verschwindet, kommt mir eine Liedstrophe in den Sinn, die er mir und allen, die an ihm vorbeigehen, sozusagen hinterhersingt und damit uns allen auf unsere täglichen Wege mitgibt. Ich empfinde sie als ein zeitloses Gebet, das zwar aus dem 17. Jahrhundert stammt, aber mein Leben auch heute noch in vielen Situationen berührt. Es sind Worte des Dichters Johann Georg Neumark, gepaart mit der bekannten Melodie von Johann Sebastian Bach:

»Sing, bet und geh auf Gottes Wegen, verricht das Deine nur getreu und trau des Himmels reichen Segen, so wird er bei dir werden neu. Denn welcher seine Zuversicht auf Gott setzt, den verlässt er nicht.«

ENGEL GOTTES, DU BIST MEIN SCHUTZ. ICH VERTRAUE MICH DIR AN, SCHÜTZE UND LEITE MICH. KOMM MIR IMMER ZU HILFE UND BRINGE VOR GOTT MEINE BITTEN.

(Gotteslob, Nr. 10,4)

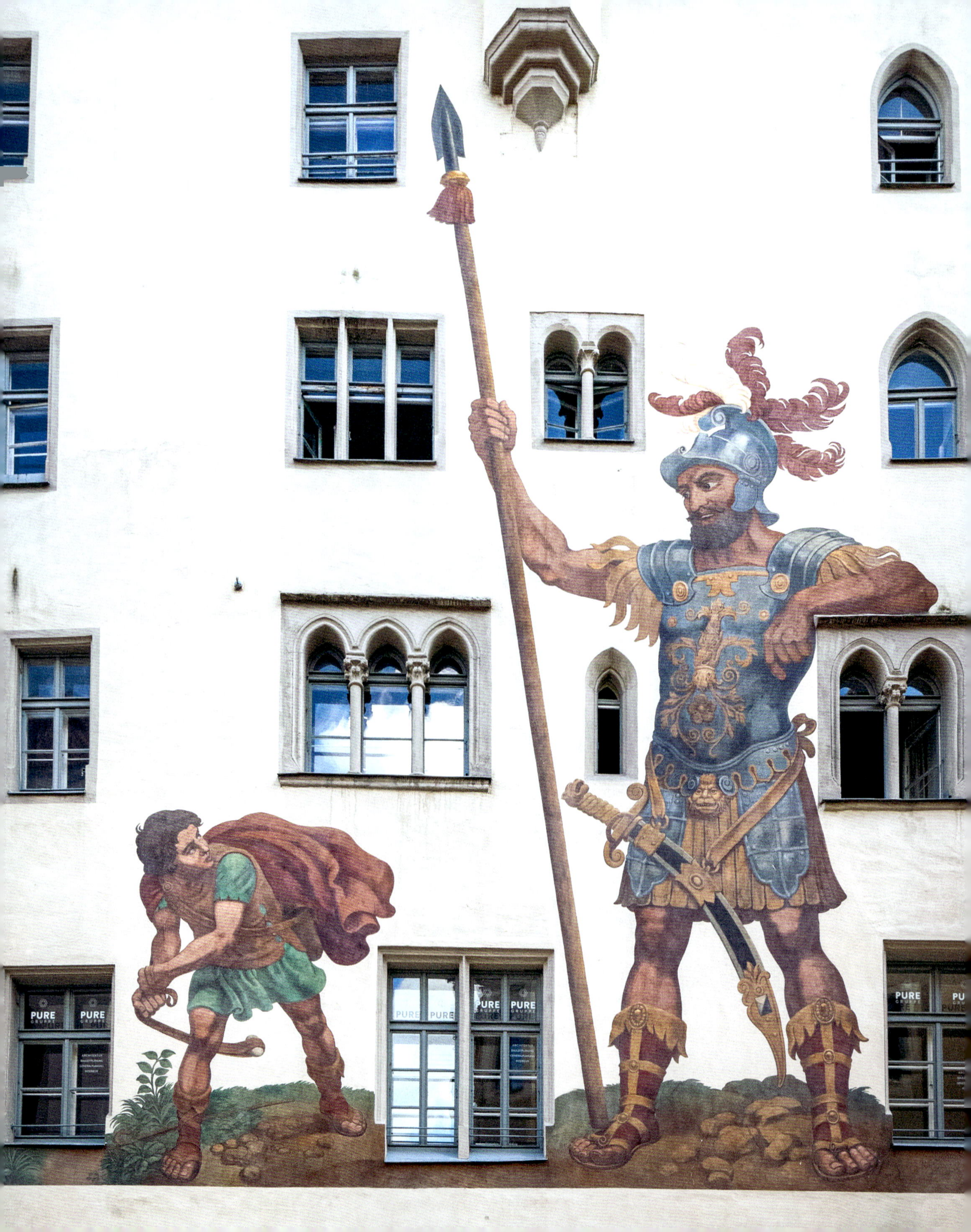
PURE
PURE
PURE
PURE
PURE
PURE
PURE

DAVID UND GOLIAT

Monumentalfresko · Goliathstraße 4

Spiritual Matthias Effhauser, Priesterseminar St. Wolfgang

David gegen Goliath, seit jeher ein ungleiches und einseitiges Kräftemessen: Groß gegen klein, stark gegen schwach, der eine schier übermächtig, der andere scheinbar aussichtslos unterlegen.

Im ersten Buch Samuel (1 Sam 17,1–58) wird davon erzählt. Israel befindet sich im Kampf gegen die Philister. Eine bedrohliche Situation, denn die Feinde treten selbstbewusst, ja provokant auf und setzen dem Volk Israel zu. Ein Zweikampf soll die kriegerische Auseinandersetzung klären. An die Spitze ihrer Armee stellen die Philister einen ihrer Vor- und Einzelkämpfer: Goliat. Eine gewaltige Erscheinung mit ca. zwei Metern Körpergröße!

In den Reihen Israels findet sich zunächst niemand, der diesem imposanten und hochgerüsteten Krieger entgegentreten will. Bis der Hirtenjunge David auftaucht, der unter den Seinen allerdings beargwöhnt wird und sich dann trotzdem dem Kampf stellt. Goliat hat nur Hohn und Spott für seinen Gegner übrig und kündigt ihm ein schnelles Ende an. David besinnt sich auf die Hilfe seines Gottes, bringt mit einem gezielten Schuss aus seiner Hirtenschleuder den Philister zu Fall und tötet ihn. Dadurch war eine existentielle, ja übermächtige Bedrohung für Israel, verkörpert durch den Riesen Goliat, abgewendet worden. David hatte sein Volk aus dieser schier aussichtslosen Situation befreit.

Wie war dies möglich? Weil David sich im entscheidenden Augenblick ganz auf Jahwe verlassen hat: »Der HERR, der mich aus der Gewalt des Löwen und des Bären gerettet hat, er wird mich auch aus der Gewalt dieses Philisters retten« (1 Sam 17,37). In der Schwachheit des Menschen zeigt sich die Stärke Gottes!

Die biblische Szene ist auf der Fassade des Goliath-Hauses festgehalten, in monumentaler Größe, 6 x 8 Meter. Auf der einen Seite der hochgerüstete Krieger Goliat. Prächtig anzusehen, so wie er im Samuelbuch beschrieben wird: in einer strahlenden Rüstung, dem Helm mit Federbusch, seinem übergroßen Speer und dem Sichelschwert.

Hochmütig blickt er auf den kleinen David herab, belächelt ihn im Gefühl der Unbesiegbarkeit. Um diese Arroganz zu unterstreichen, lässt der Maler Franz Rinner Goliat den linken Arm auf einem Fenster ablegen und deutet so an, wie siegesgewiss und überlegen sich der Philister fühlt. Für ihn ist der Ausgang des Duells längst klar.

David, der Hirtenjunge, der bislang höchstens wilde Tiere von seiner Herde abwehren musste, aber unerfahren im Kriegshandwerk ist, hat sich dem Riesen Goliat entgegengestellt. Nur seinen Hirtenmantel hat er umgeworfen, ansonsten ist er ungeschützt, ohne jegliche Bewaffnung. Lediglich die Hirtenschleuder trägt er bei sich, die er schon gegen seinen Gegner schwingt. Geduckt nähert er sich Goliat und lässt ihn nicht aus den Augen. Er ist bereit für den entscheidenden Schlag, während der Koloss sich lässig nach hinten lehnt und David so viel Angriffsfläche bietet.

Das Monumentalfresko auf dem Goliat-Haus bringt die Kräfteverhältnisse ins Bild; und hält den Augenblick fest, in dem offensichtliche Schwäche überwunden wird und die Wende bringt. List, Klugheit sowie Selbstbewusstsein, gepaart mit dem nötigen Gottvertrauen, treffen auf die siegesgewisse, arrogante Überheblichkeit und bringen sie letztlich zu Fall.

Hochmut kommt vor dem Fall! Buchstäblich. Das scheinbar festzementierte Machtgefüge gerät nicht nur ins Wanken. Eine Kleinigkeit, ein flacher Stein in der Schleuder genügt und bringt den stolzen Krieger zu Fall. Leichtsinn rächt sich und dieser Hochmut hat tödliche Konsequenz, er kostet Goliat den Kopf.

Hinter der Erzählung steckt die Mahnung: Hochmut und Überheblichkeit, vorschnelle Siegesgewissheit, die zu sehr auf die eigene Stärke vertraut, können sich als trügerisch erweisen. Mögen die Kräfteverhältnisse noch so eindeutig sein, schon eine Kleinigkeit genügt und es kann ganz anders kommen!

Und wie oft kommt es tatsächlich anders!

Im Sport. Der Underdog spielt gegen den erklärten Favoriten. Der Sieg scheint nur Formsache zu sein, lediglich die Höhe ist offen … und dann! Weil der haushohe Favorit den Gegner unterschätzt hat, erleidet er eine empfindliche Niederlage.

In der Politik. Ein Kandidat gilt bei einer Wahl als krasser Außenseiter. Eigentlich chancenlos, in allen Umfragen weit hinten, abgeschlagen. Am Wahltag dann die Überraschung. Der abgeschriebene Kandidat siegt, der vermeintliche Wahlsieger geht leer aus!

In der Gesellschaft. Eine Bürgerinitiative wird zunächst nicht so recht ernstgenommen. Aber sie lässt sich nicht mundtot machen, sondern macht von sich reden, muckt gegen die Übermacht des Mainstreams auf und bietet dem Establishement die Stirn. Und feiert so einen Achtungserfolg nach dem anderen. Plötzlich kommt niemand mehr an ihr vorbei.

Die Geschichte im ersten Buch Samuel erzählt von einem, der Entschlossenheit und Gottvertrauen mitbringt. Der sich nicht wegduckt, als es darauf ankommt. David hat Mut, sich der Übermacht entgegenzustellen und ergibt sich nicht in sein Schicksal. Er glaubt an seine Chance. Eine Mutmachgeschichte für das Volk Israel: wer auf Gott seine Hoffnung und sein Vertrauen setzt, den verlässt er nicht. Eine Mutmachgeschichte für jeden von uns, dann wenn es hart auf hart geht. Du musst keine Sache zu schnell verloren geben, keiner scheinbaren Übermacht zu schnell erliegen. Auch dann nicht, wenn dein Gegenüber dir haushoch überlegen scheint. Besinne dich auf deine Stärken, Talente, Fähigkeiten. Genau das hat nämlich David getan! Er hat begriffen, dass er Goliat nicht mit seinen Waffen schlagen konnte. Er hat das genutzt, was ihm zur Verfügung stand!

Also: Was kannst du in die Waagschale werfen? Was zeichnet dich aus? Was ist deine Stärke? Das verliere nicht aus dem Blick! Und mag es dir noch so unbedeutend scheinen. Glaube daran. Halte dagegen mit dem, was du aufbieten kannst, und wittere deine Chance. Auch wenn du dich chancenlos fühlst, schwach, ausgeliefert, verliere nicht den Kopf! Oft ist mehr möglich als du glaubst und weniger vorab entschieden als du denkst!

David hat die Auseinandersetzung angenommen. Besonnen, mit Klugheit, Raffinesse, Mut und am Ende entscheidend, mit Gottvertrauen. Wenn du mit dem Rücken zur Wand stehst, dann traue der Hilfe Gottes über den Weg. In der Mitte der biblischen Erzählung steht der entscheidende Satz, der David zugesprochen wird: »Geh, der HERR sei mit dir.«

Den eigenen Weg mit Gott zu gehen – das wird immer eine Herausforderung bleiben! Denn in wie vielen Kämpfen unseres Lebens haben wir zu schnell aufgegeben, weil uns der Mut fehlte? Weil die offensichtlichen Kräfteverhältnisse uns den Schneid abgekauft haben? Und wie oft werden wir auch zukünftig nicht bestehen und widerstehen, ja verzagen, weil wir der Übermacht nicht trotzen können oder wollen?

David gegen Goliat ist ein »Bild des Glaubens« in den Straßen von Regensburg. Wo das Leben mich in die Knie zwingt, kann es mir sagen: Nichts ist so sicher, wie es scheint, nichts so endgültig vorab entschieden. Keine Lage zu aussichtslos, dass es sich nicht lohnen würde, zu kämpfen. Du hast immer eine Chance, du musst an dich glauben und an den, der Dir den Rücken stärkt: Gott.

»Geh, der HERR sei mit dir.« Um dieses Gottvertrauen zu ringen, bleibt ein Lebenskampf – zuallererst mit mir selbst!

Ein altes Bild – und eine ganz moderne Botschaft auf dem Goliath-Haus!

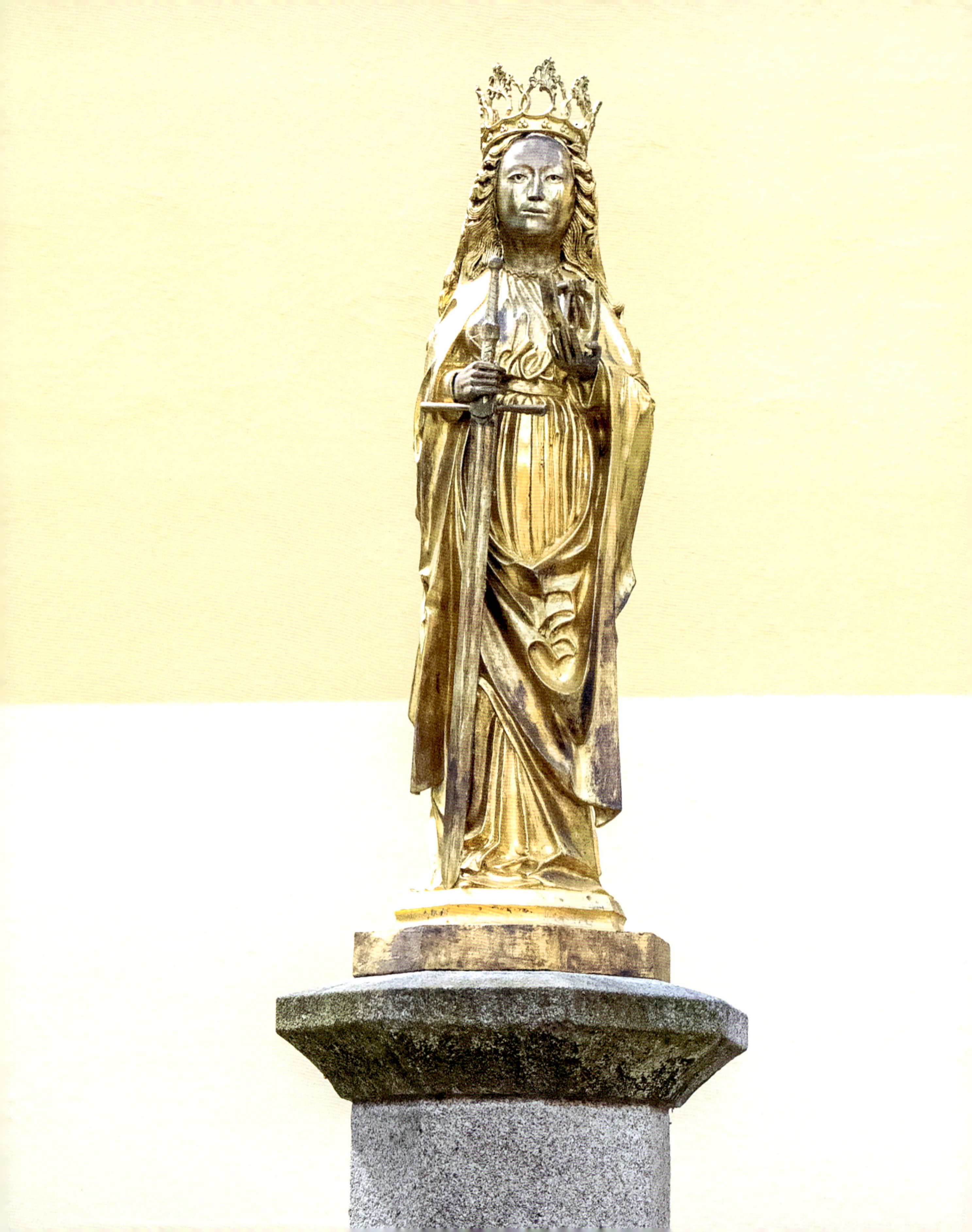

DIE HL. KATHARINA: EINE FRAU MIT LEGENDÄREM RUF

Vergoldete Figur · St.-Katharinen-Platz · Stadtamhof

Spiritual Matthias Effhauser, Priesterseminar St. Wolfgang

Optischer Mittelpunkt der Spitalanlage in Stadtamhof ist der Katharinenbrunnen.[3] Er steht zwischen dem Altenheim und der Spitalkirche. Den oktogonalen Brunnen ziert eine goldgefasste Figur der Heiligen, die der Künstler Sandro Herbrand 2018 gestaltet hat.

»Die heilige Katharina von Alexandria, eine der vierzehn Nothelferinnen, wurde zur Patronin des Hospitals und der Hospitalkirche an der Steinernen Brücke. Die Katharinenkirche war jedoch nicht von Anfang an der heiligen Katharina geweiht, sondern trug bis 1812 das Patrozinium des heiligen Johannes. Die eigentliche Pfarrkirche St. Katharina, eine dreischiffige Basilika, stand unmittelbar an der Steinernen Brücke und musste 1430 den Befestigungsmaßnahmen am Brückenkopf (befürchteter Hussiteneinfall) weichen.«[4]

Die heilige Katharina (die Reine) war seit dem 13. Jahrhundert eine der am meist dargestellten und verehrten Heiligen und gehörte mit der heiligen Elisabeth von Thüringen zu den Portalfiguren des Katharinenspitals. Beide wachten beim Eingang über die eintretenden Kranken und Pilger und stellten somit die Verbindung zum Siechenhaus und zur Kirche her.

Die heilige Katharina ist im wahrsten Sinne eine legendäre Frau, denn ihre Lebensgeschichte basiert nur auf Legenden. Im vierten Jahrhundert wird sie in Alexandrien, in Ägypten geboren. Sie ist die Tochter des heidnischen Königs Costus und seiner Frau Sabinella. Katharina muss nicht nur eine sehr schöne, sondern auch eine überaus kluge und intelligente Frau gewesen sein. Die Verehrer stehen bei ihr Schlange, doch keiner von ihnen wird erhört. Als sie eines Tages auf einen Eremiten trifft, der ihr von Christus erzählt, steht ihr Entschluss fest. Sie lässt sich taufen und will fortan eine »Braut Christi« sein.

In ihre Lebenszeit fällt eine Christenverfolgung. Kaiser Maxentius (306–312) will die Christen zwingen, heidnische Opfer darzubringen. Katharina wehrt sich vehement dagegen und bezeugt in aller Öffentlichkeit ihren Glauben. Dies muss ein mehr als beeindruckender Auftritt gewesen sein, denn der Kaiser holt daraufhin 50 Philosophen und

Gelehrte zusammen, die Katharina widerlegen sollen. Doch die intellektuelle Elite scheitert an der jungen Frau. »Du weißt, Kaiser, niemals stand vor uns ein Mensch, den wir nicht hätten bezwingen können. Aber aus dieser Jungfrau spricht der Geist Gottes. Jetzt wollen wir nicht mehr streiten gegen Christus.«[5]

Die Weisen bekehren sich anschließend selbst zum christlichen Glauben. Die Folgen sind dramatisch – Kaiser Maxentius lässt sie alle töten. Damit aber nicht genug. Als sich selbst Kaiserin Faustine zum Christentum bekehrt, lässt Maxentius Katharina einkerkern und über zwölf Tage misshandeln. Die »Legenda aurea« berichtet von grausamen Foltermethoden. Vier mit eisernen Sägen und spitzen Nägeln gesäumte Räder sollen ihren Körper zerreißen. Doch die Räder zerbrechen! Schließlich wird sie mit dem Schwert enthauptet. Das Todesjahr soll um 306 n. Chr. gewesen sein. Die Legende berichtet, dass Engel ihren Körper zum Sinai getragen haben, wo ihre Reliquien im Katharinen-Kloster begraben liegen. Ihr Kult ist seit dem siebten Jahrhundert bezeugt. Sie ist seit dem 13. Jahrhundert eine der am meisten verehrten Heiligen. Sie, die »Reine« wurde vor allem bei allerlei Krankheiten angerufen.

Katharina zählt zu den »virgines capitales«, den vier großen heiligen Jungfrauen: Katharina, Margareta, Barbara und Dorothea. Drei von diesen gehören außerdem zu den 14 Nothelfern: »Margareta mit dem Wurm, Barbara mit dem Turm, Katharina mit dem Radl, das sind die drei heiligen Madl.«

Die Heilige gilt als Patronin von vielen Berufsständen: Sie ist Beschützerin »der Mädchen, Jungfrauen und Ehefrauen; der Lehrer, Studenten und Schüler; der Theologen und Philosophen; der Universitäten und Bibliotheken; der Redner; der Spitäler; aller Berufe, die mit Rad oder Messer zu tun haben: Wagner, Töpfer, Müller, Spinner, Seiler, Schiffer, Gerber, Friseure, Tuchhändler, Buchdrucker und Schuhmacher; der Näherinnen; der Anwälte und Notare; bei Migräne und Zungenleiden; zur Auffindung von Ertrunkenen …«[6]

Der Kathreinstag, der 25. November, war früher ein bäuerlicher Festtag und Höhepunkt des Bauernjahres. Die Dienstboten wurden ausbezahlt. Sie konnten dann die Stellung wechseln. Der Tag war einer der letzten Heiligenfeste vor der Adventszeit. »Kathrein stellt den Tanz ein«, sagte der Volksmund.

Wegen der mangelnden historischen Belege hatte man ihren Gedenktag 1969 schon aus dem Allgemeinen Römischen Kalender gestrichen. 2002 wurde er aber wieder eingefügt. Theodor Schnitzler schreibt hierzu: »St. Katharina wäre fast ein zweites Mal einen ‚Martertod' gestorben. Man hatte sie schon zum Ausgelöschtwerden aus dem lateinischen Kalender verurteilt. Da wurde sie gerettet von den Griechen. Sie haben ihr eines ihrer schönsten und geschichtsreichen Klöster, das auf dem Sinai, und viele, viele Ikonen gewidmet. Einen Verzicht auf das Katharinengedächtnis hätten die Griechen nicht verstanden.«[7]

Die heilige Katharina wird als eine schöne und intelligente Frau beschrieben, die mutig und entschlossen über ihren Glauben gesprochen und ihn bezeugt hat. Glaube und Vernunft widersprechen sich nicht. Denn Katharina hat den Klugen und Weisen ihrer Zeit ins

Angesicht widerstanden. Die Legende will zeigen: Wo der Geist Gottes in und durch Menschen wirkt, dort überstrahlt er alles. Vernünftiger Glaube stellt alle menschliche Weisheit in den Schatten. Er bringt sogar Gegner zur Besinnung und Umkehr! Katharina ist somit eine Zeugin von vielen, die für das Widerständige, Unzerstörbare des Glaubens und des Bekenntnisses stehen, das sie einst abgelegt hat. Wer Gott mehr gehorcht als den Menschen, der hat nichts zu fürchten!

Die Figur im Regensburger Katharinenspital trägt eine Krone auf dem Haupt. Sie steht dafür, dass Katharina eine Königstochter war, aber auch die Krone des Martyriums empfangen hat. Die beiden Attribute, die sie in Händen hält, das Schwert und das zerbrochene Rad, deuten ihren Leidensweg. Das übergroße Schwert, das wie ein Kreuz wirkt, mag die Kranken und Hilfsbedürftigen auch heute noch daran erinnern, das ihnen auferlegte Kreuz, was immer es auch sein mag, auf sich zu nehmen. Wo ein Mensch droht, unter die Räder zu kommen, von Leid und Schmerz aufgerieben und zerrissen zu werden, darf er die Fürsprache der Heiligen erbitten. Besonders wenn eine Krankheit zur Herausforderung und Prüfung für die eigene Gottesbeziehung wird.

»*Heilige Katharina, lehre uns begreifen, dass die demütige Hingabe an den Willen Gottes wichtiger sein kann als alles Forschen und Wissen in dieser Welt. Hilf uns, inmitten der vielfältigen Gefahren unserer Zeit stets das Wahre zu erkennen und Gott durch ein überzeugtes Leben aus dem Glauben in Treue zu dienen.*«[8]

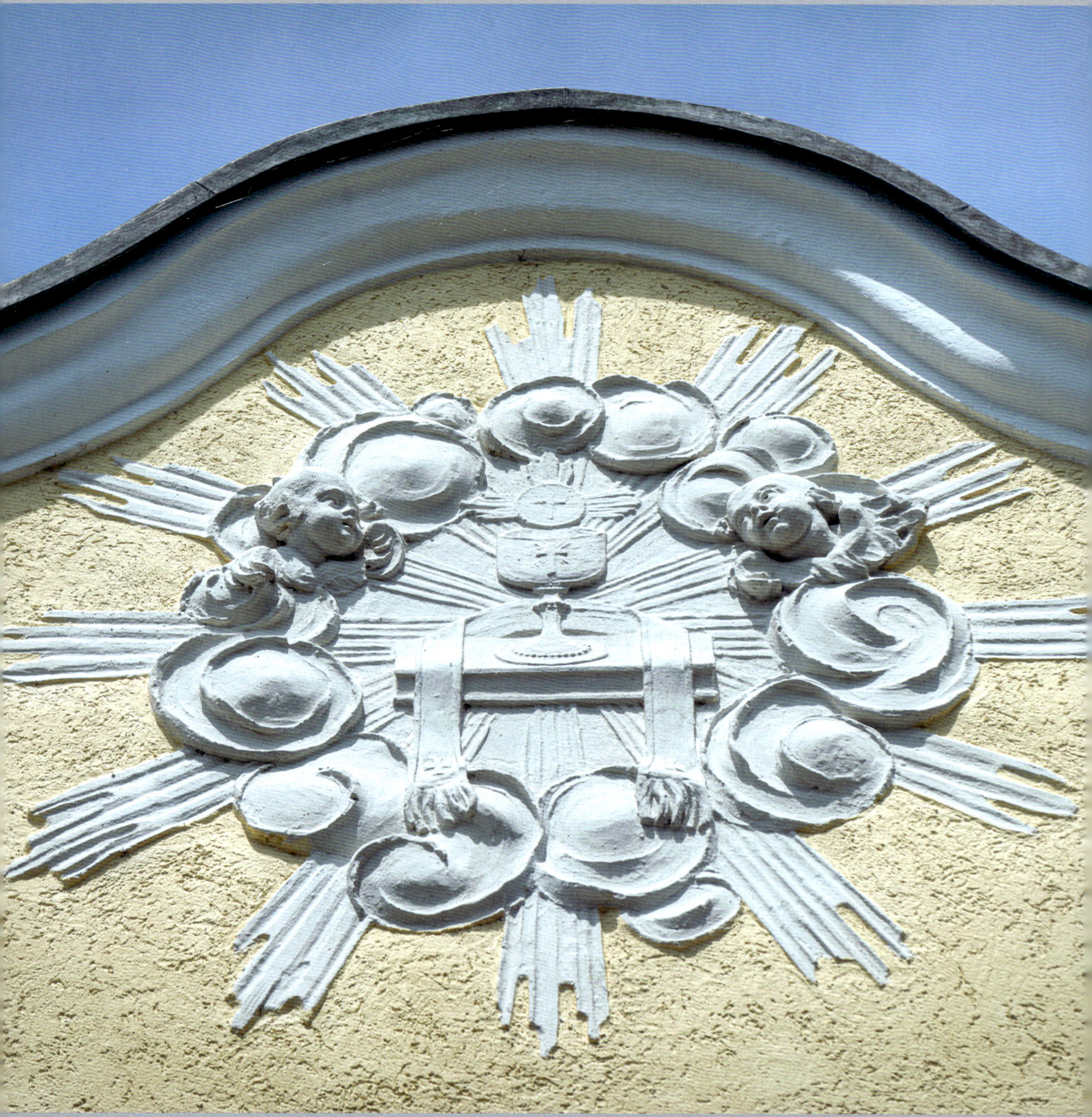

MOTIV »DAS PRIESTERTUM« AM PFARRHAUS IN REINHAUSEN

Stuckrelief · Pfarrhaus St. Josef · Donaustaufer Str. 29a

Pfarrer Josef Eichinger, Pfarrei St. Josef, Reinhausen

Das Relief ziert zusammen mit einem zweiten, die Gottesmutter von der schönen Liebe zeigend, die Südseite des Pfarrhauses in Reinhausen. Die Entstehungszeit, Ende 19., Anfang 20. Jahrhundert, war eine sehr bewegte Zeit. Die fortschreitende Industrialisierung und die damit verbundene Abwanderung vom Land in die Stadt ließ die Einwohnerzahl von Reinhausen innerhalb kürzester Zeit rasant ansteigen.

Damit verbunden war eine gewisse Entwurzelung der Menschen, verbunden mit Heimat- und Orientierungslosigkeit. Neuzugezogene fanden ein funktionierendes soziales Gefüge vor, dem sie selbst nicht angehörten. Umgekehrt sahen sich die Reinhausener herausgefordert, die »Neuen« in ihr soziales und kulturelles Leben zu integrieren.

Diese Herausforderung musste angegangen werden. Die Pfarrgemeinde Reinhausen in Person des damaligen Pfarrers Wieshuber sah die Notwendigkeit, eine größere Kirche zu bauen. »Als er die vielen Menschen sah, hatte er Mitleid mit ihnen; denn sie waren müde und erschöpft wie Schafe, die keinen Hirten haben« (Mt 9,36). Der katholische Glaube war für die überwältigende Mehrheit der Menschen damals ein verbindendes Element über alle Grenzen hinweg. Dieses gemeinsame Wertefundament sollte die Basis für das neue Miteinander werden. Wieshuber sah es deshalb als überaus wichtig an, allen Gläubigen in Reinhausen eine geistliche Heimat und Geborgenheit anbieten zu können.

So entstanden Kirche und Pfarrhaus, versehen mit verschiedenen Reliefs, darunter das Relief »Das Priestertum«, das wir hier näher betrachten. Es befindet sich an der Südseite des Pfarrhauses und ziert einen Erker, hinter dem sich der Wohnraum des amtierenden Pfarrers erstreckt.

Die runde Form des Reliefs wird gebildet von einem Kranz aus wolkenförmigen Ornamenten mit je einem Puttenkopf rechts und links, die von außen in die Mitte blicken und damit auf das Zentrum des Reliefs. Vielleicht eine Anspielung auf die beiden Gruppen von Menschen, die hier ihre geistliche Heimat finden sollten: die alteingesessenen

Reinhausener auf der einen und die neuzugezogenen Reinhausener auf der anderen Seite. »Es gibt nicht mehr Juden und Griechen, nicht Sklaven und Freie, nicht männlich und weiblich; denn ihr alle seid einer in Christus Jesus« (Gal 3,28). Beide blicken sie ehrfürchtig und ein wenig verwundert zur gemeinsamen Mitte. Mit seinen Puttenköpfen kann dieser Kranz aus wolkenförmigen Ornamenten zweifelsohne als symbolische Anspielung auf die himmlische, göttliche Dimension des Priestertums gedeutet werden.

Aus dieser Mitte heraus entspringen zwölf Strahlenbündel, die sich hinter dem Kranz fortsetzen und damit über diesen hinausweisen. Dieser Strahlenkranz will ganz offensichtlich den sakralen Inhalt dieses Reliefs deutlich machen. Dazu passt die Anordnung dieser zwölf Strahlenbündel, die an ein großes Zifferblatt erinnert, bei dem jedes dieser Strahlenbündel auf eine Zahl deutet. Unübersehbar ist damit die Anspielung auf die zeitliche bzw. irdische Dimension des Priestertums, wobei hier die Zahl zwölf auch als Verweis auf die zwölf Apostel als erste Empfänger des Priestertums verstanden werden muss. Zugleich erinnert die Form dieser Strahlenbündel, die wie Wegweiser in alle Richtungen und damit auf die ganze Welt deuten, an das Wort Jesu: »Geht hinaus in die ganze Welt und verkündet das Evangelium der ganzen Schöpfung!« (Mk 16,15).

Wenden wir uns nun der Mitte, dem eigentlich Inhalt unseres Reliefs zu, so erkennen wir mehrere Symbole, die kunstvoll kombiniert das Thema »Priestertum« repräsentieren. Da ist einmal ein liegendes Buch. Ausgehend vom Ritus der Diakonenweihe als Vorstufe zur Priesterweihe verbinden sich mit diesem Buch die Worte: »Empfange das Evangelium Christi: Zu seiner Verkündigung bist du bestellt. Was du liest, ergreife im Glauben; was du glaubst, das verkünde, und was du verkündest, erfülle im Leben« (aus der Weiheliturgie).

Das Evangelium Christi als Basis und Grundlage priesterlichen Lebens und Wirkens. Dabei gilt diese allgemeine Feststellung nicht ausschließlich den geweihten Amtsträgern. Vielmehr ist sie eine Beschreibung, die ebenso für das allgemeine Priestertum aller Gläubigen gilt. Die Verkündigung des Wortes Gottes und das Kennen des Wortes Gottes sind der Grund, auf dem das Leben eines jeden Christen ruht. Aber ebenso der Grund, auf dem die ganze Kirche steht. »Jeder, der diese meine Worte hört und danach handelt, ist wie ein kluger Mann, der sein Haus auf Fels baute« (Mk 7,24). Aus diesem Grund liegt auch das Buch im Relief wie das Fundament, auf dem die weiteren Symbole ihren Platz finden.

Damit kommen wir zum nächsten Symbol: der priesterlichen Stola, die auf diesem Buch liegt. Wie wohl das Wort Gottes für das allgemeine und das besondere Priestertum die Grundlage bildet, so braucht es dennoch die beauftragten, ordinierten Verkünder dieser Botschaft. Die Stola kennzeichnet ihren Träger als einen, der wie Petrus zu Jesus sagt: »Auf dein Wort hin!« (Lk 5,5). Sich von Christus ansprechen zu lassen und dann mit seiner ganzen Existenz in seine Nachfolge zu treten, um das Wort Christi denen zu verkünden, die danach hungern und dürsten – dafür steht die Stola als sichtbares Zeichen der Amtswürde, die im Sakrament der Weihe übertragen wird. Wie Elija dem Elischa seinen Prophetenmantel umgelegt hat (1 Kön 19,19) und wie der Täufling bei der Taufe das weiße Gewand empfängt als Symbol dafür, dass er Christus angezogen hat, so empfängt der Priester bei seiner Weihe die Stola als Symbol dafür, dass Christus ihn zu seinem Verkünder und Zeugen erwählt hat. Im Blick auf die geschichtlichen Hintergründe vor Ort kann dies auch dahingehend gedeutet werden, dass den Menschen damit gesagt werden möchte: Hier findet ihr einen zuverlässigen und treuen Diener und Freund Christi, der versprochen hat, euch ein guter Hirt zu sein und dem ihr vertrauen könnt!

Doch nicht nur die Verkündigung ist dem Priester aufgetragen. Das bringt uns zu den nächsten beiden Symbolen: Kelch und Hostie – beide jeweils mit einem strahlenden Kreuz verziert, wobei die Stola den Fuß des Kelches umfängt und so eine besondere Nähe erkennen lässt. Es sind die eucharistischen Gestalten von Brot und Wein als ausdrücklicher Hinweis auf Christus selbst. Deshalb das strahlende Kreuz!

Zunächst setzt sich hier das fort, was im Buch als Fundament begonnen hat. Will man im Buch einen Hinweis auf das allgemeine Priestertum aller Gläubigen sehen und in der Stola das Zeichen für das besondere Amtspriestertum, so verweisen Kelch und Hostie auf Christus, den einzigen und wahren Hohenpriester des Neuen Bundes (vgl. Hebr 4,14 ff.) oder, um ein bekanntes Bild des Apostels Paulus aufzugreifen: »Er ist das Haupt, der Leib aber ist die Kirche« (Kol 1,18; vgl. auch Lumen gentium 10).

Dann aber sind Kelch und Hostie auch eine immerwährende Einladung an alle Gläubigen zur Eucharistie als Quelle und Höhepunkt des ganzen christlichen Lebens, wie es das II. Vatikanische Konzil formuliert hat (vgl. Lumen gentium 11). Darin steckt die Einladung Jesu: »Kommt alle zur mir, die ihr mühselig und beladen seid! Ich will euch erquicken« (Mt 11,28). Hier dürfen wir all das ablegen, was uns bedrängt und sorgt. Hier dürfen wir neue Kraft tanken, wenn wir auf Gottes Wort hören und uns von Christus selbst in der heiligen Kommunion stärken lassen. Wo Christus die Mitte ist, dort ist Leben, dort ist Gemeinschaft, dort ist Licht, wie es der Strahlenkranz des Reliefs eindrücklich sichtbar macht. Damit ist dieses Relief eine bildhafte Aussage dessen, was das II. Vatikanische Konzil in der Liturgiekonstitution (SC Nr. 9–10) dargelegt hat.

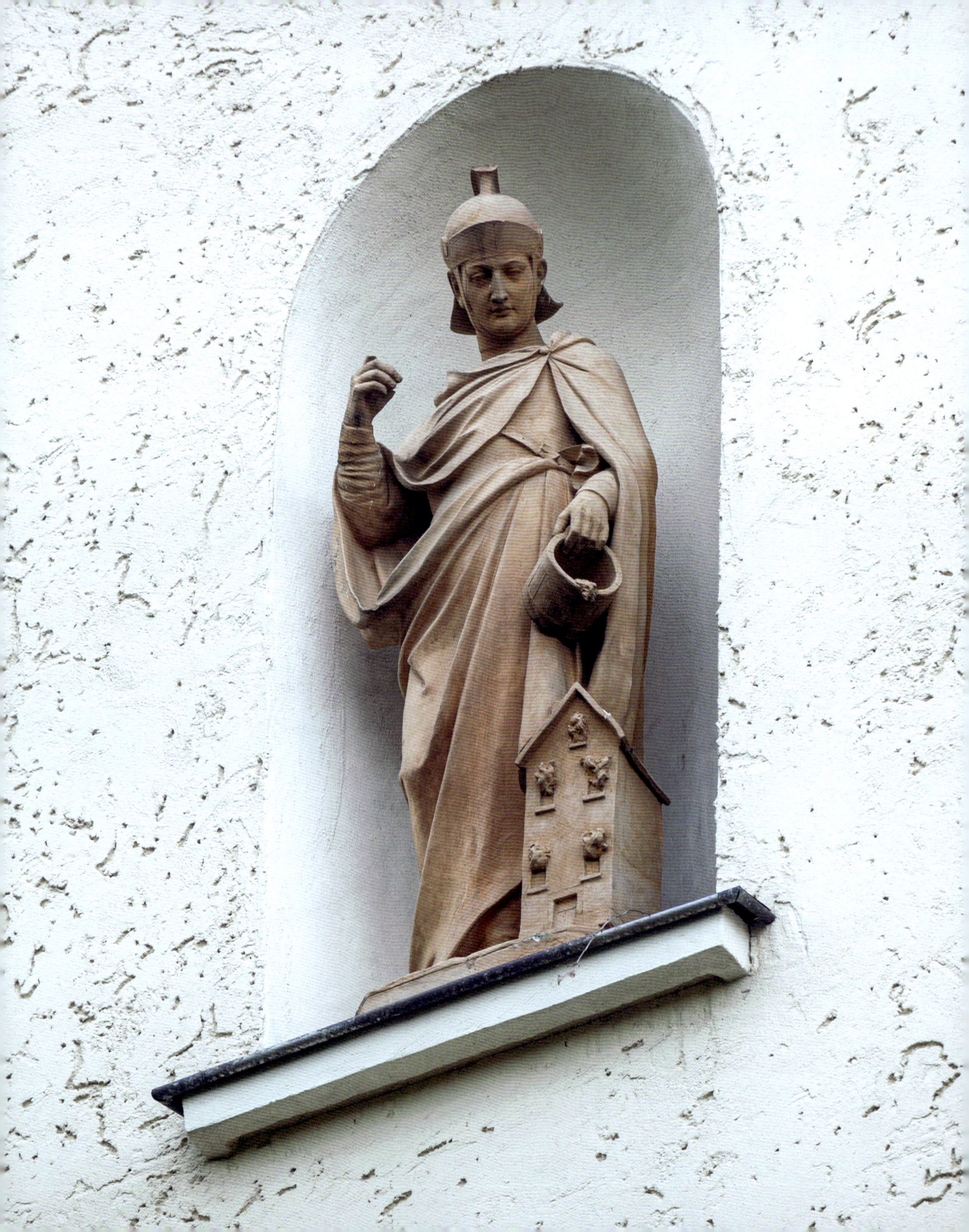

SANKT FLORIAN

Terracotta-Figur »Salve-Haus« · Stahlzwingerweg 23

**Diakon Reiner Fleischmann,
Diözesanbeauftragter der Notfallseelsorge**

»Florian Regensburg von Leitstelle Regensburg, kommen!« – Tausende Feuerwehrleute in Deutschland, Österreich und Südtirol benutzen auch heute noch täglich seinen Namen. Dadurch wurde Florian zum meist »angerufenen« Heiligen überhaupt.

Florian war ein hoher Beamter des römischen Statthalters von Ufer-Noricum. Wegen seines Glaubens opferte er in der Christenverfolgung unter Diokletian seine Karriere. Er trug Sorge um seine Glaubensbrüder, setzte sich für sie ein und wurde deswegen auch verhaftet und zum Tod verurteilt. Am 4. Mai 304 wurde er mit vielen Glaubensgefährten von römischen Soldaten in der Enns in Österreich ertränkt.

Vielen Menschen ist der folgende Satz seit Kindheit bekannt: »Heiliger Sankt Florian, verschon mein Haus, zünd and're an«. Dieser wenig fromme Wunsch ist heute auch als das »Sankt-Florians-Prinzip« bekannt. Gemeint ist, wenn einer seine Probleme nicht löst, sondern sie einfach auf andere abwälzt. Genau dies trifft aber auf den heiligen Florian nicht zu. Florian und seine Kameraden waren Männer, die für ihren Glauben Zeugnis ablegten. Sie waren ihrer Überzeugung treu und nahmen sogar den Tod auf sich.

Woran liegt es, dass sich die Verehrung des heiligen Florian über mehr als 1700 Jahre fortgesetzt hat. Florian machte die Not der Mitchristen zu seiner Not. Heute würde man wohl die Begriffe Zivilcourage und soziales Engagement für eine derart mutige Haltung wählen. Es war aber noch mehr: Er bezeugte seinen Glauben bis in den Tod, er ist Märtyrer.

Florian ist der bekannteste und bestbezeugte Glaubenszeuge der frühchristlichen Zeit im ostalpinen Raum und seine Verehrung ist bis zum Anbruch der Reformation in Österreich, Bayern, Böhmen, Polen und Ungarn nachweisbar. Auch wenn er heute als Schutzpatron für die Feuerwehr gilt, wurde er ursprunglich gegen die Gefahren des Wassers angerufen. So ist er auch in einer Gibelnische am Stahlzwingerweg als römischer Legionär mit dem Wasserschaff und dem brennenden Haus dargestellt. Tagtäglich brauchen Menschen in Not Hilfskräfte, die ihnen beistehen, sie retten. Ganz egal ob Feuerwehr, Rettungsdienst oder Polizei. Wir Menschen brauchen, trotz unserer hochtechnisierten Welt, einander mehr als wir zugeben. Viele Menschen können heute ihr Leben unabhängig organisieren – Homeoffice, gleitende Arbeitszeiten. Das Bestreben unabhängig zu sein, ist aber auch die Versuchung, vorrangig auf das Eigene zu schauen. Das Wohlergehen des Nächsten und das Gemeinwohl ist für nicht wenige zweitrangig. Eine gewisse Anspruchshaltung gegenüber Staat und Kirche wird immer lauter. Oft wird erst in der Vereinsamung gerade der älteren Menschen und in der Isolation von Menschen, die kein soziales Netzwerk haben, deutlich, wie sehr Zuwendung für Menschen untereinander notwendig ist. Wie hilfreich ist es, einmal zu erfahren, dass auch ich gebraucht werde. Ich als Mensch. Das zeigt sich in der Vielzahl der Frauen und Männer, die sich ehrenamtlich in den Aufgaben der Feuerwehr und der Rettungsdienste engagieren. Aber nicht nur die Tat, das bestärkende Wort ist ebenso wichtig. Was lässt uns mehr aufleben als ein Wort: »Ich brauche dich, gut dass du da bist! Danke für deinen wertvollen Einsatz!« Wie gut tut es Einsatzkräften, wenn nach einem schwierigen Einsatz an der Einsatzstelle oder auf Feuer-, Rettungs- oder Polizeiwache noch durch einen Seelsorger ein bestärkendes Wort, ein begleitendes Gebet gesprochen wird.

Jeden Tag sind wir von morgens bis abends durch die elektronischen Medien miteinander vernetzt. Im unmittelbaren Miteinander und Füreinander sind wir aber nicht selten sprachlos und hilflos – gerade im Angesicht von Sterben, Tod oder schrecklichen Ereignissen. Florian wusste vor 1700 Jahren, dass er jetzt gebraucht wird und er verlässt seinen gesicherten Ort und machte die Bedrängnis seiner Gefährten zu seiner Bedrängnis. Ist solche Zivilcourage und Solidarität nicht gerade in unserer Zeit gefragt? Und leben unsere Feuerwehren und Hilfsorganisationen nicht genau dies so nach, indem sie sich zu Menschen in Not auf den Weg machen.

Florian setzte sein Leben aufs Spiel. Auch viele der Einsatzkräfte setzen in den unterschiedlichsten Einsatzsituationen, sei es bei einem Wohnhausbrand, bei einem schweren Verkehrsunfall, bei Hochwasser oder sogar bei einer Geiselnahme oder einem Amoklauf ihr Leben bewusst aufs Spiel, um andere Menschenleben zu retten. Woher nahm Florian diese Kraft, diesen Mut? Woher nehmen unsere Frauen und Männer in helfenden Berufen und im Ehrenamt diese Kraft und diesen Mut? Dieser Zugang wird vielen nicht leicht fallen, da in unserer Gesellschaft christlicher Glaube nicht mehr ohne weiteres erfahrbar ist. Aber als Florian zusammen mit seinen Gefährten vor den Statthalter gebracht worden war, da bekannte er: Ich bin Christ! Christ sein heißt: An Gott glauben, auf ihn hoffen und ihn lieben, ihn und den Nächsten wie mich selbst, so wie es Jesus Christus uns gelehrt hat. Ohne diesen Glauben ist der letzte Schritt des Florian nicht erklärbar.

Aus diesem Grund verehren die Feuerwehren den heiligen Florian. Er ist Vorbild. Und sie zeigen ihre Verbindung zu ihm und zu Gott oftmals durch die Darstellung des Florian als Figur oder Malerei auf den Feuerwachen. Letztlich ist jeder Einsatz für Hab und Gut, für die Menschen, ein »Gottesdienst« – Dienst an Gott und den Menschen. In Florianigottesdiensten um den 4. Mai herum wird dies auch deutlich nach außen gezeigt und nach innen gelebt. Das stärkt. Die Gewissheit, Gott ist mit uns im Einsatz und er ist mit unseren Familien. Wer den Glauben nicht lebendig werden lässt, d.h. im Gebet, in der Bibel und in der Eucharistie die lebendige Verbindung mit Gott nicht sucht und dies praktisch ins Leben umsetzt, läuft Gefahr, sich den üblichen Verhaltensweisen »dieser Welt« anzugleichen. Es ist notwendig, sich ständig vor Augen zu halten: Ich bin vom lebendigen Gott gehalten und getragen. Dies ist an meiner Lebensweise sichtbar.

Als Christen stehen wir mitten im Leben, wir gestalten die Gesellschaft mit. Florian war ein Mann des öffentlichen Lebens. Christsein heißt: Teilen und Anteil nehmen am Leben, das sich um uns ereignet; Anteil nehmen an Freud und Leid, am Leben und Sterben.

Die Herausforderungen und Spannungen menschlichen Lebens, in die Florian hineingestellt ist, sind zeitlos. Was ist heute mehr gefragt als der Mut, gegen den Strom zu schwimmen, sich nicht einfach in der medialen Welt mittreiben zu lassen.

Heilige sind Vorbilder, aber nicht abgehoben von der Erde, sondern mit Bodenhaftung. Heilige sind doch auch nur Menschen. Menschen wirken keine Wunder. Das tut einzig und allein der, der wirklich wunderbar ist: unser Gott. Unsere Frauen und Männer in den verschiedenen Hilfsorganisationen und Feuerwehren haben sich bewusst solche Heilige zum Vorbild genommen, um ihre Tätigkeit für Menschen in Not mit der nötigen Unterstützung Gottes ausführen zu können.

Florian bekommt als markantes Attribut das Wasserschaff: das Hilfsmittel, um die alltäglich drohenden Gefahren zu bekämpfen. Seine Darstellung an den Hausmauern, so wie hier an einem Haus im Stahlzwingerweg in Regensburg und das Gebet zu ihm sind zum Zufluchtsort um Sicherheit geworden.

Regelmäßig wird dann wie im Florianlied[9] dieser einzigartigen Verbindung gedacht und gedankt:

1. ***Lobe den Herren!*** *Für ihn gilt es, Zeugnis zu geben, um so wie Florian nach seiner Freundschaft zu streben. Er steht uns bei, wenn wir bereit sind und treu, als Gottes Kinder zu leben.*

2. ***Lobe den Herren,*** *mit Florian wir auf ihn bauen. Er gibt uns allen die Kraft und den Mut zum Vertrauen. Er hat die Macht, uns zu befrei‹ n aus der Nacht: Wir werden ewig ihn schauen!*

3. ***Heiliger Florian,*** *hilf uns in Not und Gefahren! Gott mög‹ es geben, dass Feuer und Wasser nicht schaden. Tritt für uns ein; lass uns bereit dazu sein. Leben und Gut zu bewahren!*

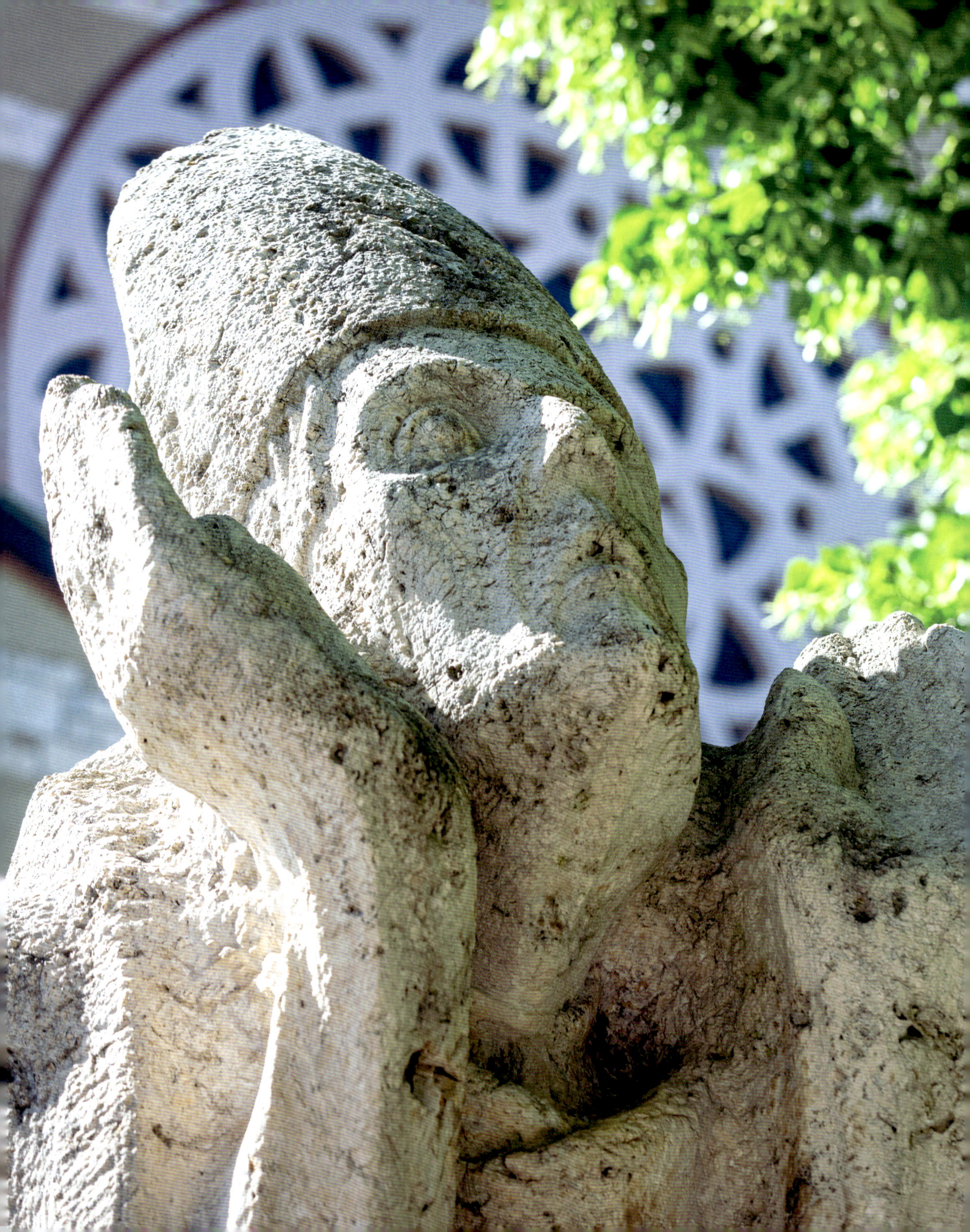

HL. WOLFGANG: DER BISCHOF AM STRASSENRAND

Sandstein · Pfarrkirche St. Wolfgang · Vorplatz · Bischof-Wittmann-Straße 24a

Prälat Michael Fuchs,
Pfarrer, Regionaldekan, Domkapitular

Wer in Regensburg vom Bismarckplatz Richtung Süden fährt, kommt nach den Bahngleisen auf eine kleine Anhöhe, den Königsberg. Gleich bei der Ampel steht eine mächtige Figur mit östlicher Blickrichtung: Im bischöflichen Ornat gekleidet – mit Mitra auf dem Haupt, Rauchmantel und langen Handschuhen, jedoch ohne Stab und Ring –, neigt er den Kopf etwas nach hinten und schaut leicht nach oben. Die beiden Hände sind auf Höhe des Kopfes in Blickrichtung geöffnet.

Dahinter ragt die prächtige Wolfgangskirche hervor, die 1938 bis 1942 durch den Architekten Dominikus Böhm errichtet wurde. Nach dem Zweiten Weltkrieg bekam sein Sohn Gottfried Böhm (1920–2021), Bildhauer und später auch Architekt, den Auftrag für eine Steinfigur des heiligen Bischofs Wolfgang, des Patrons der Diözese Regensburg und der besagten Kirche. Am 5. Mai 1952 wurde die Figur schließlich geweiht, die uns bis heute mit ihrer eigenartigen und vom Bildhauer ungedeuteten Geste herausfordert.

Wo schaut der Heilige hin? »Wolfgang blickt nach Alt-Kumpfmühl hinunter«, hört man in diesem Stadtteil immer wieder. Will sagen: Der Heilige – eigentlich nach oben blickend – hat ein Auge auf die »Seinen«, passt auf sie auf. Von einem guten Patron erwartet man dies auch, und so wird Wolfgang eine Art Ortsheiliger.

Die Figur ist nach Osten ausgerichtet, anders als die gewestete Wolfgangskirche. Der heilige Wolfgang schaut damit der aufgehenden Sonne entgegen und erinnert an den Ostermorgen, an die Auferstehung Jesu Christi und an den Hoffnungsanker christlichen Lebens. »Ex oriente lux« (»aus dem Osten kommt das Licht«) – diese christliche Überzeugung, die an die Herkunft des christlichen Glaubens aus dem östlich gelegenen Heiligen Land erinnert, wird durch diese Ostung betont. Vielleicht sollte damit auch die völkische Umdeutung des alten Satzes wieder zurechtgerückt werden – im Dritten Reich war oft davon die Rede, dass das Licht Deutschlands aus dem germanischen Norden mit ihren Sagen und Mythen komme.

Der Osten – das war im Leben des heiligen Wolfgang Ungarn bzw. Pannonien. Dorthin wollte er – damals noch Mönch und Prior in der Reformabtei Maria Einsiedeln – unbedingt in die Mission. Wolfgang zog schließlich 972 mit Erlaubnis seines Abtes los. Doch die Aktion endete in einem Desaster. Vermutlich war Wolfgang zu überstürzt und unvorbereitet vorgegangen.

Der für jenes Gebiet zuständige Bischof Pilgrim von Passau hörte von dem »umherschweifenden Mönch« und wollte ihn streng mahnen. Im Gespräch, so die Legende, kam er jedoch sehr ins Staunen über den Glauben und die Klugheit des Mönches Wolfgang, sodass er ihn bei nächster Gelegenheit für den Bischofsstuhl in Regensburg empfahl. So wurde aus dem übereifrigen Unterfangen im »Osten« ein Weg in die Diözese Regensburg, der Wolfgang 22 Jahre (972–994) als Bischof diente. Gott schrieb hier auf krummen Zeilen gerade.

Zum Blick gehört nicht nur die Himmelsrichtung. Wolfgang schaut schräg nach oben, so als suche er etwas oder komme ihm etwas entgegen. Damit erinnert er uns an den Propheten Jesaia: »Hebt eure Augen nach oben und seht: Wer hat diese Gestirne erschaffen?« (Jes 40,26). Als Jesus in der Bergpredigt über die falschen Sorgen der Menschen predigt, fordert er auf, nach oben zu schauen: »Seht euch die Vögel des Himmels an« (Mt 6,26). Und auch der heilige Stephanus schaut bei seinem Martyrium nach oben: »Er aber, erfüllt vom Heiligen Geist, blickte zum Himmel empor, sah die Herrlichkeit Gottes und Jesus zur Rechten Gottes stehen« (Apg 7,55). Karl Valentin hatte sich einmal in der Münchner Innenstadt einen Scherz erlaubt und auf dem Marienplatz immer auf einen Punkt nach oben gestarrt. In kurzer Zeit kamen immer mehr Leute herzu und suchten, was der komische Mann da entdeckt habe. Bei Valentin war es nichts, aber die Figur vor der Wolfgangskirche kann den Blick der Vorbeikommenden nach oben ziehen zu einer viel größeren Wirklichkeit, die uns Sinn und Orientierung gibt.

Was tun seine Hände? Die Wolfgangsfigur hält die Hände wie beim Beten, sagen die einen. Er hält sie so als Hörender, meinen die anderen. Für beide Gesten spricht etwas. Der Gebetsgestus wäre eine stark geschmälerte liturgische Orantenhaltung, eine Gebetshaltung, die ins frühe Christentum zurückgeht und noch heute vom Priester beim Hochgebet verwendet wird. Dazu sind die Hände eigentlich auf Schulterhöhe und etwas außerhalb der Schultern, hier bei der Figur wirken die Arme eng zusammengezogen, so eng, dass manche vermuten: Es ist ein hörender Bischof. Seine Hände würden sozusagen die Ohrmuscheln vergrößern und auf die innere Offenheit des Heiligen für Gottes Wort hindeuten, in Anlehnung an den Apostel Paulus: »Der Glaube kommt vom Hören« (Röm 10,17). Auch hier ist der Gestus nicht eindeutig: Die Hände berühren die Ohren nicht. So unterscheidet sich die (hörende) Gebetshaltung der Wolfgangsfigur auch eindeutig vom Anfangsgestus des islamischen Gebetes (Takbirat Al-Ihram) mit meist am Ohr anliegenden Händen und mit dem Blick auf den Boden.

Für beide Deutungen der Hände – Beten und Hören – spricht etwas und fügt sich zusammen mit dem Blick des Bischofs zu einer inneren offenen Grundhaltung gegenüber Gott, seinem Plan und seinen Weisungen.

Das Beten hatte Wolfgang sicher als Kind von den Eltern gelernt und bei seinen verschiedenen Schulstationen vertieft. Als er dann 966 mit 42 Jahren in das Kloster Maria Einsiedeln eintrat, da ließ er sich ein auf das strenge liturgische Beten mehrmals am Tag mit festgelegten Abläufen und Regeln.

Doch vieles deutet darauf hin, dass es dem heiligen Wolfgang nicht nur um eine äußere Erfüllung einer Pflicht ging. In seinen großen Krisen und Lebenswenden ist es immer wieder das hinhörende Gebet, das den heiligen Wolfgang weiterbringt. Und er mahnt, im Beten auch immer wieder »das Innerste und Geistige nicht zu vernachlässigen« und die persönliche Beziehung zu Gott zu suchen.

Vielleicht war auch die »Predigt im Sturm« aus der Wolfgangslegende Vorbild für die Figur: Bischof Wolfgang predigt und weckt das große Interesse der Gläubigen. Da kommt ein Sturm auf, eine »lärmende Verwirrung« und ein »Geschrei des Volkes«. Vom Dach her kracht es und in der Kirche wird es nebelig und dunkel. Viele verlassen die Kirche, weil sie meinen, es gebe Aufruhr oder ein Feuer sei ausgebrochen. Wie reagiert Bischof Wolfgang? Er bleibt ruhig und betet zu Gott, die Menschen mögen das Werk des Durcheinanderwerfers durchschauen. »Diesen Worten folgte die Klarheit der Luft und der Klarheit die Rückkehr des Volkes in die Kirche.«

Sicher dürfen wir im Gebet des heiligen Wolfgang auch seine Fürsprache für den Frieden sehen – nach den inneren und äußeren Trümmern der Kriegskatastrophe, die 1952 noch nicht weggeräumt waren. Vielen Gläubigen vor Ort war da noch der Schrecken des Krieges in Erinnerung, nicht zuletzt der Bombenabwurf auf diesen Stadtteil Kumpfmühl am 28.12.1944, der auch Teile der Kirche und das Pfarrhaus zerstörte. Vieles in Deutschland lag noch am Boden, politisch und wirtschaftlich herrschte große Verwirrung. Der brüllende Führer war verstummt und viele andere Rufer schrien um die Wette. Damit wäre die Wolfgangsfigur eine stete Mahnung zur Versöhnung und zum gegenseitigen Hinhören sowie ein bleibender und aktueller Aufruf zum Gebet um den Frieden, der auch in unserer Zeit viel zu brüchig ist und bisweilen mit Füßen getreten wird.

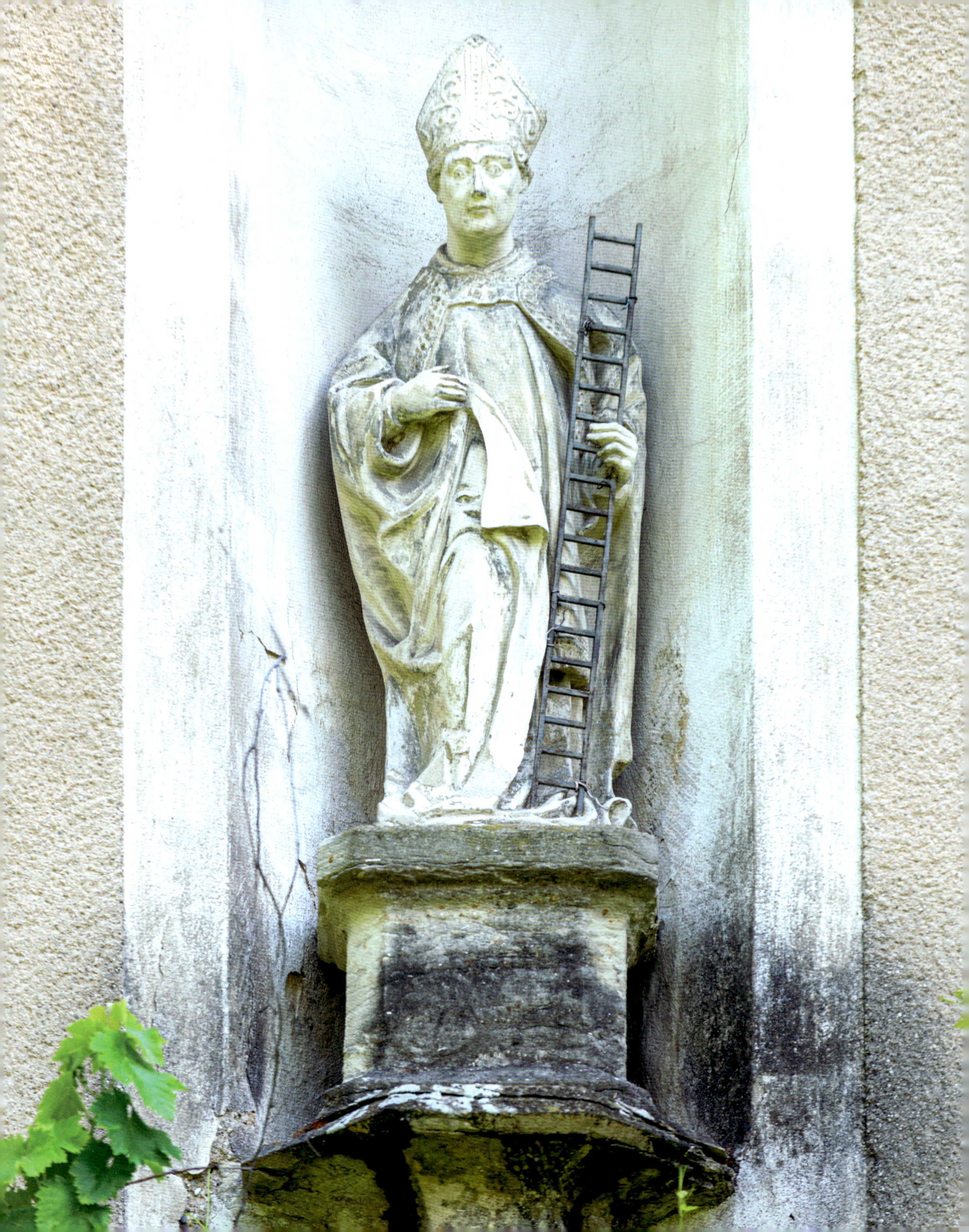

HL. EMMERAM

Steinfigur · Pfarrhaus St. Emmeram · Hausfassade im Garten · Emmeramsplatz 3

Dekan Roman Gerl, Pfarrer von St. Emmeram und St. Ulrich

Er sieht etwas verloren aus in dieser Hausnische des ehemaligen Pfarrhofs von St. Emmeram: Der heilige Bischof Emmeram – Nebenpatron der Diözese Regensburg und Namensgeber des Kirchortes am Rande der Altstadt von Regensburg. Wenn Bischof Dr. Rudolf Voderholzer einem Gottesdienst in der Basilika St. Emmeram vorsteht, spricht er hier gerne von der »Wiege der Diözese« Regensburg. Denn von hier aus wurde ab 739 von Bischof Bonifatius das Bistum Regensburg gegründet und mit Abt Gaubald der erste Bischof der Diözese eingesetzt. Der Name der Pfarrei geht auf den heiligen Bischof und Märtyrer Emmeram zurück, der zunächst Bischof von Poitiers in Aquitanien war. Während einer Missionsreise Mitte des siebten Jahrhunderts zur Verbreitung des Christentums gelangte er aus dem westlichen Franken entlang der Donau an den baierischen Herzogshof in Regensburg, wo der agilolfingische Herzog Theodo I. regierte. Dort wurde er wohlwollend aufgenommen und zum Bleiben bewogen. Emmerams Mission war die Stärkung des Glaubens in Regensburg und im weiteren Umland. Über sein weiteres Leben und Wirken ist kaum etwas bekannt, aber die Umstände seines Todes haben aus seiner späteren Grablege in der ehemaligen Georgskirche vor der südlichen Apsis der Basilika St. Emmeram eine Art Wallfahrtsort gemacht, so dass im Laufe der folgenden Jahrhunderte eine bedeutende Basilika über seiner Grabstätte gebaut wurde, die in ihrer baulichen Entwicklung bis heute vollständig erhalten ist.

Auf dem Emmeramsplatz, der der Basilika St. Emmeram vorgelagert ist, steht seit 1892 der Pfarrhof von St. Emmeram, der zum Emmeram Forum – zu einem Haus für Begegnung, Kultur und Bildung – umgestaltet wird. Die Figur des heiligen Emmeram in der Hausnische des Pfarrhofs kann vom Garten aus, an der Südseite des Gebäudes, betrachtet werden. Es scheint, als ob der heilige Emmeram in dieser Nische Schutz finden könnte, er, der zu Lebzeiten selbst für andere ein großer Beschützer war. Um diesen Gedanken nachzugehen, müssen wir in seine Lebens- und Leidensgeschichte schauen.

Die einzige schriftliche Quelle hierzu stammt von Bischof Arbeo von Freising (gest. 784), der die »Vita et passio Sancti Haimhrammi Martyris« gut 100 Jahre nach dem Tod Emmerams verfasst hat. Darin können wir lesen, dass Uta, die Tochter Herzog Theodos I., eine heimliche Liaison mit dem Sohn eines Beamten hatte, von dem sie ein uneheliches Kind erwartete. Um die zwei Liebenden vor einer wahrscheinlichen Strafe des Herzogs zu schützen, riet Emmeram Uta, ihn selbst als Vater zu nennen. Daraufhin reiste Emmeram zu einer Pilgerreise nach Rom ab, um sich vor dem Papst für den vermeintlichen Fehltritt zu verantworten. Nach seiner Rückkehr wollte er den wahren Sachverhalt auch vor dem Herzog aufklären. Als der Bruder Utas, Landpert, die Schande seiner Schwester sah, ritt er wutentbrannt Emmeram nach und ließ ihn grausam foltern. Man spannte Emmeram auf eine Leiter, hieb ihm die Gliedmaßen ab, stach ihm die Augen aus und ließ ihn schließlich enthaupten. Seine erste Grablege fand Emmeram in Aschheim. Nachdem Herzog Theodo die Wahrheit erfahren hatte, ließ er Emmeram exhumieren und den Leichnam nach Regensburg in die Kirche St. Georg überführen.

Die freiwillige Übernahme fremder Schuld stellt Emmeram als Blutzeugen seines Glaubens in die unmittelbare Nachfolge Christi. Emmeram ist ohne Zweifel ein Beispiel gelebter Nächstenliebe, das seinesgleichen sucht. Die Leiter in seiner Hand erinnert an sein grausames Martyrium. Sie erinnert aber auch an die Jakobsleiter im Alten Testament, auf der die Engel auf- und niederstiegen. Sie steht für die Verbindung von Himmel und Erde und dafür, dass Gott Jakob die Schuld vergeben und ihn nicht verlassen hat. Jakob hatte seinen älteren Bruder Esau um den Erstlingssegen des Vaters betrogen und war nach Bekanntwerden des Betrugs auf der Flucht vor der Strafe seines Bruders. Die Jakobsleiter wird zum Symbol der Vergebung und Versöhnung mit Gott.

Die Leiter kann auch in Beziehung zum Kreuz Jesu Christi gesehen werden. Johannes bezieht in seinem Evangelium die Jakobsleiter auf die Offenbarung Jesu Christi mit dem Höhepunkt am Kreuz: »Ihr werdet den Himmel geöffnet und die Engel Gottes auf- und niedersteigen sehen über dem Menschensohn« (Joh 1,51). »Jesus offenbart sich hier als der neue Jakob. Der Traum des Patriarchen, in dem er die bis zum Himmel reichende Leiter zu seinen Häupten aufgestellt sah, auf der Gottes Engel auf- und niedersteigen – dieser Traum ist bei Jesus Wirklichkeit geworden. Er selbst ist ‚das Tor des Himmels' (Gen 28,10–22), er ist der wahre Jakob, der ‚Menschensohn', der Stammvater des endgültigen Israel.«[10]

Von daher deuten auch die Kirchenväter das Kreuz als die Leiter zum Himmel oder zum Paradies (scala paradisi). Die Äbtissin der Benediktinerinnenabtei Mariendonk, Christiana Reemts, greift dieses spirituelle Verständnis auf, wenn sie schreibt: »Das Kreuz ist aufgerichtet als eine wundervolle Leiter, auf welcher wir zum Himmel hinaufgeleitet werden. Durch die Geburt des Sohnes Gottes stiegen die Engel zu den Menschen herab und konnten zugleich die Menschen aufsteigen aus der Tiefe zum Himmel. Durch das Kreuz wurden Himmel und Erde wieder vereinigt … Wie eine Leiter aus zwei Holmen besteht, so das Kreuz Christi aufgrund der beiden Testamente. Denn das Kreuz unseres Herrn ist der Inhalt der ganzen Schrift. Im Kreuz hat Christus alle Mysterien zur Vollendung und zur Zusammenfassung gebracht, hat auch Adam zum Vater zurückgeführt und den Weg zum Himmel erschlossen.«[11]

Das Kreuz dürfen wir nicht verherrlichen, aber es ist eine Realität auch in unserer Zeit und in unserem Leben. Die vielfältigen äußeren und inneren Anforderungen des menschlichen Lebens lassen stets die Fragen anklingen: Was ist heute zu tun? Und: Was hält meine Seele stabil? Im Blick auf das Martyrium des heiligen Emmeram könnte man antworten: Suche das Göttliche in dir und vertraue auf die inneren und äußeren Ressourcen, die deinem Leben zur Verfügung stehen. Gott ist treu und wird dir beistehen. Er verlässt dich auch in den schwersten Augenblicken deines Lebens nicht und hält den Himmel über deinem Leben offen.

Die Figur des heiligen Emmeram in der Hausnische des ehemaligen Pfarrhofs von St. Emmeram lädt auch zum Gebet ein, das am 22. September, am Gedenktag des heiligen Emmeram, gesprochen werden kann:

Allmächtiger und barmherziger Gott,
wie unser Herr Jesus Christus
hat der heilige Bischof Emmeram
fremde Schuld auf sich genommen
und mit deiner Hilfe hat er die Qualen
des Martyriums ausgehalten.

Wir bitten dich:
Lass auch uns unseren Mitmenschen
nicht gleichgültig gegenüberstehen
und hilf uns gegen alle Angriffe des Bösen
mit deinem mächtigen Schutz.
Durch unseren Herrn Jesus Christus,
in der Kraft des Heiligen Geistes.

Amen.

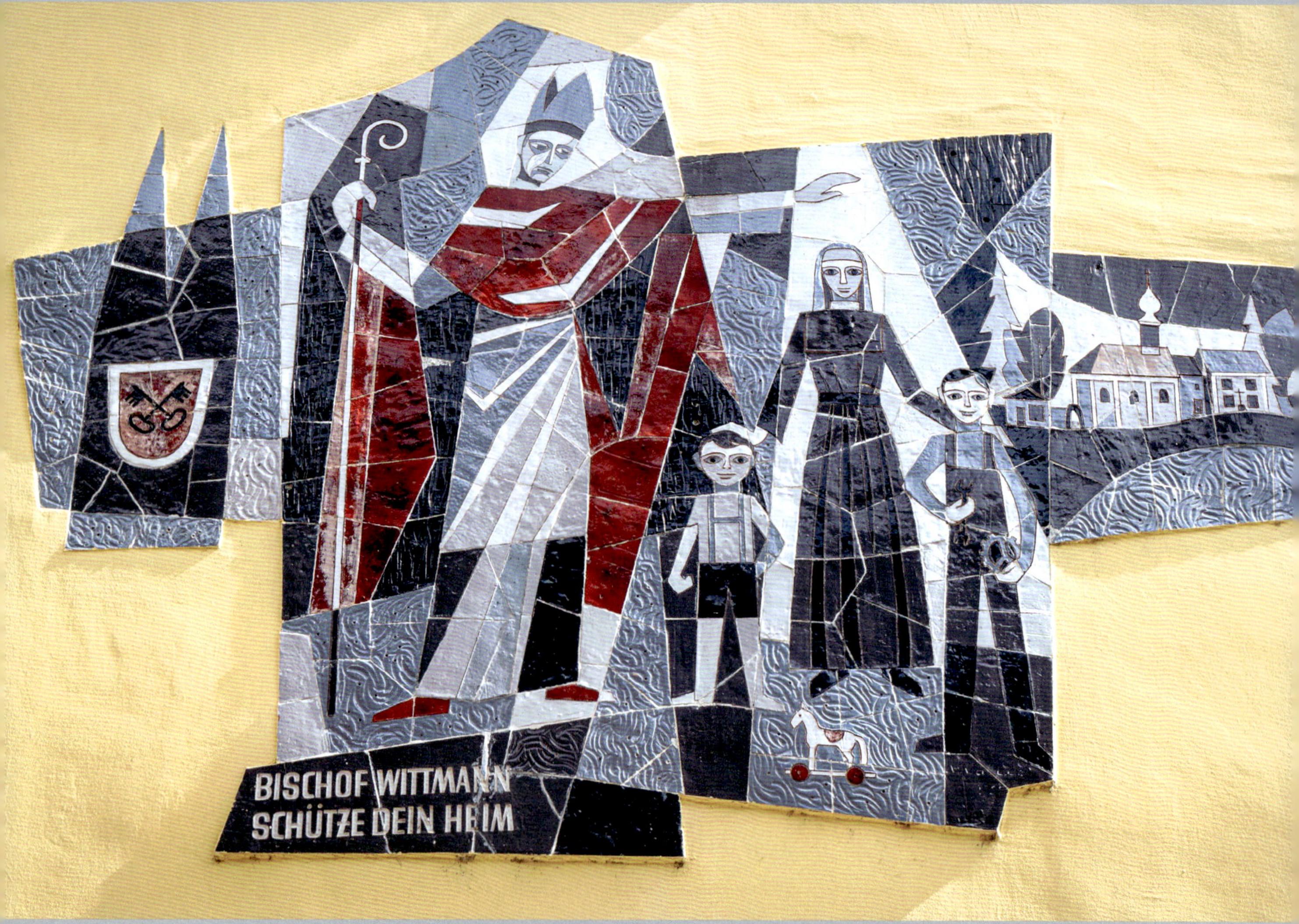
BISCHOF WITTMANN
SCHÜTZE DEIN HEIM

BISCHOF GEORG MICHAEL WITTMANN

Kachelmosaik · ehem. Waisenhauskapelle »Maria vom Schnee« · Prinzenweg 4

Weihbischof Dr. Josef Graf, Regensburg

Es ist eine eher ungewöhnliche Darstellung des Dieners Gottes Bischof Georg Michael Wittmann (1760–1833), die wir an der Fassade der ehemaligen Waisenhauskapelle »Maria Schnee« zu sehen bekommen, wenn wir vom Prinzenweg 4 nach rechts in die Heiliggeistgasse einbiegen. Meist wird Bischof Wittmann als Beter mit gefalteten Händen dargestellt, in Priestersoutane mit gesenktem Haupt bei einem Spaziergang oder wie er sich helfend Menschen zuwendet, besonders Kindern. Das große Kachelmosaik aus dem Jahr 1955 zeigt uns dagegen Georg Michael Wittmann in liturgischer Kleidung mit den bischöflichen Insignien Stab und Mitra.

Das ganze Mosaik bildet ein unregelmäßiges Vieleck. Die Hauptgestalt des Mosaiks ist Bischof Wittmann auf der (vom Bild aus gesehen) rechten Seite des Mittelteiles des Mosaiks. Bekleidet mit einer roten Kasel oder einem Pluviale und mit roten Schuhen hält er den Bischofsstab in der rechten Hand. Üblicherweise trägt ein Bischof den Stab in der Linken, um die Rechte zum Segnen frei zu haben. Seinen linken Arm streckt Bischof Wittmann waagrecht wie ein Schutzdach über drei Personen aus.

In der Mitte dieser Dreiergruppe steht eine Ordensschwester. Sie legt ihre rechte Hand einem kleinen Jungen in kurzer Trägerhose liebevoll auf den Kopf. Ihre zweite Hand hat sie dem größeren Jungen zu ihrer Linken über die Schulter gelegt. Dieser größere Junge ist mit einer Latzhose bekleidet und hält in seiner rechten Hand einen Schraubenschlüssel und in der Linken ein Zahnrad. Offenbar soll ein junger Auszubildender eines Metallhandwerks dargestellt werden. Beide Kinder haben wie die Ordensschwester einen glücklichen Gesichtsausdruck, während Bischof Wittmann mit würdevoll ernster Miene auf seine Schützlinge herabblickt.

Die beiden kleineren Außenflächen des Mosaiks zeigen auf der Seite der Ordensschwester und der beiden Jungen einen Gebäudekomplex mit einer Kirche. Vermutlich das Heim, das die drei bewohnen. Auf der Seite zur Rechten des Bischofs sehen wir die Silhouette der beiden Regensburger Domtürme und das Regensburger Stadtwappen mit den beiden gekreuzten Schlüsseln. Die Domtürme hätte allerdings Bischof Wittmann zu seinen Lebenszeiten noch nicht so sehen können, da die beiden Spitzhelme der Domtürme erst im Jahre 1869 vollendet wurden. Unter der Gestalt des Bischofs ist in Majuskeln zu lesen »Bischof Wittmann schütze dein Heim«.

Das ganze Mosaik beschränkt sich auf wenige Farben. Schwarz-weiße und blaue Farbtöne bestimmen das Gesamtbild. Ausnahmen bilden das ins Auge stechende rote liturgische Obergewand des Bischofs und einige weitere rote Akzente, wie besonders das Stadtwappen im rechten Seitenfeld, das hellrötliche Kirchendach im Gebäudekomplex im linken Außenfeld und einige weitere rote Farbtupfer wie die Schuhe des Bischofs und der Sattel des Spielzeugpferdchens zu Füßen der Ordensfrau. Von seiner Formgebung her erscheint das Mosaik eher streng komponiert. Die dominierenden Richtungen sind die Vertikale, in der die vier Personen ausgerichtet sind, und die Horizontale, die vom ausgestreckten linken Arm des Bischofs und von den beiden Seitenflügeln des Mosaiks unterstrichen wird. Diese beiden Richtungen der Vertikale und der Horizontale weisen uns den Weg zur Erschließung des geistlichen Gehalts des Mosaiks. In der Vertikale können wir die Ausrichtung auf Gott und in der Horizontale die Hinwendung zu den Mitmenschen sehen.

Der Diener Gottes Georg Michael Wittmann war während seines ganzen Lebens ein auf Gott ausgerichteter Mensch. Das persönliche Gebet, die Feier der Sakramente, besonders die tägliche Heilige Messe, waren ihm weniger dienstliche Verpflichtung als wichtigste Kraftquelle.

»Wittmann war überzeugt, dass man Seele und Geist ebenso wenig die Nahrung zum Wachstum vorenthalten dürfe wie dem Körper.«[12] Immer wieder verwies er in seinen Predigten und erst recht in seinen Vorträgen, die er als langjähriger Regens (von 1802 bis zu seinem Tod 1833) vor den Seminaristen hielt, auf die Bedeutung des Gebetes für alle Christen, besonders für die Geistlichen. »Das Gebet ist beim guten Geistlichen eine Hauptbeschäftigung. Morgen- und Abendgebet, die heilige Messe, Breviergebet, Betrachtung, geistliche Lesung, Gebet in der Schule etc. unterlässt er nicht.«[13]

Gewiss war die Zeit des Dieners Gottes Georg Michael Wittmann eine andere als die unsere. Aber vielleicht besteht in der Gottvergessenheit unserer Gegenwart doch eine gewisse Verwandtschaft zur Epoche der Aufklärung, in der Georg Michael Wittmann lebte und wirkte. Wittmann beklagte, dass sich viele seinerzeit als modern und aufgeklärt gebende Zeitgenossen keinen Gott mehr brauchten und sich genierten, in der Öffentlichkeit zu beten. »Man schämt sich des öffentlichen Gebetes … Das Abendgebet beim abendlichen Gebetläuten wird nicht mehr beobachtet … Unseren Kindern auf der Gasse fällt es nicht ein, beim Zeichen der Glocke auch ein Zeichen des Gebetes zu geben, weil sie auch zu Hause nichts davon sehen oder hören. Kruzifixbilder werden aus den Wohnungen entfernt. Man schämt sich des Gekreuzigten.«[14]

Bischof Georg Michael Wittmann streckt auf dem Mosaik seinen linken Arm schützend über die Ordensfrau und die beiden Kinder aus. Er deutet damit an, dass Gottesliebe und Nächstenliebe untrennbar zusammengehören. Deshalb trat er zu seiner Zeit »den drei Würgeengeln der Menschheit: Krieg, Hunger und Pest bis zur persönlichen Selbstaufopferung entgegen als Engel der Caritas. Er war der Vater der Armen. Er kannte die armen Familien seiner Pfarrei, kannte die Armen im Armenhaus. Der größte Teil seines Einkommens, dazu sämtliche Messstipendien gehörten ihnen.«[15] Geradezu heroisch verhielt er sich bei der Beschießung Regensburgs durch die Franzosen im Jahre 1809, als er sich ohne Zögern selbst in Lebensgefahr brachte, um Kranke und Verwundete aus den brennenden Häusern zu retten.

Mit besonderer Fürsorge und Liebe wandte sich Georg Michael Wittmann den Kindern zu. »Ging er auf die Straße, so hängten sich alsbald eine Schar Kinder wie Zecken an seinen weiten Mantel, unter dem er für gewöhnlich allerlei Geschenke … verbarg.«[16] Ganz besonders nahm er sich der notleidenden Kinder in den Kriegsjahren 1809 und 1815 sowie im Hungerwinter 1816/17 an, indem er im Priesterseminar eine Suppenküche für die Kinder einrichtete.

Aber auch geistige Nahrung wollte er den Kindern zukommen lassen. Jede Woche erteilte er selbst viele Stunden Religionsunterricht und wurde zu einem großen Förderer des Schulwesens, vor allem auch der Mädchenschulen, für die er in Stadtamhof junge Lehrerinnen heranbilden ließ. Unter ihnen war die junge Karolina Gerhardinger, die 1985 seliggesprochene Maria Theresia von Jesu. Sie wurde die Gründerin und erste Generaloberin der Armen Schulschwestern. Vielleicht dürfen wir sie als die Schwester auf dem Mosaik identifizieren und sie um ihre Fürsprache bitten, damit auch ihr Förderer Bischof Wittmann bald seliggesprochen wird.

Dreieiniger Gott, du Krone aller Heiligkeit! Du erweckst in deiner Kirche immer neue Heilige. Wir bitten dich, lass deinen Diener Bischof Georg Michael Wittmann bald zu Ehren der Altäre erhoben werden, damit er an deinem Throne Bischöfen, Priestern und Gläubigen, besonders den Vorständen der Priesterseminare und den Seelsorgern Vorbild und Fürsprecher sei und damit du, allmächtiger Gott, durch ihn umso mehr verherrlicht wirst, der du lebst und regierst in Ewigkeit. Amen.

(Gebet um Seligsprechung des Dieners Gottes
Georg Michael Wittmann)

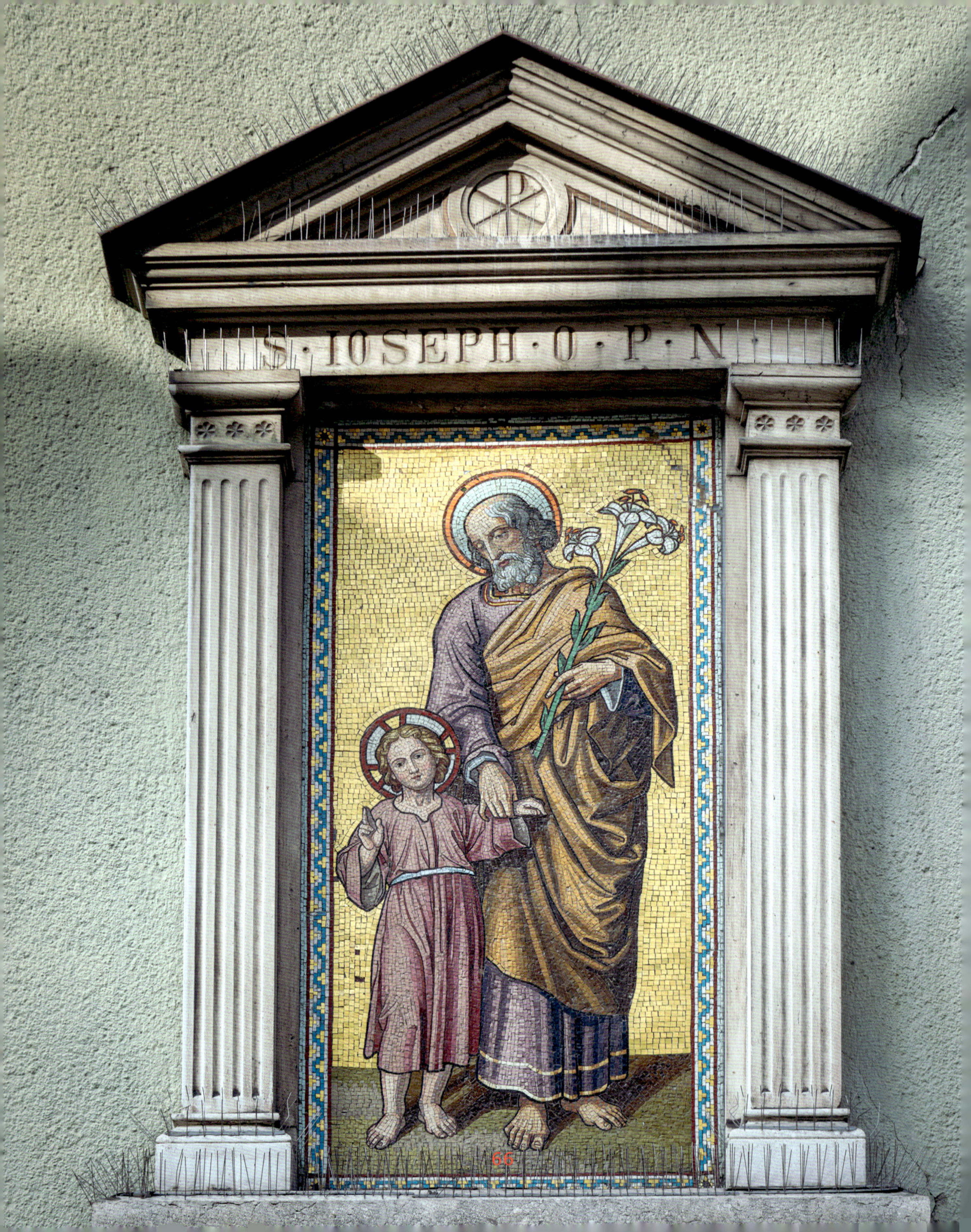
S · IOSEPH · O · P · N ·
66

DER HEILIGE NÄHRVATER JESU

Glasmosaik · Schwarze-Bären-Straße 1

Pater Elias M. Haas OCD, Prior des Karmelitenklosters St. Josef

Es freut mich, wenn ich auf dem Weg durch die Stadt oder in unseren Parks junge Väter sehe, die sich liebevoll um ihre Kinder kümmern. Ich stamme noch aus einer Generation, in der ein Vater sich kaum des Nachwuchses annahm, geschweige denn, sich mit dem Kinderwagen zeigte.

Hoch über den Köpfen der Passanten in der Schwarze-Bären-Straße, von diesen kaum beachtet, ist eine ähnliche Szene in Lebensgröße dargestellt. Ein Vater mit seinem kleinen Sohn. Dieser Vater mutet mit seinem liebevollen Blick auf den Sohn und seiner Fürsorge sehr modern an. Ich meine das große Glasmosaik des hl. Josef an der Fassade des Hauses Schwarze-Bären-Straße 1. Dieses Haus gehörte zum Anwesen des Verlegers Manz. Das Ehepaar Manz wollte wohl ihrem gemeinsamen Namenspatron, der Mann hieß mit zweiten Namen Josef, die Frau hieß mit Rufnamen Josefa, mit dieser großen und auffälligen Darstellung eine besondere Ehre erweisen und den Patron für Finanzfragen um seine Fürsprache bitten, da Herr Manz dieses ungewöhnlich aufwendige Bild nach seinem Börsengang 1889 anbringen ließ.

Die Hand des als Greis dargestellten Josef führt nicht das Kind, sondern liegt auf dem ausgebreiteten linken Arm des Jesuskindes, als ob er, Josef, selbst Halt suchen würde. Der rechte Arm des Jesuskindes ist zum Segen erhoben. Josef trägt in seiner linken Hand eine auffällig große Lilie.

Die Lilie ist das Symbol für die Keuschheit und Reinheit. Eine uns heute etwas antiquiert anmutende Tugend, ebenso wie der Begriff »Tugend« selbst. Wir können »Tugend« übersetzen als eine Haltung, die uns hilft, das Leben zu meistern, also eine Haltung, die uns lebensfähig macht. Soweit zur Tugend, kommen wir nun zu den Tugenden, die mit der Lilie symbolisch zum Ausdruck gebracht werden.

Gemeint ist mit diesen Haltungen der Keuschheit das, was die Bibel mit dem »reinen Herzen« verbindet! Rein ist nicht moralisch gemeint und schon gar nicht mit einer sexuellen

Färbung im Sinn von »unreinen Gedanken und Begierden«. Das reine Herz ist das ungeteilte Herz, das einfach gewordene Herz, das völlig auf Gott ausgerichtet ist. Es will nichts für sich behalten. Es ist frei von Trübungen, Unlauterkeit und Unwahrheit.

Ein solches Herz wird auch in seinen Haltungen, Gedanken und Taten eine »reine« Absicht haben – eine selbstlose, nicht berechnende – es wird im wahrsten Sinn des Wortes »keusch« sein. Im biblischen Verständnis ist »Keuschheit« auch nicht gleich als Enthaltsamkeit verstanden, sondern es ist eine klare Ausrichtung des Herzens gemeint, eine Klarheit, die sich in der Achtung und dem Respekt vor der Person des anderen zeigt.

Die weiße Lilie ist ein Symbolträger für die aufrichtige Liebe mit reinem Herzen. Wir alle wünschen uns eine solche aufrichtige Liebe, denn wir erleben so oft, wie sich in die Erfahrung von menschlicher Liebe, Eigennutz und Egoismus mischen. Wie oft wurden wir von dieser Art der Liebe enttäuscht in unserem Leben.

Die Lilie stellt so die Sehnsucht des Menschen dar nach einer Liebe, die wirklich mich meint und nicht andere, mehr oder weniger egoistische Beweggründe hat. Wir erwarten von der Liebe auch in unserer Zeit Reinheit und Keuschheit, wenn wir dies auch nicht mehr so bezeichnen würden.

Papst Franziskus in seiner einmaligen Fähigkeit, alte Begriffe mit neuer und aktueller Bedeutung zu füllen, schreibt: in diesem Sinne habe Josef auch den Beinamen »keusch«, welcher »eine Haltung ausdrückt, die man als das Gegenteil von »besitzergreifend« bezeichnen könnte«. In der Tat »war Josef in der Lage, in außerordentlicher Freiheit zu lieben. Er hat sich nie selbst in den Mittelpunkt gestellt. Er verstand es, zur Seite zu treten und Maria und Jesus zur Mitte seines Lebens zu machen«, so Franziskus. Josefs Glück »gründet sich nicht auf die Logik der Selbstaufopferung, sondern der Selbsthingabe« (Apostolisches Schreiben »Patris corde«, Papst Franziskus, 8. Dezember 2020).

Keuschheit bedeutet weder Geringschätzung noch Ablehnung der Sexualität oder der sexuellen Lust. Die eheliche Keuschheit ist vielmehr eine innere spirituelle Kraft, die die Sexualität von negativen Elementen befreit, wie zum Beispiel von Egoismus, Aggressivität, Zwang, Benützung des anderen als Mittel zum Zweck, Selbstverliebtheit, Unkeuschheit oder Gewalt ... Sie führt die Liebe zur wahren Fülle.

Diese Ideale schweben aber weit über den Vätern und Menschen, so wie das Bild hoch über den Passanten in der Schwarze-Bären-Straße unbeachtet schwebt.

Das fromme Ehepaar Manz hat dieses Bild des hl. Josef versehen mit der verkürzten Anrufung: S. Joseph O P N (= Heiliger Josef, ora pro nobis – bitte für uns!). Ich schließe mich jedes Mal diesem Gebet an, wenn ich darunter, auf meinen Wegen zu Besorgungen in der Stadt, vorüberkomme. Heiliger Josef, bitte für unsere Familien, die jungen Väter, die Kinder in einer Zeit, in der das Konzept der Ehe und Familie in der Krise zu sein scheint.

»

ER WURDE VOM VATER ERWÄHLT ALS TREUER ERNÄHRER UND BEHÜTER SEINER EWIGEN SCHÄTZE: SEINES SOHNES UND DER BRAUT JOSEFS. DIESES AMT HAT JOSEF MIT GRÖSSTER TREUE VERWALTET. DIE VERTRAUTHEIT, EHRFURCHT UND HOHE WERTSCHÄTZUNG, DIE IHM CHRISTUS WIE EIN SOHN DEM VATER ENTGEGENBRACHTE, ALS ER NOCH AUF ERDEN LEBTE, HAT ER IHM IM HIMMEL GEWISS NICHT VERSAGT, VIELMEHR ERFÜLLT UND VOLLENDET.

(Bernhardin von Siena)

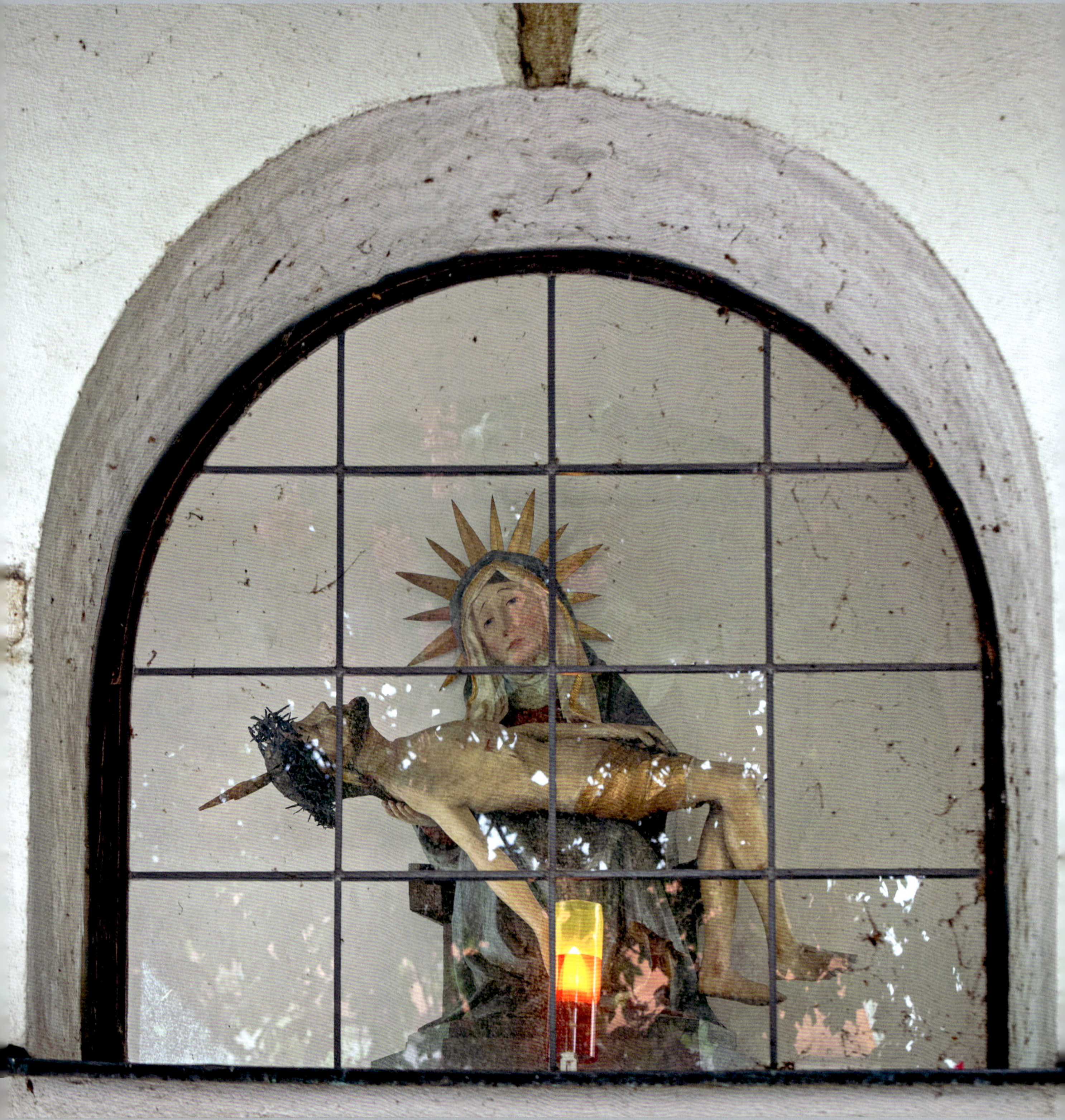

DIE PIETÀ IM KAPELLENSTOCK DER ALTEN KAPELLE

Gefasstes Schnitzwerk · Kapellenstock · Stiftskirche zur Alten Kapelle Alter Kornmarkt / Speichergasse

Prälat Helmut Huber, Pfarrer von St. Kassian und Kanonikus der Alten Kapelle

An seiner Nordost-Ecke präsentiert die Alte Kapelle, einer der bedeutendsten Sakralbauten Regensburgs, den Passanten in einem Ecktürmchen dieses Bildnis; dort, wo sich täglich viele Menschen auf der vom Bahnhof kommenden Hauptachse in die Innenstadt bewegen; am Rand eines begehrten und vielgenutzten Parkplatzes. Tagsüber fällt den meisten dieser kleine Kapellenstock – teilweise von einem großen Kastanienbaum verdeckt – gar nicht auf. Man kann beobachten: kaum jemand bleibt wenigstens kurz stehen, um das Bild anzuschauen. Und wenn man Passanten fragt, sagen die meisten: Ist mir nicht aufgefallen. Wenige können deuten, was hinter dem Glas zu sehen ist.

Es ist das beliebte Bildmotiv der Pietà (Mitleid, Erbarmen)[17]. Maria hält ihren eben vom Kreuz abgenommenen Sohn Jesus in ihrem Schoß: das bekannte Motiv der vorletzten Kreuzwegstation. Es ist der intime Moment der trauernden Mutter. Davon weiß die Bibel nichts zu erzählen. Aber offenbar konnte man sich nicht vorstellen, dass die Mutter, die unter dem Kreuz aushielt, ihren toten Sohn nicht nochmal berühren und halten wollte, um so unter Tränen von ihm Abschied zu nehmen. Es wird auch »Vesperbild« genannt; wegen der Vermutung, dass Maria den Leichnam ihres Sohnes nach seiner Abnahme vom Kreuz ungefähr zur Zeit des Abendgebets, der Vesper, entgegennahm. Dieses Bild verbreitete sich im 14. Jahrhundert und wurde ein beliebtes Andachtsbild; in der Zeit, in der die christliche Frömmigkeit sich besonders dem Leiden Christi zuwandte, in einer Zeit, in der die Städte und in ihnen viel Armut und Elend wuchsen.

Die Pietà ist ein Bild des Leidens. Maria blickt hier traurig über den Leichnam ihres Sohnes hinweg; als wollte sie mehr auf den Menschen schauen, der dieses Bild sieht. Besonders fällt auf: der Leichnam ist völlig starr; selbst der herabhängende rechte Arm Jesu widersteht der Schwerkraft. Da ist nichts zu sehen von der Schönheit und Eleganz der berühmten marmornen Pietà von Michelangelo (im Petersdom in Rom). Hier ist sichtbar: Leid und Tod lassen Menschen erstarren. Da ist nichts elegant. Da ist nichts schön.

Das Bild spricht Menschen an, die in ihrem Leid Trost und Kraft suchen. Schon viele gläubige Menschen konnten Kraft und neuen Mut schöpfen, indem sie auf Maria und Jesus schauten und bedachten, dass und wie auch sie Leiden zu ertragen hatten und dass sie nicht verzagten. In das mütterliche Mitleiden Mariens kann man auch heute die eigenen Leiden hineinlegen. Besonders spricht das Bild wohl Eltern an, die um ihr Kind trauern müssen. Wie viele Mütter müssen zurzeit in den vielen Kriegsgebieten um ihre getöteten Kinder weinen – und können sie nicht einmal in ihren Armen halten und trauernd Abschied nehmen. Durch solches Leid wird der ganze Mensch herausgefordert. Das Leid fragt nach Gott. Es hat mit ihm zu tun. Im Blick auf Jesus und Maria muss aber Leid und Kreuz nicht mehr zu Nihilismus oder Verzweiflung führen. Es weist auf Gott hin, der auch diese Menschen auffängt.

Was mag wohl das Stiftskapitel zur Alten Kapelle im Jahr 1938 bewogen habe, an dieser prominenten Stelle dieses Bild aufzustellen? Hatten die Kanoniker vielleicht eine Ahnung von einem kommenden Unheil, das viel Leid und viele Anlässe zur Trauer bereiten wird? Warum gerade hier, an der Grenze zu Parkplatz und Verkehrsfluss? Wollte man sagen, dass das übliche Leben an trauernden und leidenden Menschen vorbeigeht, sie übersieht? Ja, vielleicht wollte man sagen: Überseht nicht die Trauernden und Bedrückten!

Das Bild der Pietà, die mitleidende Mutter Maria, möchte auch beim Betrachter Mitleid und Mitgefühl mit den vielen Leidenden unserer Zeit wachsen lassen. Mitleid und Mitgefühl mit anderen werden ja heute oft schmerzlich vermisst. Trauernden und Leidenden ergeht es meist ähnlich wie diesem Bild an der belebten Ecke: sie werden überhaupt nicht wahrgenommen. Fast alle gehen – meist in Eile und mit den eigenen Angelegenheiten oder Sorgen beschäftigt – daran vorbei. Erst wenn es dunkel ist, fällt manchen das beleuchtete Bild mit der flackernden roten Laterne auf. Erst wenn im eigenen Leben oder Umfeld dunkle Tage angebrochen sind, schärft sich der Blick dafür und wächst oft auch das Gefühl des Mitleidens und der Solidarität. Das Bild der Pietà kann die Passanten auch daran erinnern, dass es viele Menschen gibt, die in ihrem Leid Mitgefühl und Unterstützung brauchen – oft auch erwarten. Es kann an Jesus erinnern, der Mitleid mit den Menschen hatte (Mk 6,34).

Bei dieser Pietà leuchtet hinter dem Haupt Mariens ein Strahlenkranz. Das ist sehr ungewöhnlich und eine seltene Art der Darstellung. Sie kann (und soll wohl auch) beim Betrachten dieses Echo auslösen: hinter allem ertragenen Leiden leuchtet uns der Stern der Liebe Gottes. Und in aller Trauer soll uns dieser Lichtblick nicht verdunkelt werden. Er soll unsere Hoffnung auf Gott stärken. Wer an Christus glaubt, trauert ja nicht »wie die anderen, die keine Hoffnung haben« (1 Thess 4,13).

»

UNTER DEINEN SCHUTZ UND SCHIRM FLIEHEN WIR, O HEILIGE GOTTESMUTTER, VERSCHMÄHE NICHT UNSER GEBET IN UNSEREN NÖTEN, SONDERN ERLÖSE UNS JEDERZEIT VON ALLEN GEFAHREN. O DU GLORREICHE UND GEBENEDEITE MITTLERIN, UNSERE FÜRSPRECHERIN, VERSÖHNE UNS MIT DEINEM SOHNE, EMPFIEHL UNS DEINEM SOHNE, STELLE UNS VOR DEINEM SOHNE.

(Ältestes Mariengebet)

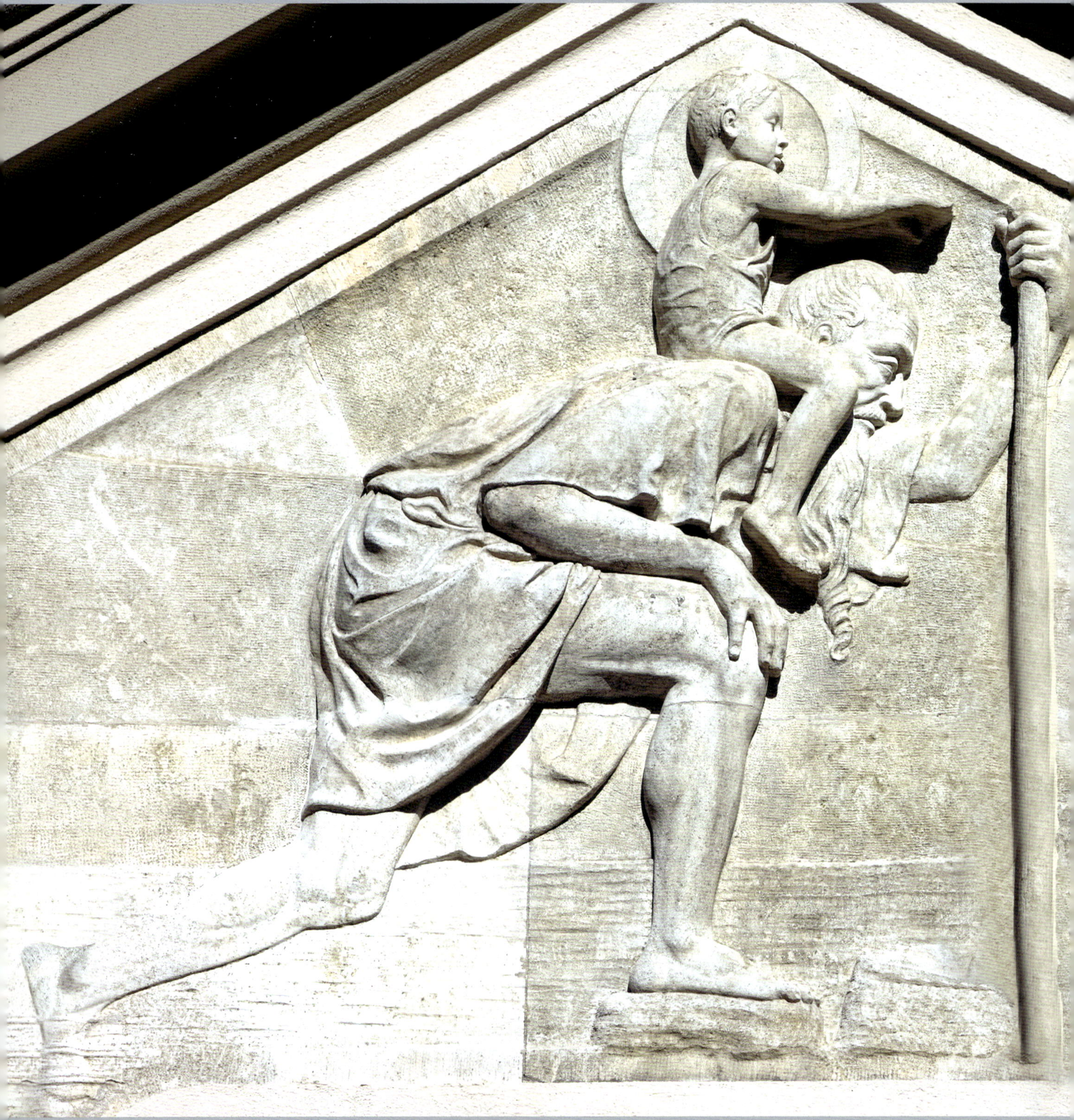

HL. CHRISTOPHORUS – EIN KAISERLICHES UND KÖNIGLICHES GIEBELRELIEF

Steinrelief · Marstall-Hofmauerportal · Emmeramsplatz 6 / Waffnergasse

Apostolischer Protonotar Dr. Wilhelm Imkamp, Regensburg

Die Waffnergasse in Regensburg gehört sicherlich nicht zu den besonders belebten Straßen der Donaumetropole. Sie ist gestaltet durch die »Neue Mauer« des Fürstlichen Marstalls und die gegenüberliegenden Wohngebäude. Die Waffnergasse ist in ihrer Gestaltung ein Werk des bedeutenden Fürstlichen Hofbaumeisters Max Schultze (1845–1926). Öffentlich zugänglich wurde die Straße dann erst am Anfang des 20. Jahrhunderts unter Fürst Albert als Zugangsstraße zwischen dem Südwesten der Stadt und dem Zentrum der Altstadt.

Über einem der Tore zum Marstall finden wir ein Giebelrelief. Es zeigt die Figur des heiligen Christophorus, der das göttliche Kind mit letzter Kraft durch den reißenden Fluss trägt, das Christkind sitzt ihm buchstäblich im Nacken. Ganz oft wird der heilige Christophorus an Ein- oder Ausgängen dargestellt, denn er ist der Patron derjenigen, die herausgehen, wie auch derjenigen, die wieder zurückkehren.

Das Relief in Kalkstein zeigt, wenn man genau hinsieht, unten rechts ein verschränktes »M« und »V«. Diese Buchstaben verweisen auf Margarete, Fürstin von Thurn und Taxis (1870–1955) als die Bildhauerin, die dieses Relief gestaltet hat. Sie benutzt dazu ihren üblichen Vornamen Margarete und ihren Künstlernamen Valsassina, der sich auf eine der ältesten Besitzungen aus der »Urgeschichte« der Familie Thurn und Taxis bezieht. Die Fürstin Margarete war eine österreichische Erzherzogin aus der ungarischen Linie der Habsburger, der die Anrede »kaiserliche und königliche Hoheit« zustand.

Dieses Relief aus dem Jahre 1910 steht ganz am Anfang ihres bildhauerischen Wirkens. Den Höhepunkt fand dieses Wirken sicherlich in der Innengestaltung der Regensburger Herz-Jesu-Kirche. Fürstin Margarete war eine beeindruckende Frau in ihrem künstlerischen Schaffen, als Mutter von fünf Kindern, als Chefin eines großen fürstlichen Hauses und während des Ersten Weltkrieges auch als OP-Schwester im von der Familie gestifteten Feldlazarett und im Krankenhaus der Barmherzigen Brüder. Sie trug die vielen Lasten und

Ansprüche in ihrem Leben souverän aus tiefem Glauben heraus. Täglich besuchte sie die Heilige Messe – Rosenkranz und Herz-Jesu-Andachten waren selbstverständlich. Das »MV« unten rechts auf diesem Giebelrelief führt uns zu einer herausragenden katholischen Frau, Künstlerin und Mutter.

Der heilige Christophorus, dessen Fest am 25. Juli gefeiert wird, war eine historische Gestalt, die als Märtyrer gesichert ist, die näheren Lebensumstände und Ereignisse seines Lebens aber liegen weitgehend in einem historisch nicht mehr zu durchdringenden Dunkel. Dieses wird aber aufgehellt durch zahlreiche Legenden. »Legenden« sind nämlich keine »fake news«, sondern verschriftlichte Erfahrungen des Heilshandelns Gottes an und durch sehr konkrete menschliche Gestalten, die dann auch besonders verehrt werden. Ähnlich wie vor der Heiligen Schrift die heilige Überlieferung, durch die unsere Bibel erst ihre Legitimation erfuhr, steht, so steht vor der verschriftlichten Legende die gläubige Erfahrung des Gottesvolkes mit einer konkreten Person, die dann ihren schriftlichen Niederschlag in einem Text fand. Zu den Helden dieser Texte gehört die, auch im wörtlichen, physischen Sinne große Gestalt des heiligen Christophorus. Er ist eine der ganz großen Gestalten abendländischer Volksfrömmigkeit. In mehr als 3.000 Orten in Europa verehrt, in vielen deutschen Domen gegenwärtig, im Regensburger Dom gleich dreimal und auch in der Basilika St. Emmeram, die ja zum Schlosskomplex gehört. Man ruft ihn vor allem vor schwierigen Reisen an, auch bei Seuchen und vielen anderen Gelegenheiten. Er gilt als Patron der Autofahrer.

Am Sonntag um den 25. Juli herum finden in Europa noch ganz viele Fahrzeugsegnungen statt. Allein im schwäbischen Maria Vesperbild haben sieben Priester mit mir zwei Stunden lang Fahrzeuge gesegnet, und zwar seit 30 Jahren, das ist im Wortsinn »nachhaltige« Pastoral. Das Automobil ist zum Problemvehikel geworden. Nicht so sehr wegen der Fahrzeughalter, die den Führerschein öfter mit einem Waffenschein verwechseln, sondern wegen Klimawandel und Umweltschutz. Da wird dann auch den Menschen, die das Auto ganz notwendig brauchen, gerade auf dem Land, häufig genug ein Sündenbewusstsein eingeredet und aufgezwungen, und da sagt der heilige Christophorus durch den Autosegen ein kräftiges: »Ja, Du darfst.« Die katholische Kirche ist keine Verbotsanstalt in Mobilitätsfragen, das gilt auch in der Pandemie, denn in der Seuchenprävention können wir viel zu oft lustvoll agierende Verbieter sehen oder hier besser »Verbietende«. Da wird der heilige Christophorus geradezu zum Freiheitshelden. Sein Segen und das Gebet zu ihm ersetzen zwar nicht (ganz) manche Ge- und Verbote, aber er kann uns vielleicht doch vor Missbräuchen schützen und für Grenzüberschreitungen durch Ge- und Verbote sensibilisieren. Der heilige Christophorus ist wirklich höchst aktuell.

Vor der Taufe trug er den Namen Reprobus (der Verworfene). In der Taufe wurde er zu Christophorus, dem Christusträger. Kraft seiner Taufe hat er missioniert. Er hat seine Christusträgerschaft nicht versteckt. Die einzigartige Erfahrung vom Gewicht Gottes lässt ihn zum Zeugen der Weltherrschaft Jesu Christi werden. Er trägt das Kind mit der Weltkugel (vielleicht auch dem Reichsapfel) in der Hand und er trägt seine Last durch bis ans Ufer. Er gibt nicht auf. Er hält durch, bis er seinen Fuß auf das Ufer setzen kann, wie wir auf unserem Relief sehen können. Das ist extrem anstrengend. Die Muskeln sind gespannt, seine Hand stützt sich auf das Knie, um den letzten Schwung aus seinem Körper herauszuholen. Das Christkind, das ihm buchstäblich im Nacken sitzt, zeigt dem muskulösen, schon schwer gebeugten Träger die Richtung.

Vielen Menschen sitzt heute eher der Teufel im Nacken, diese Last ist nicht schwer, der Teufel ist ein Leichtgewicht, aber jeder, der ihn im Nacken hat und im Nacken lässt, wird das Ufer nie erreichen. Er wird mit aller Leichtigkeit im Fluss der Alltagsversuchungen ersaufen.

Das eindrucksvolle Relief, von einer eindrucksvollen Künstlerin, sollte auch auf uns Eindruck machen. Wer sitzt uns im Nacken? Wie sieht es mit Gebet und Segen gerade in den Schwierigkeiten unseres Alltags aus? Und schweigen wir nicht viel zu oft von unserem Auftrag zur Christusträgerschaft? Ein Blick auf das Relief der »kaiserlich-königlichen« Hoheit und das Stoßgebet »Heiliger Christophorus, bitte für uns« helfen wirklich, wir müssen es nur versuchen.

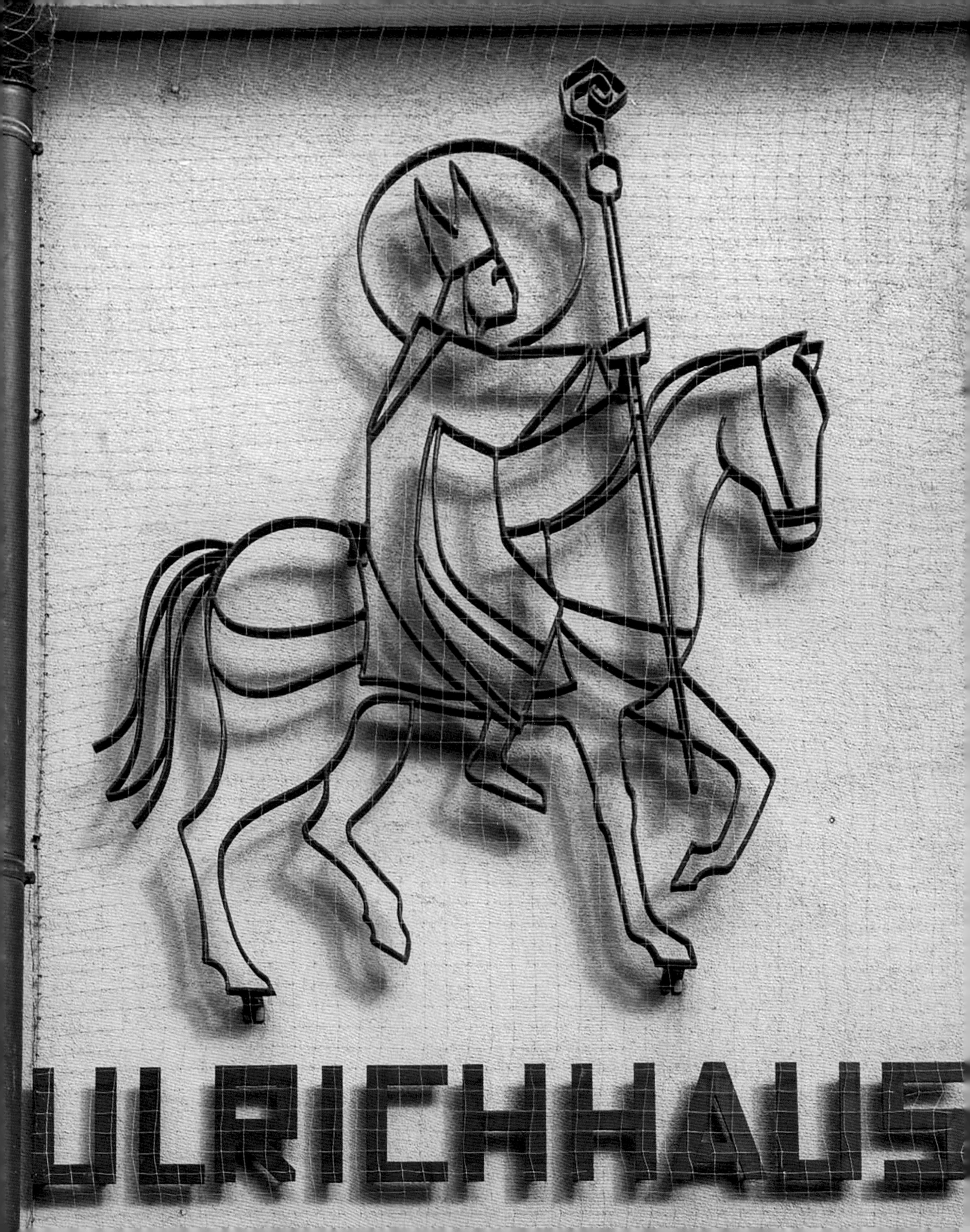
ULRICHHAUS

DER HL. ULRICH VON AUGSBURG (890–973): FRIEDENSSTIFTER HOCH ZU ROSS

Schmiedearbeit · Ulrichshaus · Prinzenweg 15

Bischof Dr. Bertram Meier, Bischof von Augsburg

Beinahe hätte der Säugling die ersten Lebenswochen nicht überstanden, denn er litt – so die zeitgenössische Heiligenvita aus der Feder des Dompropstes Gerhard (993) – an einer unerkannten Laktose-Unverträglichkeit. Doch seine Eltern folgten dem Rat eines durchreisenden Klerikers, der ihnen empfahl, den Knaben abzustillen. Fortan entwickelte sich der kleine Uodalricus (Ulrich)[18] aus dem schwäbischen Adelsgeschlecht nahe Augsburg prächtig. Er wuchs auf der Stammburg Wittislingen bei Dillingen/Donau auf und wurde mit zehn Jahren in die Benediktinerabtei St. Gallen geschickt. Dort nach der Regel des Mönchsvaters von Nursia erzogen, erwarb er sich durch sein heiteres Gemüt (hilaritas), Geselligkeit und Bescheidenheit Freundschaften fürs Leben. Er galt als so vorbildlicher Mönch, dass die Mitbrüder planten, ihn zum Abt ihres Klosters zu machen.

Da wandte sich Ulrich an die fromme Inklusin Wiborada um Rat. Sie lebte mitten unter den Menschen und zugleich ganz für Gott an der Kirchenmauer von St. Mangen. Als er von ihr erfuhr, dass ihm ein Weg in der Heimat vorgezeichnet war, kehrte Ulrich 908 dorthin zurück und trat in den Dienst des Augsburger Bischofs Adalpero. Nach seiner Priesterweihe erwarb sich der junge Reichsfürst einen ebenso guten Ruf als Seelsorger wie Diener des Bischöflichen Stuhles. Ulrich befand sich gerade in Rom, als ihm der Papst mitteilte, dass sein Heimatbischof gestorben und die Stadt Augsburg zum wiederholten Male Opfer der räuberischen Ungarneinfälle geworden war. In den folgenden Jahren unterstützte er seine verwitwete Mutter bei der Verwaltung der Güter und wurde schließlich am Fest der unschuldigen Kinder, dem 28. Dezember 923, zum Bischof von Augsburg geweiht – in einer extrem schwierigen Zeit: Zweimal baute Ulrich den Mariendom wieder auf und ließ die alte Römerstadt mit einer Mauer sichern. Der Bischof schonte sich nicht, er zog mit dem Ochsenkarren durch seine Diözese, die sich vom Lech bis zum Bodensee erstreckte, richtete die verängstigte Bevölkerung auf, ließ Lebensmittel und Kleidung verteilen und hielt Gerichtstage ab. Besonders am Herzen lagen ihm die Bauern im Allgäu, die immer wieder unter Sarazenen-Überfällen zu leiden hatten. Auch förderte Ulrich die geistlichen Zentren Kempten und Ottobeuren, zwei Reichsabteien, für die er sich verantwortlich wusste. Treu betete er mit seinen Domherren das kirchliche Stundengebet und erschloss den Menschen das reiche liturgische Erbe des christlichen Glaubens durch Gottesdienste, Prozessionen und Wallfahrten, damit er in einer Zeit voller Angst und Unsicherheit Zuversicht und Hoffnung schenke. Ulrich unternahm weite Reisen und erwarb für sein Bistum Reliquien heiliger Märtyrer. So besuchte er z.B. die älteste Abtei Europas, Saint Maurice im heutigen Unterwallis, und begründete die Verehrung des heiligen Mauritius und der Märtyrer der Thebäischen Legion (3. Jh.) im süddeutschen Raum. Dieses Andenken bewahrt seit 1019 vor allem die Augsburger Moritzkirche.

Selbst von benediktinischer Askese geprägt, pflegte Bischof Ulrich großzügig die Gastfreundschaft. Gerade die Ärmsten und Vernachlässigten holte er in seine allernächste Nähe und hielt persönlichen Kontakt mit Schwerbehinderten wie Ruozo, einem Gelähmten, der auf dem Kemptener Friedhof in einem Stelzenhaus lebte. Ganz nach dem paulinischen Grundsatz »Allen bin ich alles geworden« (1 Kor 9,22) sorgte sich der Augsburger Bischof um Menschen aller Gesellschaftsschichten. Auf Ulrich war Verlass, das wussten auch die Könige Heinrich I. (919–936) und Otto I. (936–973), die den Spross aus alemannischem Adel als Ratgeber und Gefolgsmann sehr schätzten. Obwohl er als Kleriker vermutlich nicht selbst mit der Waffe kämpfte, scheute sich Ulrich nicht, die Einwohnerschaft Augsburgs bei ihrer Verteidigung zu unterstützen, und vereinigte die waffentragende Bevölkerung mit dem Heer König Ottos, als es am 11. August 955 auf dem Lechfeld zur entscheidenden Auseinandersetzung mit den Ungarn kam. Der Legende nach erschien zu Beginn der Schlacht ein Engel am Himmel, der dem reitenden Ulrich als Unterpfand des Sieges ein Kreuz überreichte.

Diese Szene, die bezeichnenderweise in der oben erwähnten Vita fehlt, wurde jahrhundertelang künstlerisch ausgestaltet und prägt daher bis heute das Bild des Bischofs, der nach 50jähriger Hirtentätigkeit am 4. Juli 973 verstarb. Beigesetzt wurde er vom hl. Wolfgang, den Ulrich selbst zum Bischof von Regensburg geweiht hatte. Er war, wie die Vita (I,27) ausführlich schildert, bereits auf dem Weg, um seinen kranken Mitbruder zu besuchen, und feierte auch den Gottesdienst für den »servus Dei« Ulrich. Zwanzig Jahre später wurde Ulrich als erster Heiliger in Rom kanonisiert. Seine Verehrung verbreitete sich rasch über die Grenzen des Bistums, ja über die deutschsprachigen Länder hinaus. Bis heute gibt es Ulrichskirchen im Elsass und in der Schweiz ebenso wie in Südtirol, so auch in Regensburg. Seit alters her gilt der heilige Bischof von Augsburg als Patron der Fischer und aller, die an Flüssen und Gewässern leben. Daher trägt er üblicherweise als Attribut auf der Hl. Schrift einen Fisch.

Sehr viel weniger als die im Laufe der Jahrhunderte propagandistisch überhöhte Lechfeldschlacht ist allerdings die Tatsache bekannt, dass sich Bischof Ulrich in einem Familienzwist, der sich zu einem Krieg auszuwachsen drohte, zusammen mit dem Churer Bischof Hardpert als erfolgreicher Friedensstifter einsetzte. Hören wir dazu den Chronisten Gerhard: »Als König Otto in Alemannien um derentwillen, die ihm mit seinem Sohn Luidolf seine machtvolle

Königsherrschaft streitig machen wollten, mit seinem Heer an (der Iller) stand und … als sie einander so nahe (waren), dass in den Scharen auf beiden Seiten nicht mehr der geringste Zweifel bestand, dass es unter ihnen zum Kampf käme, da begann der gottgefällige Bischof Ulrich … Gesandtschaften zwischen ihnen zu organisieren und zur Eintracht des Friedens zu mahnen, und (dazu), dass das ihnen von Gott … anvertraute Volk nicht durch ihr Verschulden« (I,12) dem Untergang geweiht werden dürfe. In der Folgezeit kam es tatsächlich zu einem Friedensvertrag und an Weihnachten 954 hatten sich die streitenden Parteien ausgesöhnt.

Wenn nun die Metallskulptur am Ulrichhaus in Regensburg – wo ja auch die altehrwürdige ehemalige Dompfarrkirche sein Patronat trägt – uns einen heiligen Bischof Ulrich zeigt, der weder ein Schwert noch ein Kreuz, sondern seinen Bischofsstab in der Hand hält, dann darf dies wohl als Zeichen dafür gedeutet werden, dass wenige Jahrzehnte nach dem zweiten Weltkrieg das Bewusstsein für die Notwendigkeit guter Hirten sehr lebendig war, vielleicht auf der Grundlage jener Seligpreisung, die, wie wir es seit dem Überfall auf die Ukraine im Februar 2022 erneut erlebten, nie an Aktualität verliert: »Selig, die Frieden stiften; denn sie werden Kinder Gottes genannt werden« (Mt 5,9). Jeder Gläubige, der sich dem Evangelium verpflichtet weiß und sein Leben in der Nachfolge Jesu führen will, kann, so will uns die künstlerische Darstellung am Ulrichhaus wohl sagen, im hl. Bischof Ulrich ein Vorbild und einen Fürsprecher finden!

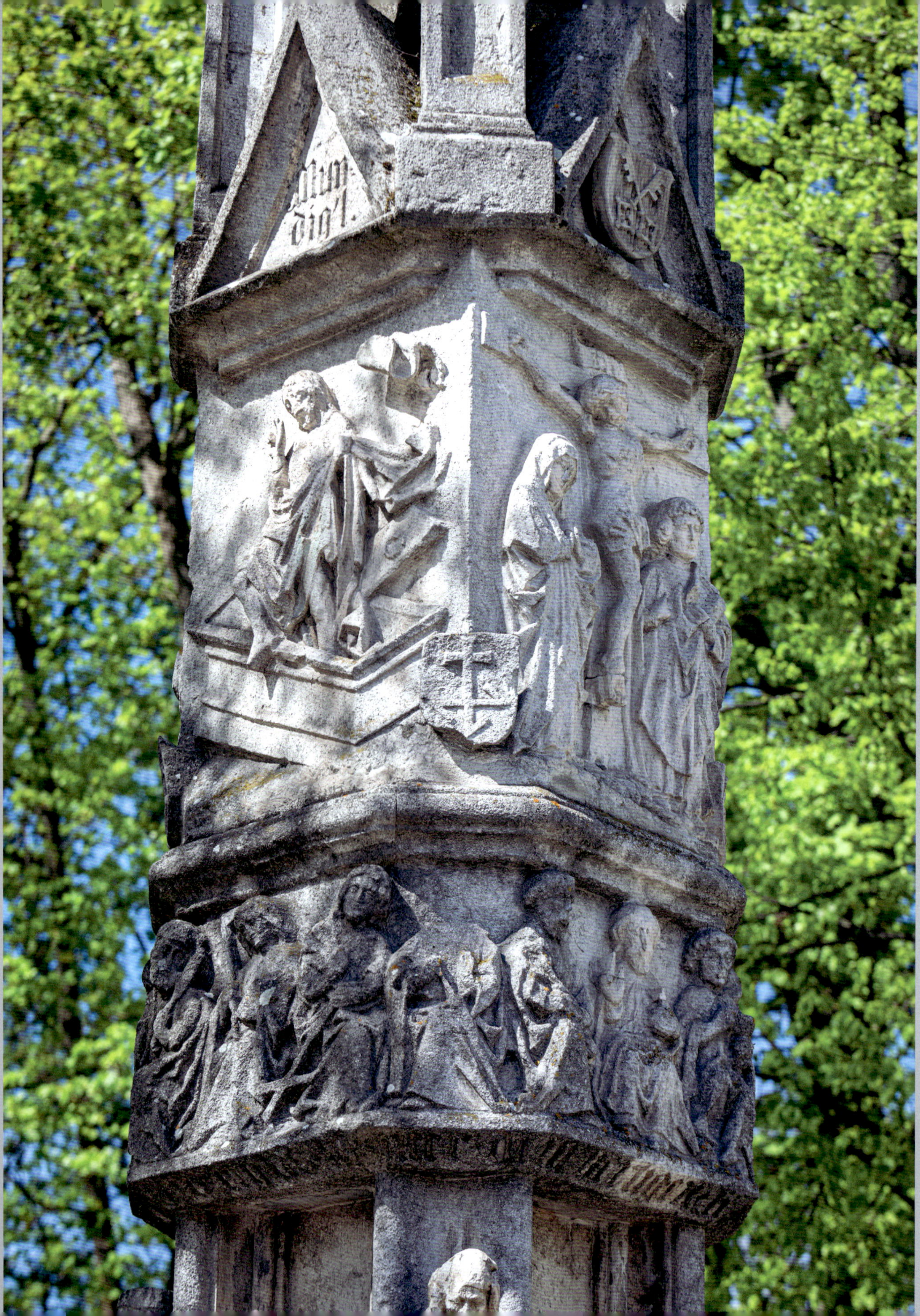

DIE GOTISCHE WEGSÄULE VOR DEM JAKOBSTOR

»Pestsäule« · Kalkstein-Wegsäule · Platz der Einheit / Prebrunnallee

Dr. Rosa Micus M.A., Kunsthistorikerin

Am Jakobstor, an der für alle Verkehrsteilnehmer unangenehm engen Stelle, fährt man vorbei und hat gleich außerhalb die Wegsäule kaum stehen sehen. Der Spaziergänger, der hier seinen Fußweg am Beginn der Prebrunn-Allee fortsetzt, wirft einen Blick herüber – und wird allenfalls im Rahmen einer aufmerksamen Führung darauf hingewiesen, die Wegsäule einmal zu betrachten und sie zu »lesen«[19]. Vordergründig fällt die Rosenpflanzung direkt um den Sockel auf, die noch mit einer gewissen Eleganz diejenigen Zeitgenossen, die sich wie am Sockel von Neupfarrkirche oder Dom nur niederlassen wollen und Abfälle hinterlassen auf Distanz hält – ein kleiner Schachzug der Parkpflege unserer Tage mit Fingerspitzengefühl!

Relativ leicht kann man im ganz wörtlichen Sinne die an der Schräge unterhalb der vielen kleinen Figuren umlaufende Inschrift lesen, die in einer spätgotischen Fraktur (= gebrochenen Schrift) in für spätgotische Inschriften typischer Kleinschreibung in den Stein gemeißelt ist; auch die Jahreszahl ist in römischen Zahlzeichen, aber in Kleinbuchstaben zu lesen:

růger krügl purger / czu regens. Hinter dem /
heiligen krewcze hot /
angefange

den 5 mårz / m.ccccIix.

Der Regensburger Bürger Ruger Krugl hat also die Wegsäule am 5. März 1459 »angefangen«, d. h. ins Werk gesetzt, oder auch: errichtet. Heilig Kreuz, das ganz in der Nähe direkt bei der Stadtmauer innerhalb der Westnerwacht als dem westlichen, mittelalterlichen Stadterweiterungsgebiet seit 1233 bestehende Kloster der Dominikanerinnen, kennen wir bis heute. Noch bis weit ins 19. Jahrhundert hieß der Wiesmeierweg einschließlich des bis zum Dominikanerinnenkloster reichenden Teilstücks »Hinter der Mauer«, so dass wir in »Hinter dem Heiligen Kreuze« das gleich anschließende Teilstück des Stahlzwingerweges in der Diktion des 15. Jahrhunderts verstehen dürfen. Ruger Krugl wohnte also hinter dem Dominikanerinnenkloster und gehörte als jemand, der gleich bei der Stadtmauer und damit ganz am Rande des mittelalterlichen Gemeinwesens lebte, mutmaßlich nicht zu den angesehenen Bürgern oder gar zur sozialen Schicht der Patrizier. Ganz in diesem Sinne ist er auch in keiner anderen Überlieferung zu greifen.

Einen Steinmetz als Vertreter des in der mittelalterlichen Handwerkerwelt so angesehenen Gewerks zu beauftragen, dürfte einigen Aufwand für den Stifter bedeutet haben. Ihm war es das wert, mit Kreuztragung, Kreuzigung, Auferstehung und Weltgericht einen Heilszyklus in nuce, in Kurzform, mit der Reihe der Zwölf Apostel und sich selbst und seine Frauen in kleinen Figuren darunter darzustellen. Er selbst steht dabei unter der Weltgerichtsdarstellung und oberhalb der Jahreszahl, eingebunden in die mittelalterliche Bildwelt und damit in seine Welt des Glaubens. Und: Ihm waren Anlass und Idee für die Errichtung der Wegsäule so selbstverständlich, dass dies in der Inschrift keine Erwähnung findet.

Wir wissen nur, dass Wegsäulen vor mittelalterlichen Stadttoren gar nicht so selten waren, sind sie doch bis heute in Wien oder in Brühl bei Bonn bekannt, wenn auch dort schon längst ins Museum transferiert. In Regensburg treffen wir mit der Wegsäule beim Peterstor in der Fürst Anselm Allee, nicht weit vom Bahnhof entfernt, einen zweiten Vertreter dieser spätmittelalterlichen Bildstöcke an, auch dort, ohne deren Bedeutung sicher zu kennen.

Erst die romantische Rückschau des 19. Jahrhunderts – zugleich aber auch: erst eine Zeit, die die Menschheitsgeisel der Pest in unseren Breiten nicht mehr selbst erleiden brauchte – konnte in der Überlieferung, im Genannt-Namen, eine »Pestsäule« darin sehen.

Aus einem Lageplan des Steinmetzen Ludwig Foltz, der in der Mitte des 19. Jahrhunderts die Wegsäule um einen neuen Schaft mit den vier Evangelistenfiguren und dem hohen Fialenaufbau ergänzte, und mit neuem Unterbau für die Wiedererrichtung vor dem Jakobstor ertüchtigte, können wir ihren Standort bis 1802 – dieser wurde in den von Foltz beschrifteten Lageplan von 1845 nachträglich eingetragen und mit »A« bezeichnet – erkennen. Sie stand für den Ankommenden gleich rechts des Stadttors. Hier stand sie jedoch der Raumplanung der Dalberg-Ära, die die Straßen außerhalb des Tores wie aus einem Rondell fächerartig heraustreten lassen wollte, im Wege, und so fand sie am Waldrand bei Hohengebraching auf dem Landgut des letzten Fürstabtes von St. Emmeram, Cölestin Steiglehner, neue Aufstellung. Sie verfiel dort zunächst, aber ausgesprochen romantische Gesinnung, die gerne das »Gotische« mit dem Erleben von Landschaft verbindet, wurde wieder auf die Bildsäule aufmerksam:

»Bei untergehender Sonne sah er die munteren Gäste über die abhängige Wiese, am Teiche vorüber, heimwärts in den Wald ziehen, der von fröhlichem Gesange widerhallte. Eine Stimmung, wie sie nur die feierliche Natur in die Herzen zaubert, gab der Augenblick der Gedanken: Wie schön, – wie erbaulich wäre es, dieses Regensburger Denkmal der Stadt wieder zuzuwenden« (aus einer 1845 anonym erschienen Schrift zur »Gedächtniß-Säule«). Und so war es bald bürgerschaftliches Engagement auf Initiative des Thurn&Taxis'schen Rats Maurer und des damaligen Besitzers des Landguts Hohengebraching, Mundigl, das mit einem Werkchen »Die Gedächtniß-Säule von dem Bürger Rugo Krugl im Jahre 1459 vor dem Jakobsthore zu Regensburg errichtet« Spenden für die Wiederherstellung und die Wiedererrichtung vor dem Jakobstor sammelte. Mit dem Geld wurde die Leistung des damals in fürstlichen Diensten stehenden Zeichenlehrers und Steinmetzen Foltz honoriert und die Wegsäule erhielt ihren heutigen Standort links vor dem Stadttor.

Wie schon 1459 steckt auch 1845 viel Idealismus in der Wegsäule. Mundigl schenke die mittelalterlichen Teile der Stadt. Sein Name steht im Dreiecksfeld über der nach Süden gerichteten Darstellung der Auferstehung in neugotischer Fraktur, die die alten Schriftzeichen aufnimmt, gemeißelt. Maurers Name, der die Initiative überhaupt ergriffen hatte, steht oberhalb der Kreuztragung auf der Nordseite.

Sein eigenes Steinmetzzeichen brachte Foltz an der stadtauswärts gerichteten Seite über der Darstellung des Weltenrichters unter, während das Regensburger Schlüsselwappen oberhalb der Kreuzigung zum Stadttor, und damit zur Innenstadt zeigt.

Hier zeigt sich bei allem wohlmeinenden Engagement auch ein »malerisches« Verständnis der Neugotik der Jahrhundertmitte: Wegsäulen vor den Stadttoren zeigen das Kreuzigungsbild und damit das zentrale Symbol des christlichen Glaubens, auch des eigenen Gemeinwesens, nach außen, dem Ankommenden entgegen. Das ist hier in der Stadt bis heute an der Kreuzigungsgruppe oben auf der Wegsäule am Peterstor zu sehen, deren Aufstellung nie verändert wurde. Und das Wappen, das Hoheitszeichen von Stadt und Territorium stand ebenfalls dem Eintretenden zum Zeichen des eigenen Hoheitsgebietes zugewandt. Hier wurden bei der Wiedererrichtung die Teile der Säule gegeneinander gedreht, so dass dem in die Altstadt eintretenden Spaziergänger voller Stolz das Zeichen des ausführenden Künstlers »grüßt«, das alte Hoheitszeichen aber nach innen, wo es nichts ankündigt, sondern historische Staffage darstellt, gekehrt ist.

Unsere Zeit, wie schon das 19. Jahrhundert, versteht nicht mehr die feine Symbolik der nach außen präsentierten Kreuzigungsdarstellung und der nach innen, also an die Stadt, an das Gemeinwesen selbst, gerichteten Mahnung des Weltgerichts, die diesen spätmittelalterlichen Darstellungen immer immanent war. Und die man in Regensburg bis gegen Ende des 16. Jahrhunderts in einem Gemälde im Sitzungssaal des Alten Rathauses kannte, das Weltgericht als ständige Mahnung an den Inneren Rat als dem politisch maßgeblichen Gremium zu Zeiten des Alten Reiches darstellend.

Zugleich war es jedoch diese, den Feinheiten mittelalterlicher Symbolik nicht mehr ganz aufgeschlossene Zeit, die mit ihrer romantischen Vorstellung von der Wegsäule in der Abendsonne diese wieder vor den westlichen Stadtausgang zurückbrachte.

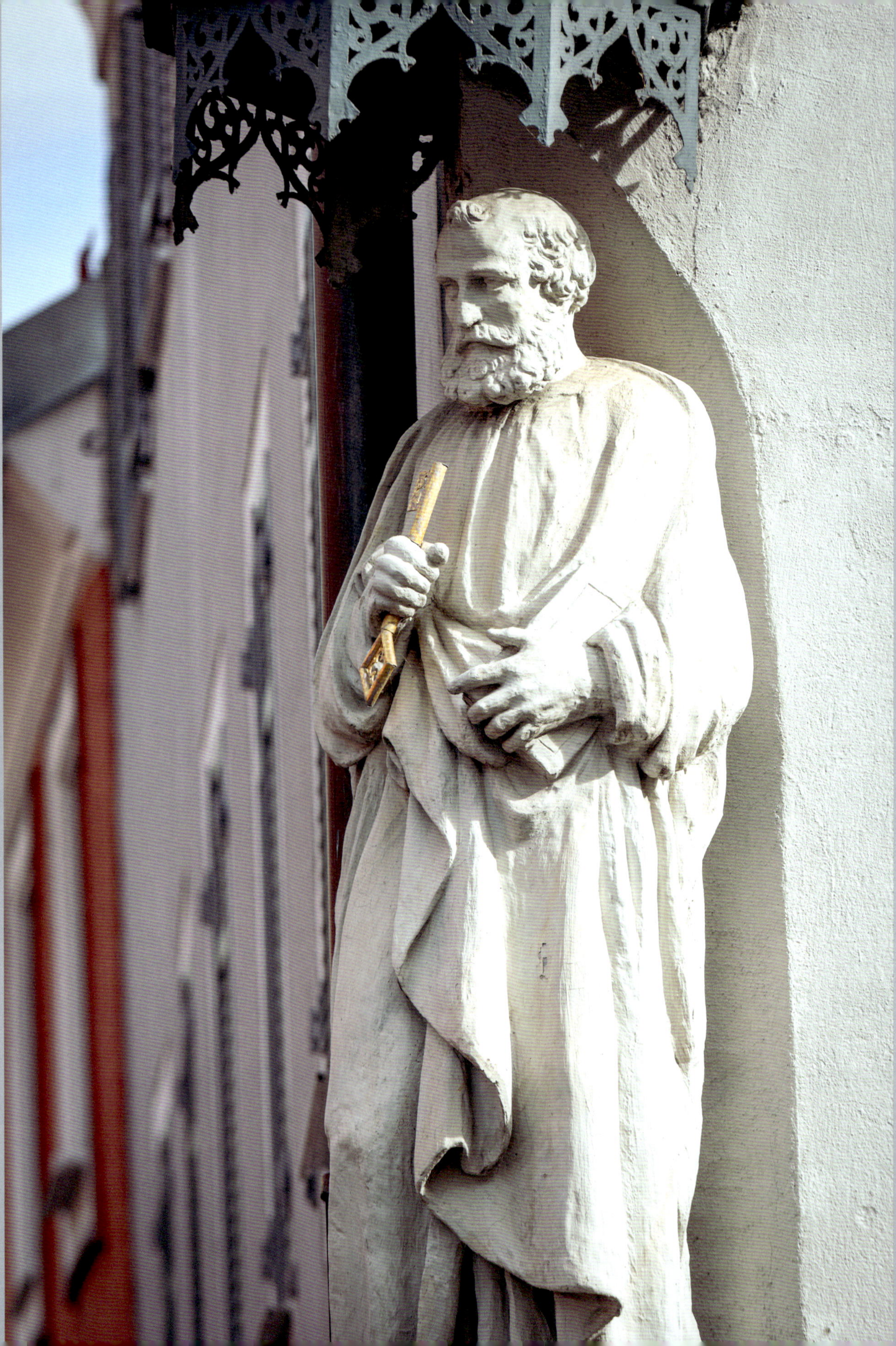

DER HL. PETRUS UND SEINE BEDEUTUNG FÜR DIE KIRCHE

Steinfigur · Ecke Fröhliche Türkengasse · Grasgasse 2

Gerhard Ludwig Kardinal Müller, Rom

Nach Jesus ist Simon, dem er den Beinamen Petrus, der Fels (aramäisch: Kepha) gab, der am meisten genannte Name im Neuen Testament. In der Liste der Zwölf Apostel wird er stets an erster Stelle genannt. Er ist der Sprecher des vorösterlichen Jünger-Kreises Jesu und ihr höchster Repräsentant.[20] Indem der auferstandene Herr zuerst dem Petrus erscheint und ihn damit zum wichtigsten Zeugen seiner Sendung vom Vater macht (vgl. 1 Kor 15,5), begründet er seine zentrale Stellung gerade auch in der Urkirche von Jerusalem. Sie ist die Kernzelle der aus ihr erwachsenden universalen (= katholischen) und apostolischen Kirche zu allen Zeiten und auf der ganzen Welt.

Die Kontinuität der Kirche im Wechsel der Zeiten und der Aufeinanderfolge der Generationen ergibt sich daraus, dass alle Christus-Gläubigen »festhalten an der Lehre der Apostel, an der Gemeinschaft, am Brechen des Brotes (= Eucharistie) und den Gebeten (= Liturgie)« (Apg 2,42). Mit der »Lehre der Apostel« ist natürlich nicht eine philosophische Idee oder eine wissenschaftliche Theorie gemeint, sondern die Verkündigung und das Zeugnis der Apostel, »die von Anfang an Augenzeugen und Diener des Wortes waren« (Lk 1,2).

Das »Wort« (der Logos, der Gott selbst ist) ist nämlich Jesus Christus, der einzige Sohn vom Vater (Joh 1,14–18), der mit ihm und dem Heiligen Geist der eine und einzige Gott ist und der aus seiner Mutter Maria (Gal 4,4; Mt 1,18; Lk 1,35) unser menschliches Fleisch und Blut und eine menschliche Geist-Seele (= die menschliche Natur) angenommen hat (Hebr 2,14).

Die »Lehre der Apostel«, die als Glaubensbekenntnis (= Symbolum) das Fundament der sichtbaren und sakramentalen Kirche ist, findet sich konzentriert in der ersten Predigt des Petrus nach der pfingstlichen Herabkunft des Heiligen Geistes auf die Apostel und alle jene, die sich aufgrund dieser Verkündigung des Wortes Gottes taufen ließen, um der Gemeinschaft der jungen Kirche zuzugehören. Denn zusammen mit den elf anderen Aposteln trat Petrus auf und stellte seinen Hörern aus allen Völkern, die in Jerusalem zusammengekommen waren, Jesus dar als die Erfüllung des gesamten heilsgeschichtlichen Handelns Gottes an Israel und an der ganzen Menschheit. Alle sollen wissen, dass Gott den gekreuzigten und auferstandenen Jesus, »zum Herrn und Christus/Messias gemacht hat« (Apg 2,36).

Petrus ist also zusammen mit den anderen Aposteln der Garant und Zeuge der Identität des historischen Jesus bis zu seinem Kreuzestod und dem Christus des Glaubens aufgrund des Osterereignisses. Petrus ist folglich auch der Garant der Einheit des vorösterlichen Jünger-Kreises und der nachösterlichen Kirche, die aufgrund des Pfingstgeschehens von Gott ins Leben gerufen wurde.

Simon war von Beruf ein einfacher Fischer. Jesus berief die Jünger, die er zu seinen Aposteln (= Gesandten, Missionaren) machen wollte, nicht aus dem Kreis Mächtigen, Einflussreichen und Weltweisen (vgl. 1 Kor 1,26–31). Denn kein Mensch sollte die Möglichkeit haben sich seiner eigenen Vorzüge zu rühmen und damit die Hörer in seinen Bann zu ziehen, anstatt sie auf Christus zu verweisen, den »wirklichen Retter der Welt« (Joh 4,42) und »den einzigen Namen, der uns unter dem Himmel gegeben ist, durch den wir gerettet werden sollen« (Apg 4,12).

Simon Petrus war auch nicht die starke Persönlichkeit, die in stoischer Gelassenheit durch nichts zu erschüttern war. Jesus musste ihn in seiner unbesonnenen Begeisterung und in seinen defätistischen Versuchungen öfter scharf zurechtweisen. Er tadelte ihn sogar als den Widersacher, der der Mission Jesu im Wege stand, die sich nicht in Glanz und Glorie der Welt, sondern in der Schmach des Kreuzes erfüllen sollte (vgl. Mt 16,21–23). Angesichts der Passion Jesu hat Petrus, der ranghöchste Apostel, sogar Jesus dreimal feige verleugnet mit den Worten: »Ich kenne diesen Menschen nicht« (Mt 26,74).

Der auferstandene Herr erinnerte Petrus am See Tiberias deshalb an diese Verleugnung, indem er ihn dreimal fragt: »Liebst du mich mehr als diese?« (Joh 21,15–19). Denn diese Liebe zu Jesus bewirkte auch seine Bekehrung (Lk 22,32) und machte die Tiefe der Christusgemeinschaft deutlich als Ursprung und Mitte des Petrus-Dienstes. Das gilt auch für seine Nachfolger auf der Cathedra Petri im Amt des Bischofs von Rom. In der Bestellung des Simon zum Felsen, auf den Jesus seine Kirche baut (Mt 16,18), ist auch die Sendung und Vollmacht dieses Dienstes an der Einheit der ganzen Kirche in der Wahrheit des Evangeliums vorgezeichnet (II. Vatikanum, Lumen gentium 23; 25). Der Petrus-Dienst ist kein weltliches Herrscheramt, sondern ein geistliches Hirtenamt. Denn Jesus, der wahre Hirt der Kirche und der ganzen Menschheit (Joh 10,11; 1 Petr 2,25; Hebr 13,20), sagte dreimal zu Petrus: Weide meine Lämmer und Schafe. Die Hingabe des eigenen Lebens ist auch die innere Mitte jedes Hirtendienstes im Amt der Bischöfe und Priester (1 Petr 5, 2; Apg 20,28; Hebr 13,17). Petrus ist im Abendmahlsaal von Jesus die bleibende Aufgabe zugewiesen worden, »seine Brüder zu stärken im Glauben« an Jesus den gekreuzigten und auferstandenen Herrn (Lk 22,32).

Die große Petrus-Verheißung im Matthäus-Evangelium ist von der katholischen Theologie immer richtig ausgelegt worden, wenn sie als der geistliche Fundus des Papsttums verstanden wird. Petrus und Paulus sind insofern die Gründer der Kirche von Rom, als sie mit ihrer apostolischen Lehre und ihrem Martyrium vor Ort dieser Einzelkirche das apostolische Fundament gegeben haben. Und deshalb müssen »wegen dieser ursprunggebenden apostolischen Autorität« alle andern Ortskirchen mit der Kirche von Rom in der Glaubens- und Sittenlehre übereinstimmen (vgl. Irenäus von Lyon, Gegen die Häresien III 3,2). Für die Jünger damals und für die ganze Kirche bis zum Ende der Zeiten bekennt Petrus, »den der Herr an die Spitze der Apostel gestellt und in ihm ein immerwährendes und sichtbares Fundament der Glaubenseinheit und der Gemeinschaft eingesetzt hat« (II. Vatikanum, Lumen gentium 18), dass Jesus nicht irgendein Prophet ist, sondern »der Christus, der Sohn des lebendigen Gottes« (Mt 16,16).

Dieses Urteil ergibt sich nicht aus rein menschlicher Logik, sondern ist dem Petrus und allen Gläubigen vom Vater Jesu geoffenbart worden in der Kraft des Heiligen Geistes. Und Jesus antwortet ihm, in dem er Simon zum Petrus und bleibenden Felsen macht, auf den er das Haus und den Tempel Gottes, nämlich die Kirche Jesus Christi, bauen wird. Jesus baut selbst die Kirche auf durch die Predigt der Apostel, ihren Dienst an den Sakramenten und ihr Wirken als die Hirten der Gläubigen in der Autorität Gottes (II. Vatikanum, Lumen gentium 20). In den Worten Jesu selbst erschließt sich uns die Bedeutung des Apostels Simon und des Petrus-Dienstes, den der Bischof von Rom als sein Nachfolger für die eine, heilige, katholische und apostolische Kirche ausübt: »Ich aber sage dir: Du bist Petrus und auf diesen Felsen werde ich meine Kirche bauen und die Pforten der Hölle werden sie nicht überwältigen. Ich werde dir die Schlüssel des Himmelreiches (= des Reiches Gottes) geben. Was du auf Erden binden wirst, das wird auch im Himmel gebunden sein und was du auf Erden lösen wirst, das wird auch im Himmel gelöst sein« (Mt 16,20).

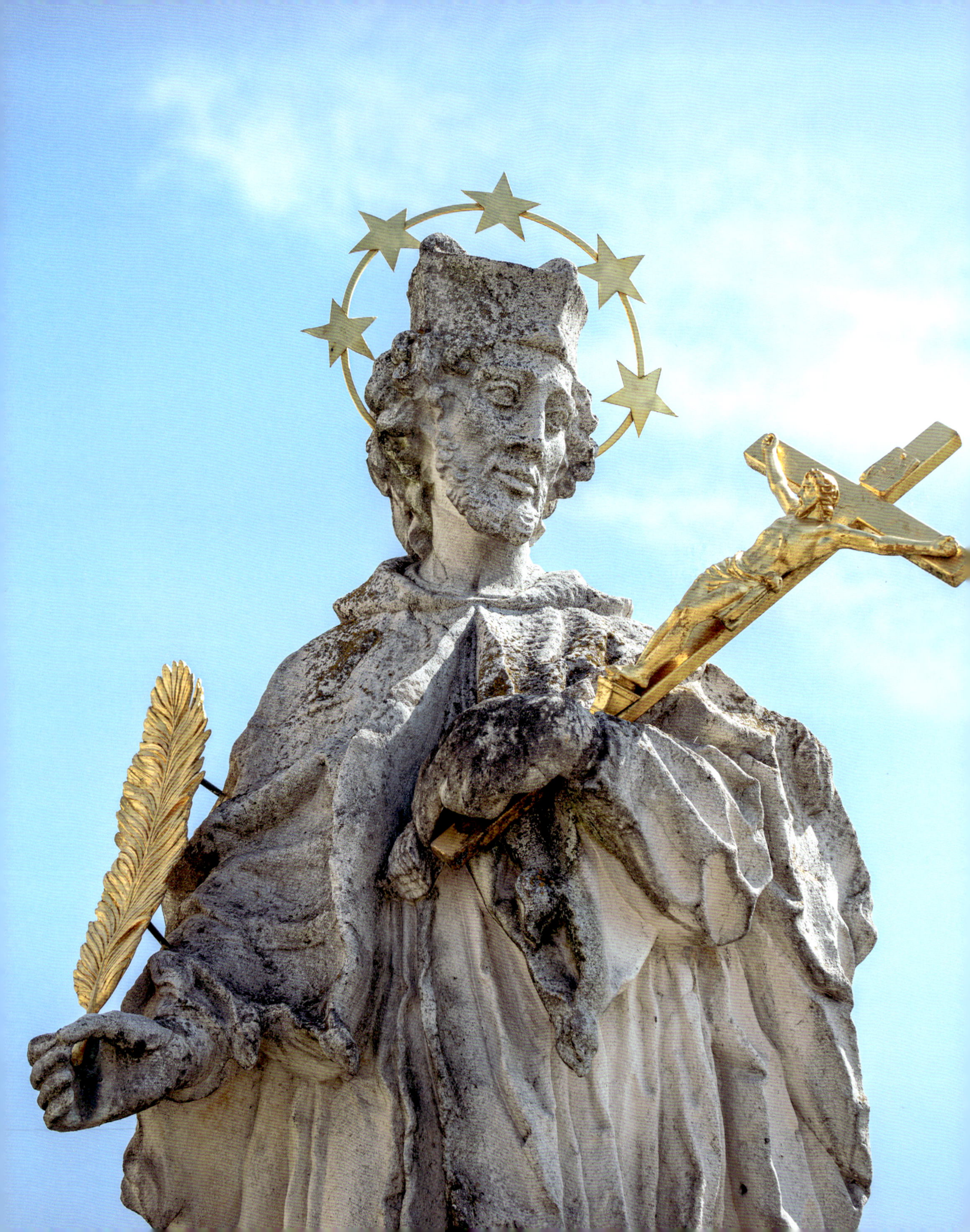

DER HL. JOHANNES NEPOMUK

Kalksteinfigur · Nähe Reinhausener Brücke
Untere Regenstraße / Donaustaufer Straße 2

Karl-Ludwig Ritzke, Ackermann-Gemeinde

Mitten auf der Prager Brücke steht eine kunstvolle Figur des heiligen Nepomuk. Hier wurde sein gefolterter Leichnam in die Moldau geworfen. Prager schätzen diese Statue und grüßen im Vorübergehen den Heiligen. Nicht nur in Prag wacht der Heilige auf der Brücke. Er steht auch bei uns an den Brücken, wo Regen und Naab in die Donau fließen. Er ist nicht nur Wächter über Brücke und Wasser, sondern ist auch, übertragen, als Brückenbauer zum Symbol geworden. Das gilt vor allem für die Ackermann-Gemeinde.

Die vielen Statuen in Bayern und Böhmen weisen darauf hin, wie sehr beide Regionen im Glauben verbunden waren. Die Ackermann-Gemeinde erinnert daran in Wallfahrten zu den Statuen des Heiligen, sei es in Regensburg bei Mariaort, sei es in Passau, Bamberg oder Würzburg. Die Feiern sollen zugleich Aufforderung sein, Brücken zu den Glaubensbrüdern jenseits der Grenze zu schlagen.

Wer war nun dieser Heilige? Johannes, Sohn eines Juristen aus Pomuck, gelang es dank seines außergewöhnlichen Talents unter Erzbischof Johann von Jenstein Karriere zu machen. Doch da geriet er in eine Intrige. Nach dem Tod des Abtes des Klosters Kladrau wollte König Wenzel IV. das Gebiet des Klosters zu einer eigenen Diözese gestalten, um so den Einfluss des Erzbischofs zu schwächen. Während König Wenzel auf einem Jagdschloss weilte, gelang es Nepomuk durch Einsetzen eines neuen Abtes die Pläne des Königs zu vereiteln. Der König tobte, der Erzbischof floh nach Rom. Johannes Nepomuk, der nicht dem Hochadel angehörte und zudem noch Beichtvater der vom König schlecht behandelten Königin Sophie war, wurde zum Opfer. Nach Folterungen wurde sein Leichnam von der Brücke in die Moldau geworfen.

Es bildeten sich Geschichten und Legenden um den ermordeten Johannes. Im Vordergrund steht dabei sein Amt als Beichtvater der Königin; er habe das Beichtgeheimnis, wie vom König gefordert, nicht gebrochen. Versinnbildlicht werde das durch die fünf Sterne um das Haupt des Heiligen. Diese sollen die fünf Buchstaben des Wortes »TACUI« (ich habe geschwiegen) verdeutlichen. Nach einer anderen Erzählung habe sich Johannes, bevor er vor den König trat, zu einem Marienheiligtum begeben. Dort habe die Gottesmutter ihm zur Stärkung fünf ihrer zwölf Sterne gegeben. Weiterhin sollten auf seinem in der Moldau treibenden Leichnam fünf Flammen geleuchtet haben.

Durch die Jesuiten wird Johannes zum großen Heiligen der Rekatholisierung Böhmens. Sie sehen in ihm ein Gegenpol zu Jan Hus. Vor allem wird die Beichte der Königin hervorgehoben, da Beichten in der Gegenreformation wieder eine wichtige Rolle spielt. Auch bei uns wacht er am Beichtstuhl der Dechbettener Wallfahrtskirche und mahnt die Gläubigen zur Umkehr. Eine Holzstatue, heute in der Kirche St. Johann Nepomuk auf dem Felsen in Prag, wird zum ikonographischen Vorbild vieler Nepomuk-Statuen.

Die Verehrung des Heiligen war kirchenpolitisch gewollt, doch tatsächlich gewann der Heilige die Herzen des Volkes, weit über Böhmen hinaus. Noch heute besuchen Jungvermählte im Garten des Klosters Břevnov in Prag nach ihrer Trauung die Statue des Heiligen und legen Blumen nieder. Der Autor des Buches »Der rote Nepomuk«, Josef Holub, lässt in einer kleinen Episode treffend aufleuchten, wie eng der Heilige mit dem Volk verbunden ist: »Fast in der ganzen Welt ist es bekannt: In Böhmen steht auf jeder Bruck ein Nepomuk. Der Schönste steht auf der Karwanbrücke, mitten in der Stadt, und er schaut seit hundert oder mehr Jahren immer das Karwanwirtshaus an. Die Frauen sagen, er sieht, wieviel Sünder ins Wirtshaus hineingehen. Die Männer sagen, er schaut es an, weil es ihm so gut gefällt und weil er selbst gern hineinginge.«[21]

So wird der Heilige der Gegenreformation zu einem Heiligen, der die Gegenwart Gottes im Leben des Volkes spürbar und sinnlich erfahrbar macht, ähnlich den Ikonen in Osteuropa: Durch seine Fürsprache bei Gott, durch sein Leben und Sterben; durch die Legenden, die sich um sein Leben ranken; durch die vielen beliebten Statuen. Das ist besonders wichtig in einer weitgehend säkularen Umwelt, sowohl bei uns als auch in den Böhmischen Ländern.

Viele unserer tschechischen Freunde sind, obwohl vielfach kirchlich nicht gebunden, für religiöse Symbolik offen. Gerade wurde unter dem Beifall eines nicht zu geringen Teiles der Bevölkerung in Prag die Mariensäule auf dem Altstädter Ring wiedererrichtet. Tschechen feiern Namenstage, besuchen in der Weihnachtszeit Krippen (»Betlem«); auf dem Pilsener Weihnachtsmarkt kann man tschechische Krippen- und Hirtenlieder hören, die auch uns in deutscher Übersetzung lieb geworden sind. So ist der sogenannte »Tschechische Atheismus« abzugrenzen vom kommunistischen Atheismus. Die vielen Statuen des heiligen Nepomuk könnten uns zeigen, dass wir hier im Herzen Europas zusammengehören.

Heiliger Nepomuk bitte bei Gott für ein Europa, das in christlichen Werten verbunden bleibt!

»

AUF GROSSEN UND AUF KLEINEN BRUCKEN
STEHEN VIELGESTALT´GE NEPOMUKEN
VON ERZ, VON HOLZ, GEMALT, VON STEIN,
KOLOSSISCH GROSS UND PUPPISCH KLEIN.
JEDER HAT SEINE ANDACHT DAVOR,
WEIL NEPOMUK AUF DER BRUCKEN SEIN LEBEN VERLOR.

(Johann Wolfgang von Goethe)

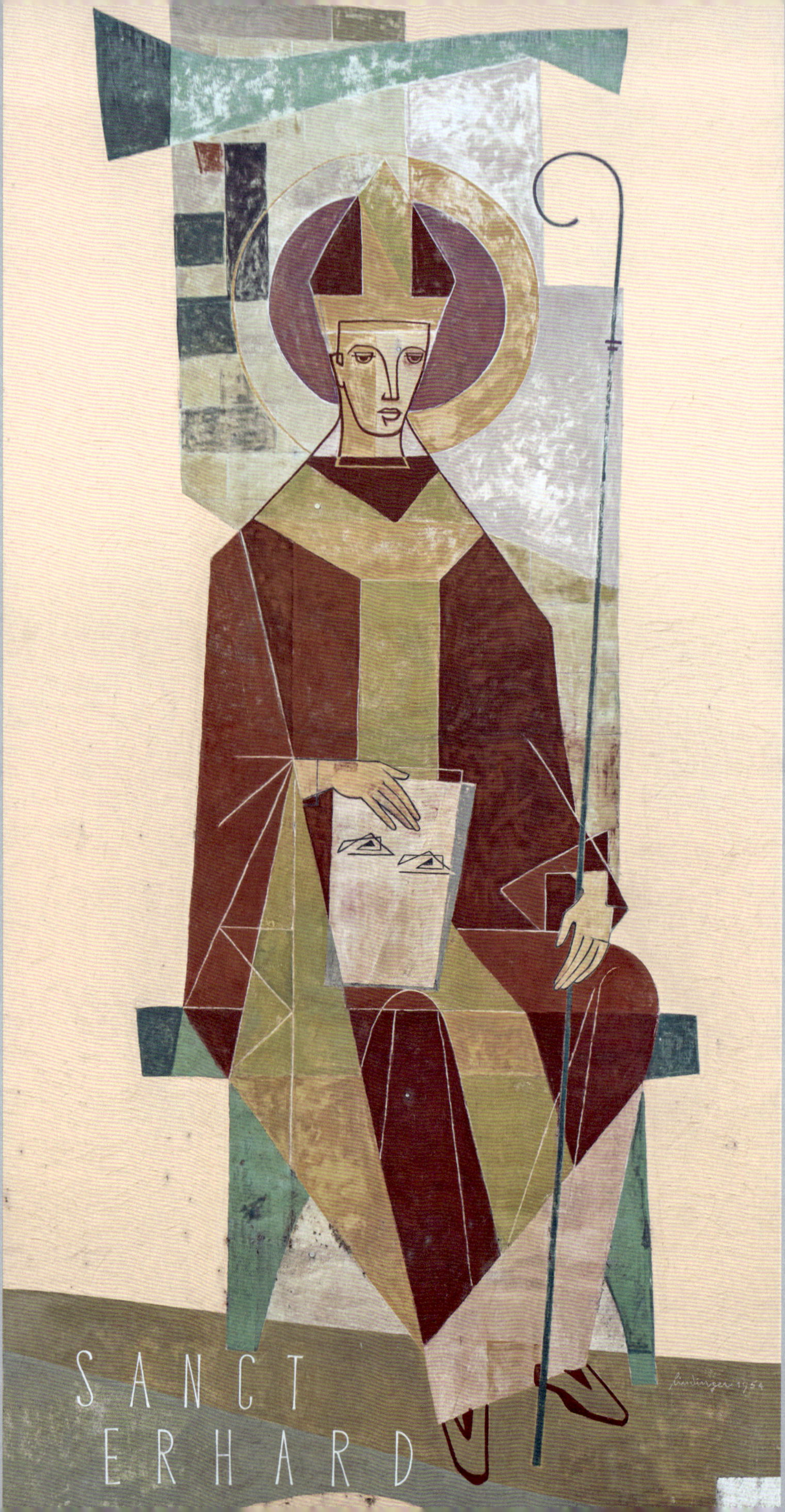
SANCT
ERHARD

DER HL. WANDERBISCHOF ERHARD

Fassadenmalerei · Kolpinghaus · Adolph-Kolping-Straße 1

Domvikar Msgr. Harald Scharf,
Diözesan-Präses des Kolping-Diözesanverbandes

Der heilige Erhard[22], der Hausheilige und Schutzpatron des Regensburger Kolpinghauses, ist zugleich einer der Diözesanpatrone unseres Bistums, neben dem hl. Wolfgang und dem hl. Emmeram.

Der hl. Erhard war eine Gestalt der späten Merowingerzeit. Er wirkte Ende des siebten, Anfang des achten Jahrhunderts in Regensburg, zeitlich nach dem ersten Glaubensboten St. Emmeram, aber noch vor der Bistumsorganisation durch Bonifatius im Jahr 739. Im Umkreis seiner Heiligsprechung zusammen mit dem hl. Wolfgang durch Papst Leo IX. in Regensburg 1052 entstand Erhards Lebensbeschreibung im Auftrag einer Äbtissin Heilica von Regensburg-Niedermünster aus der Feder eines Verfassers namens Paulus Judaeus aus Fulda.

Den wenigen konkreten historischen Angaben dieser Heiligenvita nach stammt Erhard aus Narbonne in Südfrankreich. Er verließ seine Heimat und gelangte um 700 als »Wanderbischof« über das Elsass nach Regensburg an den Hof des Bayernherzogs Theodo. Von ihm wurde Erhard mit der Verbreitung des Glaubens und dem Aufbau einer Kirchenorganisation beauftragt. Im Elsass soll Erhard sieben Klöster gegründet haben und der blind geborenen Prinzessin Odilia (Ottilie) durch die Taufe das Augenlicht wiedergegeben haben.

Eine archäologische Sensation war es, als man Ende der 1960er Jahre bei Ausgrabungen unter der Niedermünsterkirche das Grab des hl. Erhard auffand. Damit bestätigt sich die schriftliche Tradition der Erhards-Vita. Das Erhardi-Grab an der Nordmauer von Niedermünster blieb unverrückbar ein Fixpunkt der vier aufeinanderfolgenden Kirchenbauten. Mit der Heiligsprechung 1052 durch Papst Leo IX. war auch Klarheit geschaffen, dass Erhard in Niedermünster und nicht an der Ostmauer des Legionslagers Castra Regina, in der sog. »Erhardi-Krypta« bestattet worden war. Erhard ist seit dem zehnten Jahrhundert auch als Patron der Niedermünsterkirche bezeugt. Zwischen dem Chor der Niedermünsterkirche und der »Erhardi-Krypta« befindet sich der »Erhardi-Brunnen«. Erhard gilt als der Erwecker vieler heilkräftiger Quellen und als Patron gegen Brunnenvergiftungen.

Wegen der Heilung von der Blindheit bei der Taufe der hl. Odilia wird der hl. Erhard meist mit zwei Augen auf einem Buch dargestellt. Er trägt den Bischofsornat und hat manchmal die Axt – als Zeichen der Fällung des Baumes des Heidentums – als zusätzliches Attribut bei sich. Er wird als Helfer gegen Augenleiden und gegen Kopfschmerzen angerufen. An seinem Fest, am 8. Januar, können Gläubige sich das Haupt des Heiligen auflegen lassen. Sein Haupt wurde 1280 seinem Grab entnommen; 1653 wurde es in einer Silberkapsel mit ovaler Schauöffnung eingeschlossen. Seit 1866 ruht dieses Haupt in einem neugotischen Schrein unter einem gotischen Baldachinaltar im nördlichen Seitenschiff der Niedermünsterkirche.

Die wohl früheste und auch schönste Erhards-Darstellung findet sich im Uta-Evangelistar, einem Prunkstück der Regensburger Buchmalerei um 1020. Dort tritt uns Erhard im bischöflichen Ornat in zelebrierender Haltung entgegen.

Heute stellt sich die Frage: Wie kam es dazu, dass das Gesellen- bzw. Kolpinghaus den hl. Erhard zum Hauptpatron erwählte? Bereits am 24. April 1853 hatte der erste Präses Metz auf Initiative Adolph Kolpings (gest. am 4. Dez. 1865) nach engagierter Suche ein Anwesen in der Erhardigasse 3 erwerben können. Das Gebäude war in einem erbärmlichen Zustand. Dennoch konnte das Gesellenhaus am 20. November 1853 durch Generalvikar Lemberger eingeweiht werden. In unmittelbarer Nachbarschaft befindet sich in der Dompfarrkirche Niedermünster das Grab des hl. Erhard. Mit dem Erwerb des Gesellenhauses waren der Erhardi-Brunnen sowie die »Erhardi-Krypta« zum Haus gehörig. Die etwa um 970 entstandene Krypta – vom Kloster Niedermünster zu Ehren des hl. Erhard erbaut – galt lange als Sterbeort und Grablege des Heiligen. Insofern war es naheliegend, den hl. Erhard als Schutzpatron des Gesellenhauses zu wählen, sodass sich bis heute neben dem Namen »Kolpinghaus« auch der ursprüngliche Name »Erhardi-Haus« erhalten hat.

Am 20. Oktober 1944 wurde das Haus durch Bomben in Schutt und Asche gelegt. Dabei kamen 40 Bewohner ums Leben. Aber die Kolpingfamilie resignierte nicht und hat es, bedingt durch den Fleiß und die Zähigkeit des legendären »Vater und Präses« Karl Böhm, in mühsamen Schritten wieder aufgebaut. Am 25. Juli 1954 konnte Erzbischof Buchberger das neue Haus einweihen. In dieser Zeit entstand auch ein Fresko an der Ostseite des Kolpinghauses hin zur Ostengasse, das im Stil der 50er Jahre den hl. Erhard als Bischof zeigt mit einem Buch und den zwei Augen. Somit wird der hl. Erhard auch weiterhin als Schutzpatron des Kolpinghauses präsentiert. Leider gibt es keine Hinweise, wer der Künstler dieses über fünf Meter hohen Wandfreskos sein könnte.

» DER GLAUBE SCHENKT LICHT,
ER MACHT ERST WIRKLICH SEHEND –
WER GLAUBT, SIEHT MEHR!

(Bischof Dr. Rudolf Voderholzer,
Predigt zum Erhardsfest 2014)

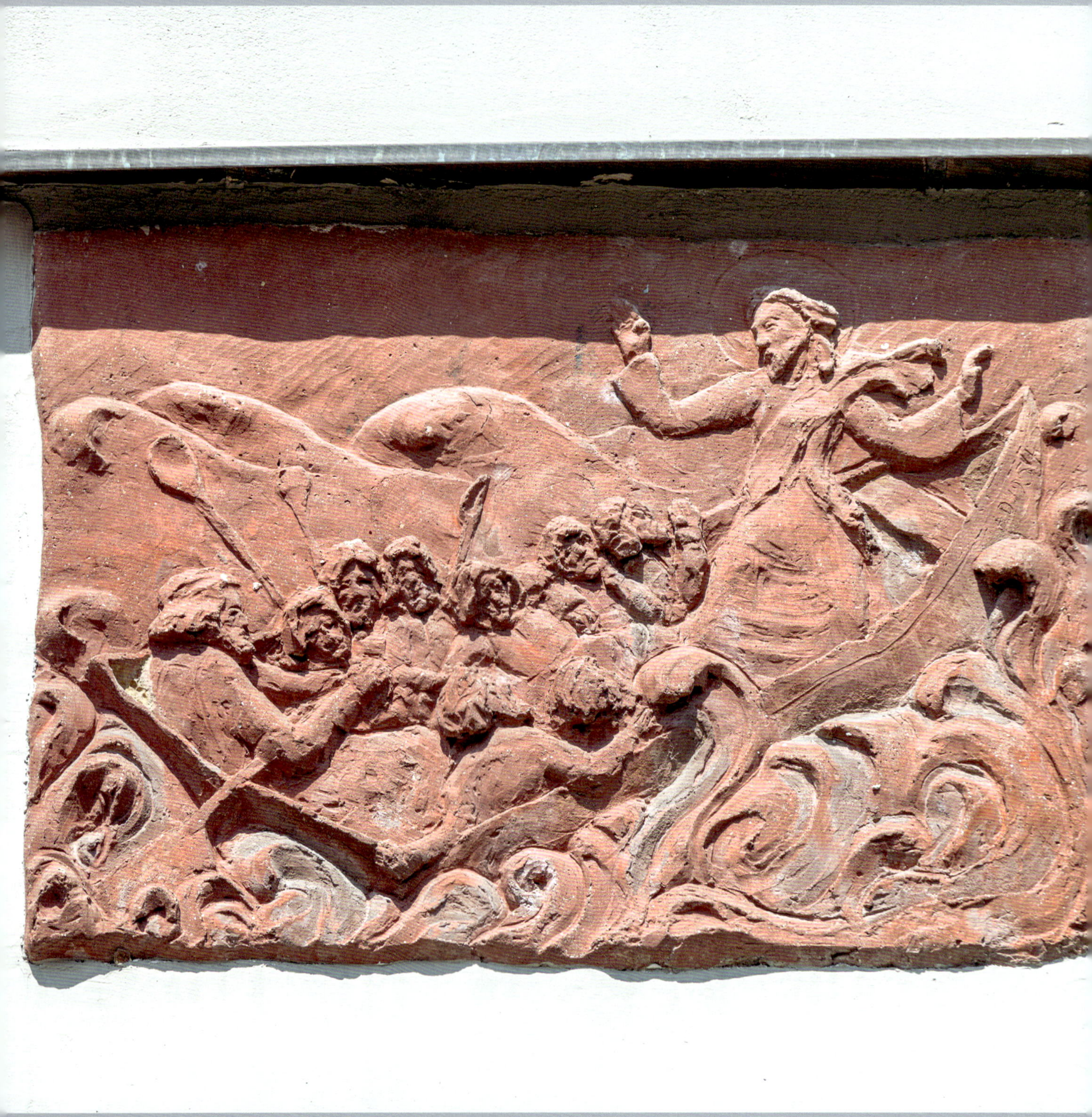

JESUS STILLT DEN SEESTURM

Tonrelief · Stadtamhof · Am Gries 13

Domvikar Msgr. Dr. Werner Schrüfer,
Pfarreiengemeinschaft Steinweg – Stadtamhof – Winzer

Der Straßenzug Am Gries (Gries = flaches, sandiges Ufer), präziser seine Nordseite erschließt sich dem Besucher vor allem dann, wenn er sich fußläufig nähert, also langsam und bedächtig. Und wenn die Segnungen der Mobilität wie Autos die Szenerie nicht stören.

Man kommt in eine unregelmäßige Häuserzeile, die von den Zerstörungen des napoleonischen Krieges 1809 verschont geblieben ist; meist Mitte des 19. Jahrhunderts wurden fast alle Häuser aufgestockt und umformt. Charakteristisch sind auch die kleinen Vorgärten, die dem Gries fast einen biedermeierlich-verspielten Anstrich verleihen.

Hier, so dicht am Wasser, so nahe am Ufer des Regens hatten sich Fischer und Schiffer angesiedelt, die vom Fluss lebten. Ihre Arbeit ging meist ruhig dahin, außer wenn Stürme aufzogen und Regenmassen herunterprasselten – dann war die Idylle zerstört. Die Naturgewalten bedrohten Hab und Gut, Leib und Leben. Dass dies immer wieder vorkam, davon erzählen einige Hochwassermarken.

Es ist überliefert, dass das Haus Nr. 13, ein mittelgroßes, mit der Giebelseite zur Straße etwas breit dastehendes Gebäude, zu Beginn des 19. Jahrhunderts Schiffmeistern gehörte. Einer ließ 1813 das bemalte Tonrelief »Stillung des Seesturms« anbringen, das heute in einer Nachbildung aus dem Jahr 1954 zu sehen ist. Dieses Relief interpretiert in deutlichen Formen die Erzählung, wie sie mehrmals in den Evangelien berichtet wird, so beispielsweise in der Markus-Überlieferung (Mk 4, 35–41). Das Boot mit den eher klein gehaltenen Jüngern ist der Macht der gewaltigen Wellen und dem Tosen des Wassers völlig ausgeliefert. Es scheint kurz vor dem Untergehen zu sein. Der übergroße Jesus aber stellt sich dieser Bedrohung: mit ausgebreiteten Händen und erhabener Geste sorgt er dafür, dass der Sturm sein todbringendes Werk nicht zu Ende führen kann. Das Relief zeigt genau den Moment, in dem Jesus mit seinem rettenden Tun ansetzt.

Der Künstler der Tafel ist unbekannt. Es ist davon auszugehen, dass er aus einer Hafnerwerkstatt in der Nachbarschaft – z.B. im Haus Nr. 7 – entstammt, denn seit alters gab es eine Keramikfertigung in diesem Stadtamhofer Ortsteil.

Haben wir es hier mit einer Haustafel zu tun, die in manchen Gegenden an Häuserfassaden zu sehen ist? Diese hatten eine zweifache Funktion: zum einen sollten sie als Schmuck dienen, andererseits ein Symbol des Schutzes sein. Das Letztgenannte liegt im Straßenzug Am Gries auf der Hand. Damit setzt der damalige Besitzer mit diesem künstlerisch sicher nicht herausragenden Relief ein Glaubenszeugnis, um an die rettend-heilende Macht des Menschen- und Gottessohnes Jesus Christus zu erinnern.

»

AM ABEND DIESES TAGES SAGTE ER ZU IHNEN: WIR WOLLEN ANS ANDERE UFER HINÜBERFAHREN. SIE SCHICKTEN DIE LEUTE FORT UND FUHREN MIT IHM IN DEM BOOT, IN DEM ER SASS, WEG; UND ANDERE BOOTE BEGLEITETEN IHN. PLÖTZLICH ERHOB SICH EIN HEFTIGER WIRBELSTURM UND DIE WELLEN SCHLUGEN IN DAS BOOT, SODASS ES SICH MIT WASSER ZU FÜLLEN BEGANN. ER ABER LAG HINTEN IM BOOT AUF EINEM KISSEN UND SCHLIEF. SIE WECKTEN IHN UND RIEFEN: MEISTER, KÜMMERT ES DICH NICHT, DASS WIR ZUGRUNDE GEHEN? DA STAND ER AUF, DROHTE DEM WIND UND SAGTE ZU DEM SEE: SCHWEIG, SEI STILL! UND DER WIND LEGTE SICH UND ES TRAT VÖLLIGE STILLE EIN. ER SAGTE ZU IHNEN: WARUM HABT IHR SOLCHE ANGST? HABT IHR NOCH KEINEN GLAUBEN? DA ERGRIFF SIE GROSSE FURCHT UND SIE SAGTEN ZUEINANDER: WER IST DENN DIESER, DASS IHM SOGAR DER WIND UND DAS MEER GEHORCHEN?

(Mk 4,35-41)

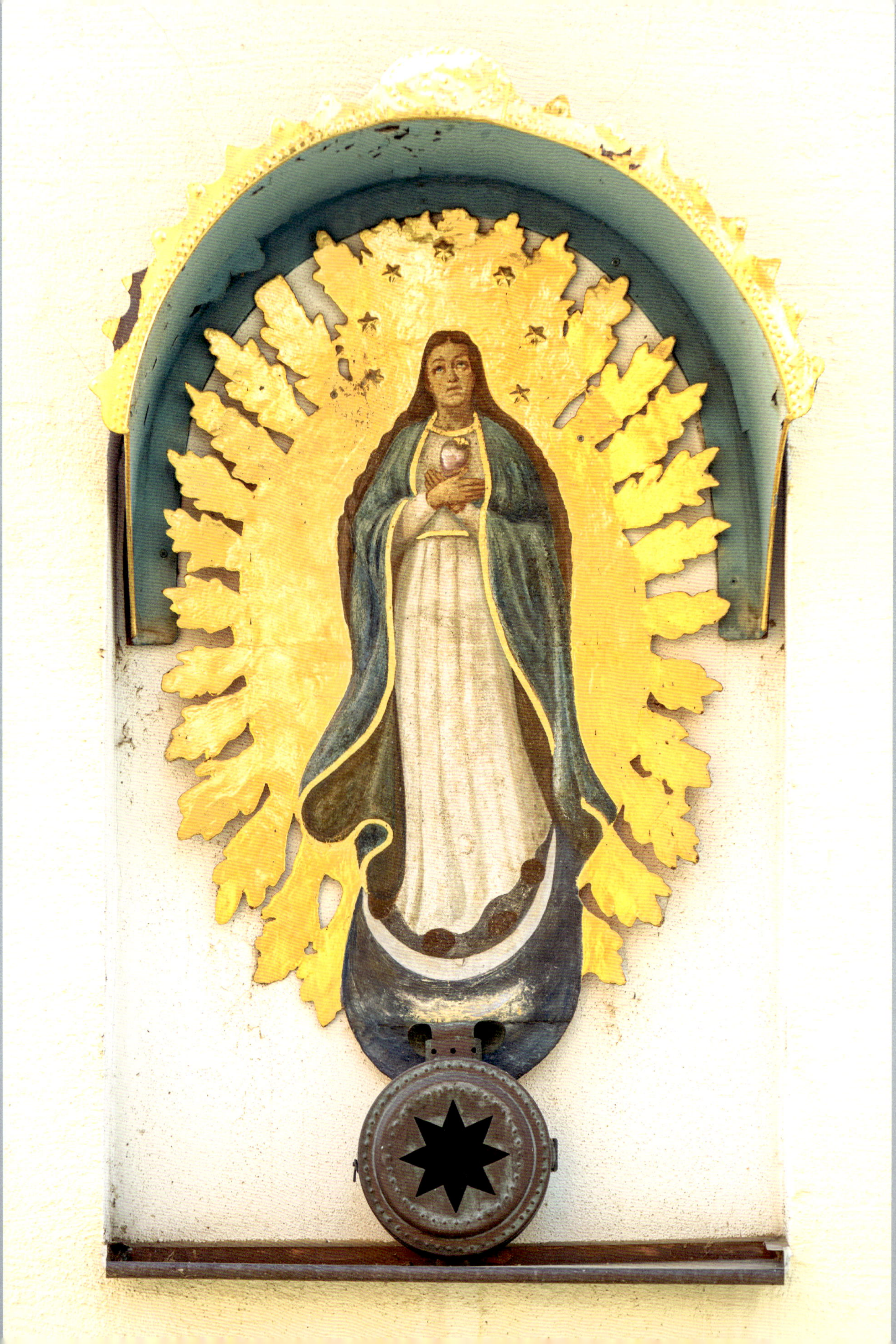

HERZ-MARIÄ-MADONNA IM STRAHLENKRANZ

Bemalter Blechschnitt · Stadtamhof · An der Schierstadt 3

Domvikar Msgr. Dr. Werner Schrüfer,
Pfarreiengemeinschaft Steinweg – Stadtamhof – Winzer

Wir befinden uns im Quartier hinter dem ehemaligen Stadtamhofer Rathaus. Das Haus »An der Schierstadt« 3, das nach den Zerstörungen des Jahres 1809 wiederaufgebaut wurde, erinnert an eine fürchterliche Zeit.

Im Spanischen Erbfolgekrieg wurde Stadtamhof im Sommer 1704 zum Kriegsschauplatz. Weil sich Bayerns Kurfürst Max Emanuel auf die Seite Frankreichs gestellt hatte, belagerten und beschossen die gegnerischen Österreicher Stadtamhof, bis sich die verzweifelten Verteidiger der rot-weiß-roten Übermacht ergeben mussten. Die wütenden Eroberer nahmen schreckliche Rache, der auch 12 Bürger der Gemeinde zum Opfer fielen.

Mehr als eineinhalb Jahrhunderte später, 1862, ließ die Stadtamhofer Garnison ein Denkmal für die Gefallenen errichten. Über der Kalksteintafel mit den Opfernamen befindet sich mit fast denselben Maßen ein Blechschnitt, auf dem die Muttergottes zu sehen ist. Maria, auf einer Mondsichel stehend, hält über ihren an die Brust gelehnten Händen ein Herz, sie wird umfangen von einem golden schimmernden Strahlenkranz und ihr Kopf ist umgeben mit sieben Sternen; eine eher ungewöhnliche Zuordnung, denn meist sind es 12 Sterne, die an die 12 Stämme Israels erinnern sollen. Auch bemerkenswert: das ganze Ensemble steht auf einer runden, etwas verzierten Eisenscheibe, mittig darin eine Öffnung, geformt mit einem achteckigen Stern.

Motive der Mondsichelmadonna wie der Strahlenkranzmadonna werden hier verbunden: Wir sehen die Frau, die über das Böse siegt und die in den Nöten und Sorgen dieses Lebens Schutz und Sicherheit verheißt. Doch diese Madonna hat nichts Triumphales an sich. Ihr Haar ist entblößt, ihr Gewand einfach und ihr Blick nach oben verrät viel Flehentliches und Trauriges.

Es bleibt manches fragwürdig: Warum fehlt hier – bei der Mondsichelmadonna obligatorisch – das Jesus-Kind? Und der Strahlenkranz soll meist an Siege und Erfolge erinnern, die der Mithilfe Mariens zugesprochen werden, was nun gar kein Thema dieses Erinnerungsortes ist. Auch sind wir nicht über die Motive unterrichtet, warum gerade im Jahr 1862 dies gestaltet wurde? Eine Vermutung: Da das Erdgrab, in dem die Opfer bestattet wurden, nicht mehr zu lokalisieren war (zu Beginn des 18. Jahrhunderts hatte Stadtamhof noch keinen Friedhof), brauchte es diese Form der Erinnerung, die gegen das endgültige Vergessen stand und steht.

Ist diese Abbildung ein Ausdruck dafür, dass die Menschen damals spürten, dass Maria jemand ist, der ein Herz für sie hat, gerade in den leidvollen Erfahrungen des Daseins? Oder ist es ein Beleg für das, was Kinder aller Zeiten getan haben: es sind Situationen, da gibt es nur einen Weg, den zur Mutter.

» GEDENKE, O GÜTIGSTE JUNGFRAU MARIA: ES IST NOCH NIE GEHÖRT WORDEN, DASS JEMAND, WENN ER ZU DIR SEINE ZUFLUCHT GENOMMEN, DEINEN BEISTAND ANGERUFEN, UM DEINE FÜRBITTE GEFLEHT, VON DIR SEI VERLASSEN WORDEN. VON SOLCHEM VERTRAUEN BESEELT, NEHME ICH ZU DIR MEINE ZUFLUCHT, MUTTER, JUNGFRAU DER JUNGFRAUEN. ZU DIR KOMME ICH, VOR DIR STEHE ICH SEUFZEND ALS SÜNDIGER MENSCH. MUTTER DES EWIGEN WORTES, VERSCHMÄHE MEINE WORTE NICHT, SONDERN HÖRE MICH GNÄDIG AN UND ERHÖRE MICH.

(15. Jh., teilweise schon bei Bernhard von Clairvaux)

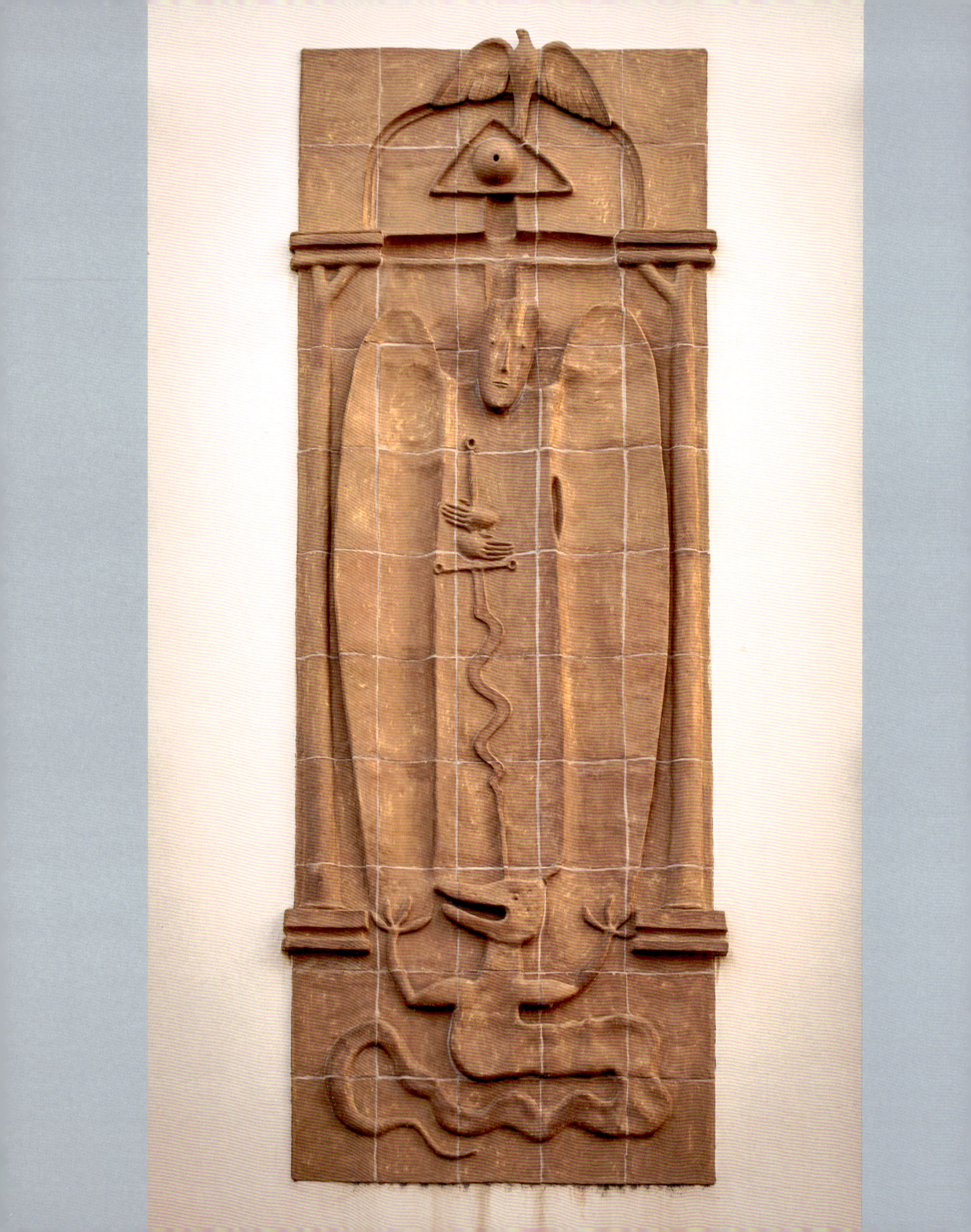

DER HL. ERZENGEL MICHAEL: »DIE SCHÖNHEIT DER GNADE BEWAHREN«

Relief aus Terrakotta-Kacheln · Am Singrün 2a

Domvikar Msgr. Georg Schwager,
Leiter der Abteilung Selig- und Heiligsprechungsprozesse

Der Name »Michael« bedeutet: »Wer ist wie Gott?«[23] – Michael ist »der Streiter für den Primat Gottes, für seine Transzendenz und Macht. Michael kämpft dafür, die göttliche Gerechtigkeit wieder herzustellen; er verteidigt das Volk Gottes vor seinen Feinden, vor allem aber vor seinem Erzfeind, dem Teufel«[24]. Mit diesen Worten würdigte Papst Franziskus zu Beginn seines Pontifikats den heiligen Erzengel anlässlich der Segnung einer neuen Michael-Statue in den Vatikanischen Gärten am 5. Juli 2013.

Es gibt keinen Menschen auf dieser Erde, der nicht in irgendeiner Form mit der Gewalt des Bösen konfrontiert wird. Das Böse ist in der Lage, sich in alle Bereiche menschlichen Zusammenlebens hineinzuschlängeln. Getarnt oder offen, manchmal auf schleichendem Wege, oder auch völlig unerwartet und unvorhergesehen werden wir mit dem Bösen konfrontiert. Nicht umsonst hat die biblische Tradition dem Bösen, dem Versucher, dem Widersacher Gottes, dem Teufel und Satan das Attribut der Schlange zugewiesen (vgl. Gen 3,1–24). Vom ersten bis zum letzten Buch der Heiligen Schrift begegnet uns die Identifizierung von Satan und Schlange. In der Geheimen Offenbarung des heiligen Apostels Johannes heißt es wörtlich im Blick auf die Vollendung der Welt: »Er wurde gestürzt, der große Drache, die alte Schlange, die Teufel oder Satan heißt und die ganze Welt verführt« (Offb 12,9). Mitarbeiter Gottes bei diesem dramatischen Sturz, ja gleichsam Werkzeug und Instrument, sind Michael und seine Engel, die sich erheben, um mit dem Drachen zu kämpfen (vgl. Offb 12,7).

Die Ursprünge des Michael-Kultes liegen im östlichen Mittelmeerraum, wobei vor allem der Monte Gargano und Apulien für seine Verehrung im lateinischen Westen eine Vorrangstellung einnehmen.[25] Schon im Alten Testament wird Michael als Himmelsfürst und Beschützer des Volkes Gottes verehrt (vgl. Dan 12,1). Hingewiesen sei auch auf die bekannte römische Bußprozession, bei welcher nach dem Bericht der »Legenda aurea« (13. Jh.) des Jacobus de Voragine Papst Gregor dem Großen (um 540–604) der heilige Erzengel über dem Mausoleum des Hadrian, der heutigen Engelsburg, erschien und das Ende der Pest ankündigte.[26]

Wenden wir uns nun aber unserem Tonrelief zu. Auf ihm fällt die gewundene Schlange, der große Drache deutlich ins Auge. Mehr noch steht im Zentrum das gewundene Flammenschwert und mit ihm die Festigkeit, ja geradezu Unverrückbarkeit des heiligen Michael. Diese Standhaftigkeit empfängt Michael vom Stamm des Kreuzes, der gleichsam mit ihm verschmilzt und über dem das »Auge« des dreifaltigen Gottes ruht. Das will uns sagen: Gottes Blick entgeht auch der Drache und sein drohendes Gebärden nicht, aber dieser ist dem Dreifaltigen und dem Kreuz unzweideutig untergeordnet.

Und noch etwas Bedeutsames will uns der Künstler zeigen: Michael kann den Drachen nur abwehren; er kann den Bösen und seine Macht bekämpfen, aber im Letzten nicht vernichten. Nur einer hatte und hat die Gewalt, die Macht Satans zu zerstören: Der Sohn Gottes, Jesus Christus – durch sein Kreuz! Im ersten Johannesbrief erfahren die jungen christlichen Gemeinden: »Der Sohn Gottes aber ist erschienen, um die Werke des Teufels zu zerstören« (1 Joh 3,8). Das ist eine Grundbotschaft und tiefe Überzeugung des frühen Christentums. Sie gilt für alle Generationen. Jesus wehrt Satan nicht nur ab, sondern er zerstört die Werke des Teufels durch sein Kreuz.

Das Tonrelief führt uns diese Grundwahrheit auf seine Art vor Augen: Michael steht im und unter dem Kreuz; sein Gesicht ist nicht von kämpferischem Geist geprägt, sondern zeigt eine gelassene, ja fast dienende Haltung. Michael will dem Betrachter offenbaren: Nicht er ist der Besieger des Drachens, sondern es sind der Stamm des Kreuzes und die Spitze seines Flammenschwertes, das vom Kreuz gekrönt auf der Achse des Kreuzesstammes ruht.

Fragen wir aber noch tiefer! Worum geht es beim Kampf Michaels mit dem Drachen? Es geht darum, die Schönheit der Gnade zu bewahren. Vor allem im Blick auf Maria, die allerseligste Jungfrau, erkennen wir die wahre Bedeutung dieses geistigen Kampfes. Lassen wir noch einmal Papst Franziskus sprechen. In seiner Ansprache zum Angelusgebet am Hochfest der ohne Erbsünde empfangenen Jungfrau und Gottesmutter Maria (2022) sagte er, dass neben Maria auch wir »eine ursprüngliche Gnade erhalten haben, die unser Leben erfüllt hat, ein größeres Gut als alles andere … Wir reden viel über die Erbsünde, aber wir haben auch eine ursprüngliche Gnade empfangen, derer wir uns oft nicht bewusst sind.«[27] Die Gnade »ist unsere ursprüngliche Schönheit«[28]. Genau um diese Schönheit geht es, die Satan mit seiner Hässlichkeit nicht erträgt. So können wir vor allem im Blick auf Maria das heilsgeschichtliche Ereignis des Engelsturzes recht beurteilen und deuten. Unmittelbar vor dem Kampf Michaels mit der »alten Schlange« zeigt uns der Apostel Johannes die apokalyptische Frau, die gewöhnlich auf Maria und die Kirche gedeutet wird.

Unser Tonrelief will uns an all das erinnern. Wir müssen mit dem Bösen rechnen und dürfen seine verführerische und sich in alle menschlichen Belange schlängelnde Art nicht unbeachtet lassen. Aber wir sollten auch nicht hinter allem nur den Bösen zu sehen. Von

Michael und seinem Engelsturz können wir lernen, bereit und wachsam zu sein, um mit dem Bösen zu kämpfen, Satan beherzt abzuwehren und die Schönheit der Gnade zu bewahren. Wir können dem Bösen gelassen gegenüber stehen im Wissen um den Sieg des Kreuzes. Seit dem Tag der Erlösung durch das Kreuz Christi gilt für uns alle: »Gott aber sei Dank, der uns den Sieg geschenkt hat durch Jesus Christus, unseren Herrn« (1 Kor 15,57).

Wir gaben in unserer Betrachtung schon mehrmals Papst Franziskus das Wort. Nehmen wir am Schluss auch seinen Wunsch und seine Empfehlung an, die er nach dem Angelusgebet am Rosenkranzfest 2018 allen Gläubigen nahelegte: »Ich wiederhole die Einladung, den Rosenkranz jeden Tag des Monats Oktober zu beten und ihn mit der Antiphon ‚Unter deinen Schutz' und dem Gebet zum heiligen Erzengel Michael abzuschließen, um die Angriffe des Teufels, der die Kirche spalten will, abzuwehren.«[29]

Folgen wir dieser Aufforderung des Papstes und beten wir mit ihm das auf Papst Leo XIII. zurückgehende Gebet: »Heiliger Erzengel Michael, beschirme uns im Kampfe gegen die Bosheiten und Nachstellungen des Teufels. Sei Du unsere Schutzwehr; Gott gebiete ihm mit Macht, wir bitten demütig darum. Und Du, Fürst der himmlischen Heerscharen, stürze den Satan und die anderen bösen Geister, die zum Verderben der Seelen in der Welt umherwandern, mit göttlicher Kraft in die Hölle hinab.«[30]

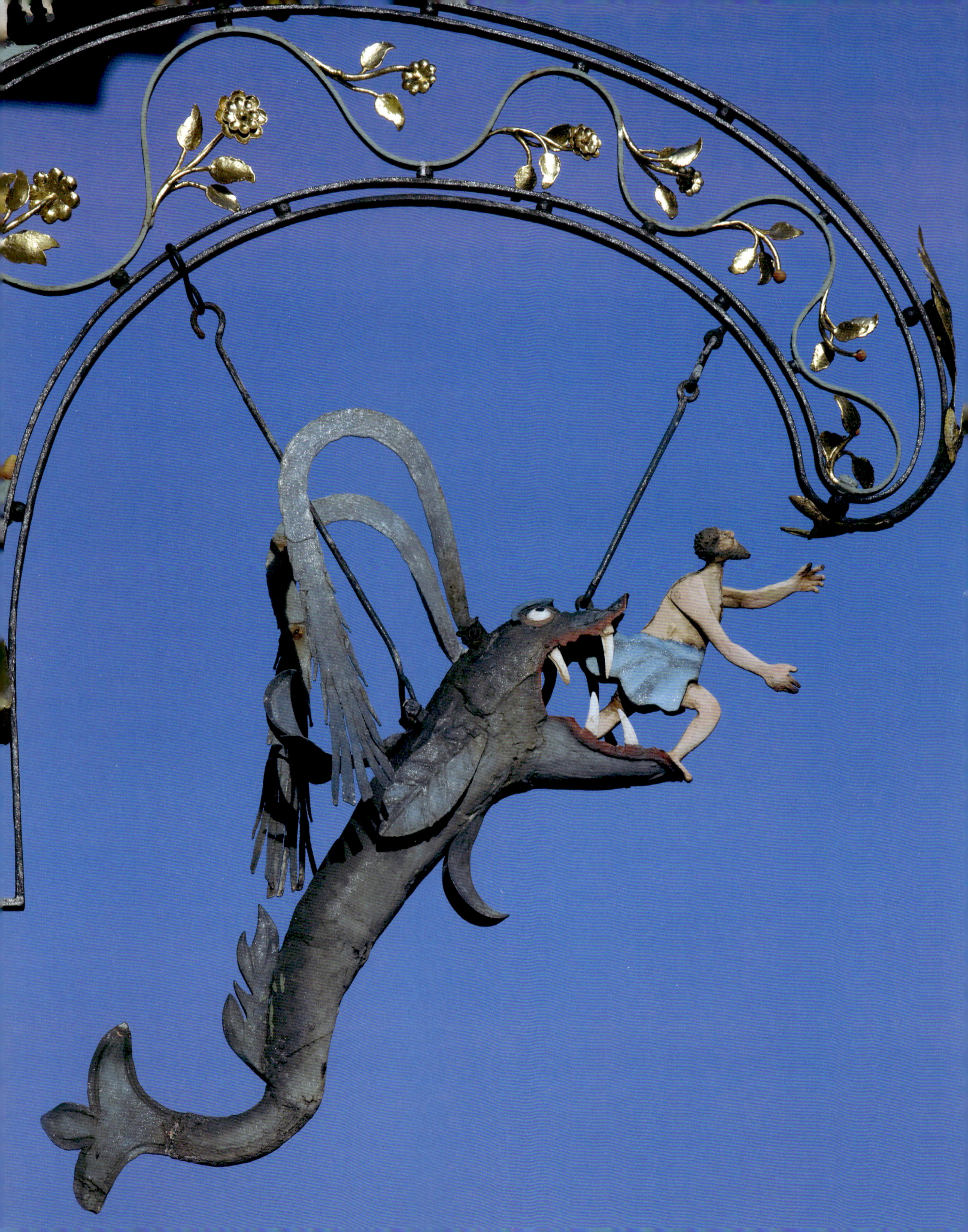

JONA UND DER WALFISCH

Schmiedearbeit · Unter den Schwibbögen 21

Pfarrvikar Martin Seiberl, Pfarrei St. Wolfgang

Die biblische Figur des Jona genießt Weltruhm. Aufgrund märchenhafter und fantastischer Erzählelemente ist das Buch Jona in der Kunst, vor allem aber auch innerhalb einer an Kinder gerichteten biblischen Literatur häufig vertreten. Den markantesten Eindruck der überschaubaren Erzählung hinterlässt wohl die Fischszene, die verschiedenste Spekulationen anregt, von welcher Art der Fisch sei, der Jona verschluckt haben soll. Obwohl der Text lediglich einen großen Fisch erwähnt, hat sich in vielen Bildern und Köpfen die Vorstellung eines Walfisches festgesetzt. Auch das klassizistische Wirtshausschild, das in Regensburg am Haus Unter den Schwibbögen 21 angebracht ist, folgt der Spur des Walfisches, ganz in Entsprechung zum einst dort vorzufindenden Gasthaus Zum Walfisch. Gleichwohl entscheidet sich der Schmied des Schildes für eine fantasievolle Interpretation und markiert mit der Szene des Ausspeiens einen Wendepunkt des Jona-Buches, dem eine erstaunliche Entwicklung der Figur des Jona vorausgeht.

Den Anfang der Erzählung setzt das Wort Gottes, das an Jona, einen Israeliten ergeht. Auf die Initiative Gottes hin soll sich Jona nach Ninive, ehemals die assyrische Hauptstadt, aufmachen und der Bevölkerung das Gericht Gottes ankündigen. Anlass ist die Schlechtigkeit der Stadt, derer Gott gewahr wird. Die Reaktion des Jona verwundert, denn anstatt die von Gott angetragene Funktion des Propheten wahrzunehmen, wählt Jona den Weg der Flucht. Dieses Vorhaben wird ins Extreme gesteigert, wenn der Ort Tarschisch als Ziel angegeben wird, denn damit ist ein Ort im äußersten Westen, nämlich Tartesus in Südspanien, gemeint. Geographisch bedeutet ein solches Reiseziel für den antiken Menschen das Ende der Welt. Die Ironie dieses Vorhabens, vor Gott zu fliehen, bleibt dem Leser nicht verborgen. So klingt das Motiv nach der Allgegenwart Gottes an, das auch schon den Psalmenbeter in ähnlicher Weise beschäftigt. Mithilfe einer rhetorischen Frage verweist dieser auf die Unmöglichkeit, sich mithilfe räumlicher Kategorien Gott zu entziehen: »Wohin kann ich gehen vor deinem Geist, wohin vor deinem Angesicht fliehen?« (Ps 139,7).

Es liegt deshalb nahe, die räumliche Bewegung des Jona als anschauliches Bild für eine innerliche Distanzierung zu verstehen, die der Mensch im Gegenüber zu Gott tatsächlich vollziehen kann. Das Jona-Buch bedient sich dafür nun weiterer Erzählelemente, welche die prekäre Entwicklung des Verhältnisses zwischen Jona und seinem Gott unterstreichen. Die räumliche Bewegung, die eine Flucht nach Tarschisch in horizontaler Weise maximal zum Ausdruck bringt, wird um eine vertikale Dimension erweitert. Mehrfach wird auf Abstiege angespielt, die Jona immer weiter in die Tiefe führen: Zum Hafen in Jafo geht er hinab und auf dem Schiff begibt er sich in den untersten Raum. Der letzte Abstieg erfolgt, nachdem das Schiff auf die Initiative Gottes hin in Seenot gerät. Im auffallenden Gegensatz zu den Seeleuten, die sich im Angesicht der Notsituation betend an ihren jeweiligen Gott wenden, schläft Jona. Obwohl der Kapitän Jona eindringlich darum bittet, er solle doch seinen Gott anrufen, bleibt Jona stumm. Die Mannschaft wirft daraufhin das Los, um herauszufinden, wer für das Unglück verantwortlich sei. Nachdem das Los auf Jona fällt, offenbart er ihnen sein Fluchtvorhaben und gibt somit die Ursache für die lebensbedrohliche Lage preis. In eigentümlicher Teilnahmslosigkeit macht er den Vorschlag, sie sollen ihn doch ins Meer werfen, damit sich der Sturm beruhige. Die Reaktion der Seeleute wird vorbildlich geschildert: Noch einmal versuchen sie mit aller Kraft das Schiff gen Land zu rudern. Als das nicht gelingt, bitten sie nun explizit den Gott Israels um Verzeihung dafür, Jona ins Meer werfen zu müssen. Zwischen den Seeleuten, die fortan als zum Gott Israels Bekehrte geschildert werden und dem in Hinblick auf sein Gottesverhältnis immer noch sprachlosen Jona ergibt sich ein aufschlussreicher Kontrast.

Endlich naht der Auftritt des großen Fisches, der den ins Meer geworfenen Jona verschlingt und hinab ins Herz des Meeres trägt. Die Erzählung schafft es hier auf spektakuläre Weise, diese äußerste vertikale Entfernung, in die sich ein Mensch zu Gott begeben kann, als ein Tod-Sein zu beschreiben. In der alttestamentlichen Vorstellungswelt steht das Wasser des Meeres für eine gefährliche und lebensbedrohliche Macht, die von Gott in ihre Schranken verwiesen wird. Beispielhaft lässt Gott im Siebentagewerk der Genesis das alles bedeckende Wasser zurückweichen, sodass ein trockener Lebensraum entstehen kann (Gen 1,9–10). Das zerstörerische Potential des Wassers wird ganz besonders in der Sintflutgeschichte ausgebreitet (Gen 6–9).

Vor diesem Hintergrund enthält die Fischepisode des Jona-Buches die Aussage, dass da einer nicht nur in die Tiefe und Dunkelheit des Meeres eintaucht, sondern eigentlich in den Bereich des Todes gelangt. Genau hier, nach drei Tagen und drei Nächten im Bauch des Fisches, erfolgt die Hinwendung zu Gott und läutet damit zugleich die Wende der Erzählung ein. Zum ersten Mal spricht Jona zu Gott und formuliert ein Gebet, das dem tieferen Verständnis der Fischepisode entspricht, da es die Rettung aus dem Tod zum Inhalt hat: »Doch du holtest mich lebendig aus dem Grab herauf, HERR, mein Gott« (Jona 2,7).

Die Formulierung des Gebetes im Perfekt macht das Vertrauen deutlich, dass sich plötzlich Bahn bricht, noch ehe Gott zur Rettung ansetzt.

Das Muster einer bis dahin zu verfolgenden Bewegung nach unten kehrt sich um und Jona wird vom Fisch an Land gespien. Erneut ergeht das Wort Gottes an Jona und der ursprünglich zugedachte Auftrag, dem Jona dieses Mal folgt, wird wiederholt.

Die Mehrdeutigkeit, die in der einzigartigen Erzählweise des Buches angelegt ist, lässt keinen Zweifel daran bestehen, dass es sich um eine lehrhafte Erzählung handelt, die ein fiktives Geschehen konstruiert. Insgesamt klingen im Jona-Buch viele Themen an, denen es sich nachzugehen lohnt. Die hier ausgeführten Gedanken nehmen in besonderer Weise das Gottesbild in den Blick, welches anhand des Geschicks der Jona-Figur entwickelt wird: Gerade dort, wo Jona, beziehungsweise der Mensch im Allgemeinen, in eigenwilliger Weise seinen Weg geht, begleitet ihn dennoch das Wirken Gottes. Der Wind, der den Sturm hervorruft, geht auf Gott zurück und auch der Fisch wird von Gott geschickt. Dem sich abwendenden, fliehenden, nicht antwortenden Jona bleibt Gott mit seinem Wirken unter allen Umständen zugewandt. Weder die horizontale noch die vertikale Bewegung des Jona, die auf eine zunehmende Distanzierung hinauslaufen, lassen Gott außen vor. Gerade die Vorstellung von Jona in den Wassern des Meeres, denkt die äußerste Distanzierung des Menschen von Gott in der Kategorie des Todes. Der von Gott gesandte Fisch wird inmitten des Todes zu einer Art Rettungsraum, sodass sich der Mensch gar im Tod umgriffen wissen darf.

Davon ausgehend verwundert es nicht, dass dieser Gedanke eines Gottes, der aus dem Tod zu retten vermag, die Fischepisode des Jona-Buches in die christliche Verkündigung hineinträgt. So greift der Evangelist Matthäus das Ergehen des Jona auf, um den Tod und die Auferstehung Jesu zu deuten: »Denn wie Jona drei Tage und drei Nächte im Bauch des Fisches war, so wird auch der Menschensohn drei Tage und drei Nächte im Schoß der Erde sein« (Mt 12,40).

Wichtiger als das Aussehen und die Art des Fisches ist also die Botschaft, für die er steht: Gott handelt immerzu am Menschen und rettet selbst aus den Untiefen des Todes!

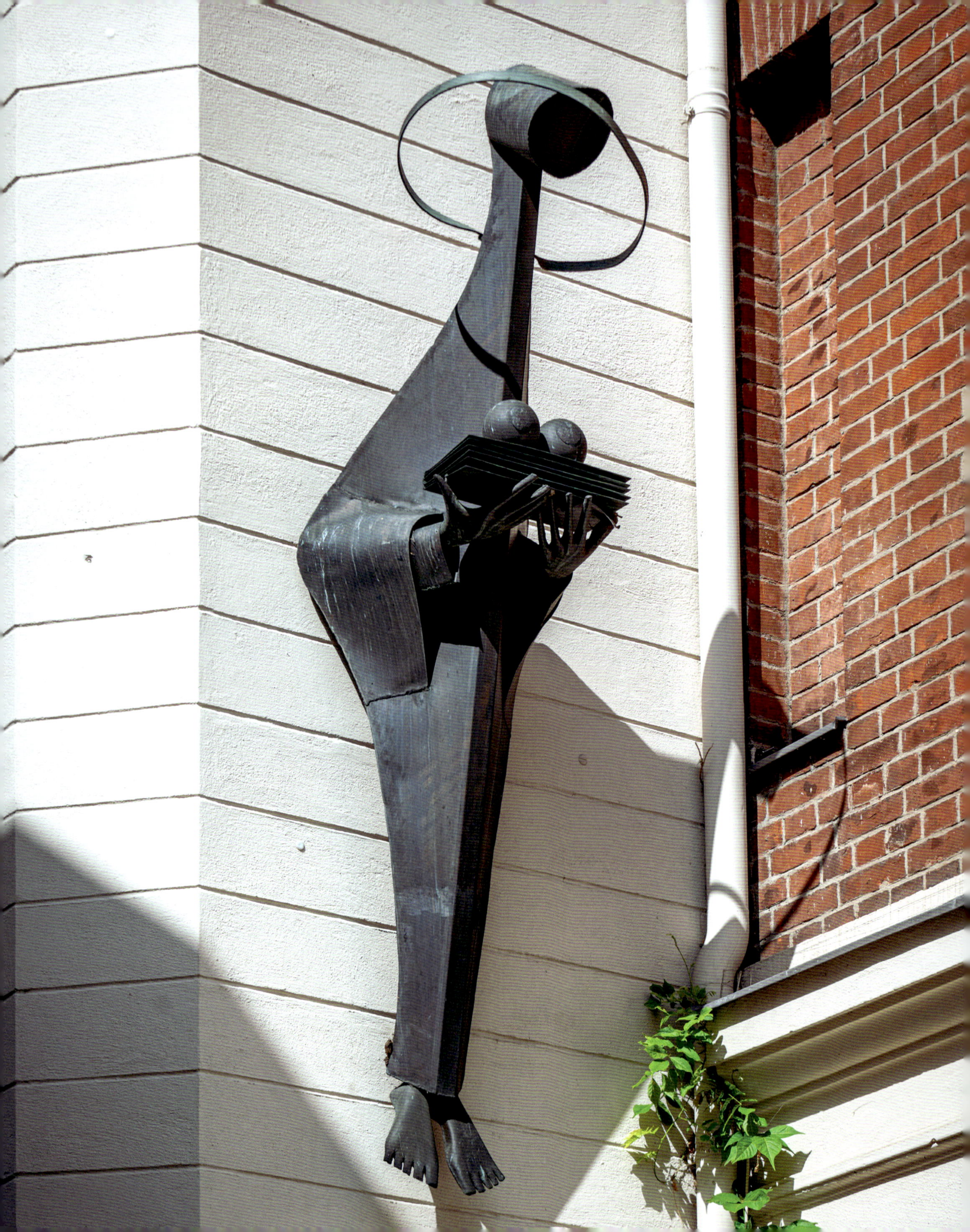

»ICH SEHE WAS, DAS DU NICHT SIEHST!« DIE HL. ODILIA

Bronze-Skulptur · Landshuter Straße 9

Pfarrer Dr. Christoph Seidl,
Diözesan-Beauftragter für Krankenhausseelsorge

Die heilige Odilia (660–ca. 720) wird im Elsass sehr verehrt, insbesondere an dem nach ihr benannten Odilienberg. Die Legende berichtet, dass ihr Vater, Herzog Eticho, seine blind geborene Tochter Odilia töten lassen wollte. Ihre Mutter Berswinde konnte sie aber retten und ließ sie durch eine Amme in das Kloster »Palma« – wohl das später Odilia geweihte Kloster in Baume-les-Dames am Fluss Doubs – bringen. Dort wurde Odilia, so heißt es, das Augenlicht geschenkt, als der Wanderbischof Erhard von Regensburg sie im Alter von zwölf Jahren taufte. Nach langen Jahren schwerer familiärer Spannungen besuchte Odilia den inzwischen schwerkranken Vater, der sich mit ihr versöhnen wollte; sie erhielt von ihm den Platz auf dem Mont Sainte-Odile, wo sie ihr Frauenkloster gründete und dessen erste Äbtissin wurde.

Die hl. Odilia wird aufgrund ihrer wunderbaren Heilung durch die Taufe als Patronin der Blinden und auch der Augenheilkunde verehrt. So ist ihr Platz am Haus der ehemaligen Augenklinik Dr. Klier in der Landshuter Straße zu erklären – mit dem Augenpaar in den Händen. Freilich kann man sich die Frage stellen, ob eine solche Legende für Menschen, die unter unheilbaren Augenerkrankungen leiden oder blind sind, nicht seltsam oder vielleicht sogar zynisch wirken könnte? Was kann denn die Taufe, also die Beziehung zu Jesus Christus, wirklich im Leben eines Menschen mit einer Sehbehinderung bewirken?

Mir hilft der Vergleich mit einem Kinderspiel weiter, mit dem ich als Kind z.B. lange Autofahrten besser bewältigen konnte: »Ich sehe was, das du nicht siehst – und das ist …« Es geht bei diesem Spiel nicht nur um Zeitvertreib, sondern auch um die Kunst, mehr oder genauer zu sehen, als auf den ersten Blick sichtbar scheint. In der Begegnung mit blinden Menschen ist mir schon manchmal ein Licht aufgegangen: sie entwickeln oft Fähigkeiten, über die ich nur staunen kann, sie finden sich im Alltag sehr gut zurecht und nehmen Dinge auf andere Weise viel besser und detaillierter wahr als ich mit meiner Sehkraft. Vielleicht gibt es so etwas wie ein inneres Licht, wodurch derart Gehandicapte mehr sehen können?

Ich denke an den Besuch in der Physiotherapiepraxis vor einigen Jahren zurück. Eine neue Mitarbeiterin empfängt mich sehr freundlich. Ich reiche ihr die Hand zur Begrüßung, aber sie erwidert nicht. »Vermutlich Hygienevorschriften!«, denke ich mir. Als wir im Behandlungsraum sind, sagt sie: »Sie haben vermutlich schon bemerkt, dass ich blind bin.« Ach so! Nein, hatte ich nicht bemerkt. Ich lege mich auf die Behandlungsbank und vertraue meinen Rücken ihren Händen an. Vorsichtig tastet sie Wirbel für Wirbel ab, streicht mit kunstvoll feinen Zügen über das ganze Areal und erklärt mir nach wenigen Augenblicken messerscharf, wo mein Problem liegt. Alle Achtung, denke ich mir – allein durch Fingerspitzengespür. Bewundernswert! Gleichzeitig ist mir natürlich klar, dass die junge Frau ihre Situation alles andere als bewundernswert empfinden mag. Sie erzählt mir, dass sie bis zum Alter von 11 Jahren gesehen hat, dann die Erkrankung. Ich stelle mir ihre Trauer darüber vor, so vieles nicht mehr in gleicher Weise erleben zu können, ihren Schmerz über manche Ausgrenzung. Und da gab und gibt es sicher auch immer wieder die Hoffnung, ob nicht noch ein Wunder geschehen könnte. Ein Wunder wie in der biblischen Geschichte vom blinden Bartimäus: Ein blinder Bettler, der am Straßenrand sitzt und erfährt, dass Jesus gerade vorbei geht, und daraufhin beginnt, ununterbrochen nach diesem Jesus zu rufen. Man regt sich auf über sein Geschrei und befiehlt ihm zu schweigen. Aber Jesus lässt ihn herrufen und fragt ihn: »Was willst du, dass ich dir tue?« Der Blinde antwortete: »Ich möchte sehen können« (Mk 10,51). Dieses »sehen können« heißt im griechischen Urtext: Ich möchte »aufblicken« können. Man könnte auch übersetzen: Ich möchte mein Gesicht wieder erhalten. Das meint so viel wie: Ich möchte nicht länger am Straßenrand sitzen und betteln, ich möchte wieder am Leben teilhaben und auch von den anderen gesehen, nicht übersehen werden.

Mein Gesicht wahren – das hat viel mit Würde zu tun. Im Lauf der Erzählung entdeckt Bartimäus seine Würde wieder! Das beginnt eigentlich schon damit, dass er sich laut bemerkbar macht, dass er nicht lockerlässt. Es geht weiter damit, als er vom Straßenrand in die Mitte, also zu Jesus geholt wird. Schluss mit der Ausgrenzung! Und schließlich mündet das Geschehen in der Zusage Jesu: »Geh, dein Glaube hat dich gerettet!« (Mk 10,52).

Glaube – das griechische Wort dafür lautet *pistis.* Da steckt ganz viel Vertrauen, Hoffnung, Zuversicht drin: sich nicht hängen lassen, sondern Mut haben. Eigentlich besteht genau darin das Wunder: im unerschütterlichen Vertrauen des Bartimäus, das ihm sein Gesicht wieder gibt.

Und meine Physiotherapeutin? Sie hat mir durch ihr Verhalten den Eindruck vermittelt, dass sie ihr Gesicht sehr wohl wieder gewonnen hat. Das bedeutet nicht, dass ihr Leben nicht auch oft eingeschränkter wäre. Aber es bedeutet, dass sie in Würde am Leben teilhat, dass sie ein Gesicht hat – und vielen Menschen viel Gutes tut trotz ihrer Einschränkung. Daher bewundere ich sie. Nicht alle Wünsche erfüllen sich im Leben, aber wenn sich trotz unerfüllter Wünsche neue Wege auftun, dann ist das in meinen Augen wunderbar!

»Ich sehe was, das du nicht siehst!« Bei diesen Worten denke ich mittlerweile an mehr als an ein Kinderspiel. Es gibt Menschen, die mehr sehen, anders hinsehen als ich. Das beginnt schon damit, wenn ich in der Supervision plötzlich Wege oder Lösungen zu sehen beginne, auf die ich vorher im Traum nicht gekommen wäre. Die Supervisorin schaut anders auf mein Thema, weil sie nicht involviert ist. Nicht selten erfahre ich auch bei einem Arztbesuch, dass mir Zusammenhänge zwischen meiner Lebensgestaltung und diversen körperlichen Symptomen bewusstwerden, vor denen ich bis dahin nur hilflos resignieren wollte. Als Seelsorger erlebe ich es selbst manchmal ganz erstaunlich, dass allein durch mein Zuhören oder meine Art zu fragen meinem Gegenüber eine Idee kommt oder ein Licht aufgeht, wie eine schwierige Situation zu meistern sein könnte. Ich persönlich erkenne darin tatsächlich das Wirken des Gottesgeistes, der dazu verhilft, Wege zu finden und Lösungen zu erkennen. Er verhilft dazu, etwas zu sehen, was ich bisher nicht gesehen habe – oder was andere mit ihrer eingeschränkten Perspektive nicht sehen können.

Heilungen im Neuen Testament sind Beziehungsgeschehen zwischen einem erkrankten Menschen und Jesus. Und Jesus will durch seine Heilungen Menschen näher zu Gott führen. Wenn die Beziehung gelingt – und das wäre an sich der Grundgedanke bei der Taufe! – dann sehen Menschen mehr als zuvor. Wenn mich die Legende der hl. Odilia näher zu Gott bringt, dann kann es wunderbar in meinem Leben weitergehen, wenn auch mit Einschränkungen. Mir hilft manchmal die Erinnerung an Menschen wie die blinde Physiotherapeutin, die ihr Leben so gut meistert. Sie hilft mir, wenn ich grade am Jammern bin über so manche Widrigkeit im Leben. Manchmal ist es ein guter Freund oder eine gute Freundin, die mir helfen durch ein ehrliches »Ich sehe was, das du nicht siehst.« Komm, ich gehe ein Stück mit dir! Komm, ich begleite dich beim nächsten schweren Schritt. Komm, wir suchen gemeinsam nach einer Lösung, denn es wird sicher eine geben. Solche Ermutigungen finde ich wirklich wunderbar!

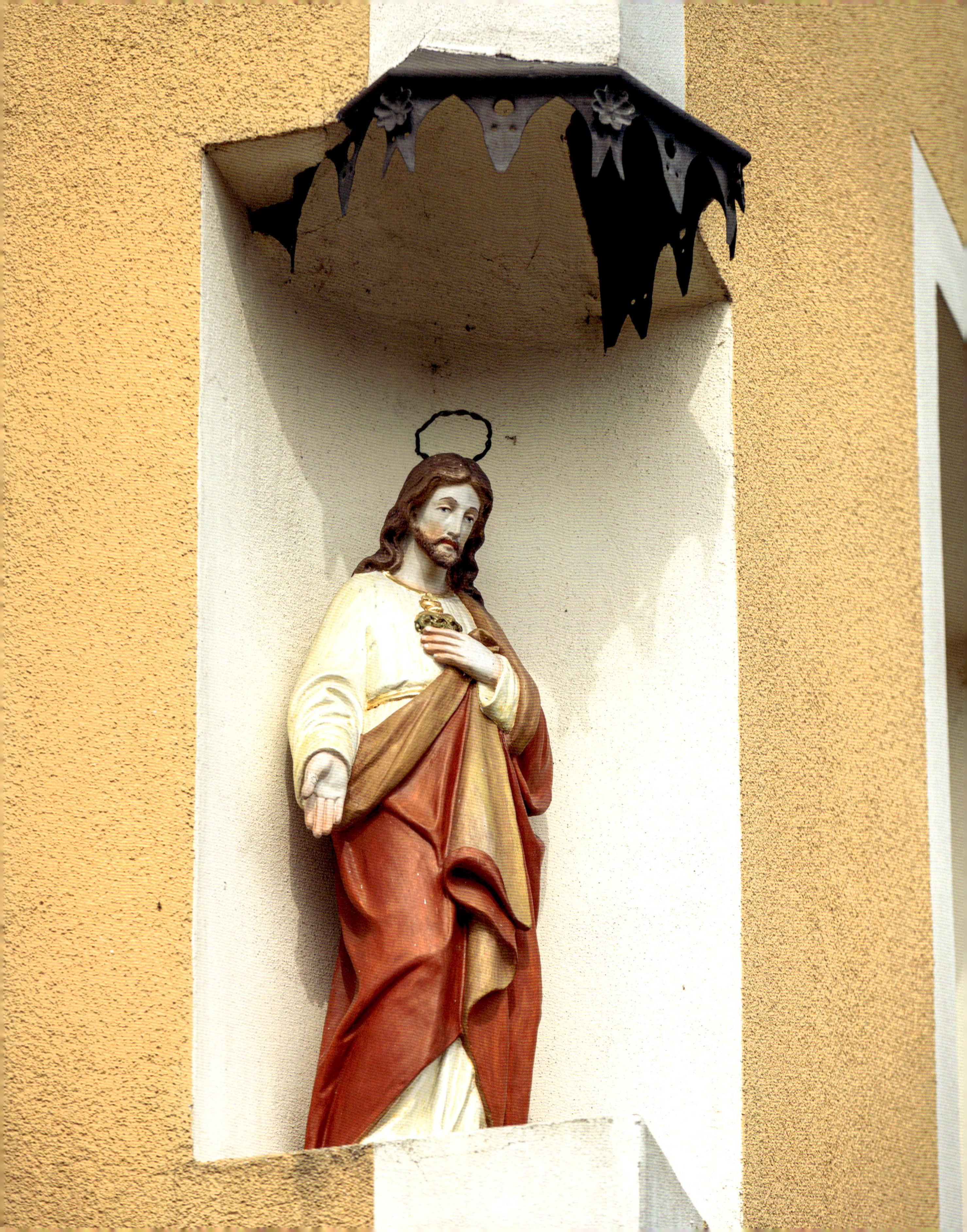

HERZ-JESU-FRÖMMIGKEIT

Herz-Jesu-Figur · Gips · Reinhausen · Amberger Straße 26

Dr. Adolfine Treiber, Regensburg

Reinhausen, vor der Eingemeindung nach Regensburg im Jahr 1924 mit 5000 Einwohnern das größte Dorf der Oberpfalz, zwischen dem Regen und dem nördlichen Arm der Donau gelegen, weist in seinen ältesten Teilen die typische Bauweise ländlicher Häuser um 1800 mit den meist abgewandten Walmgiebeln auf. In der Amberger Straße kann man bis heute noch öfter christliche Hauszeichen in kleinen Nischen an den Gebäuden finden, wobei es sich meist um Mariendarstellungen handelt.

Das Haus Amberger Straße 26 bildet hier eine Ausnahme. Der Bau des 1901 auf alten Fundamenten errichteten Gebäudes weist Stilelemente auf, wie sie bei der von 1906 bis 1908 von dem Architekten Heinrich Hauberrisser erbauten, heutigen Pfarrkirche St. Josef und anderen kirchlichen Bauten in Reinhausen anzutreffen sind. Der kirchliche Bezug wird aber vor allem durch das Giebelkreuz über dem Eingangstrakt und die in etwa drei Meter Höhe am südöstlichen Eckpfeiler des Hauses angebrachte Herz-Jesu-Statue deutlich. Durch eine ungewöhnliche Unterbrechung des Pfeilers entstand hier eine Nische, in der die etwa 80 Zentimeter große Figur Platz findet. Die Darstellung geht auf die Offenbarungen Jesu zurück, von denen die erste vor genau 350 Jahren (29.12.1673) der hl. Schwester Margareta Maria Alacoque (1647–1690) im Kloster der Heimsuchung in Paray-le-Monial zuteilwurde und bei der sie das von Liebe entflammte Herz-Jesu sah. Die Hausstatue weist diesen ikonographischen Grundtypus auf: Während die Rechte Christi im Segensgestus geöffnet ist, rafft die Linke den roten königlichen Mantel vor der Brust und weist auf das von Liebe entflammte, von Dornen umwundene Herz, aus dem das strahlende Kreuz hervorwächst. Der schlichte Nimbus aus geflochtenem Draht dürfte aus späterer Zeit stammen. Original ist dagegen die obere Einfassung der Nische mit einem verzierten Kranz aus Kupferblech, der eine Art Baldachin bildet.

Wenn die Ikonographie der Herz-Jesu-Statue am Haus Nr. 26 auch auf die Darstellungsweise, wie sie nach den Visionen an die Schwester Margareta Maria Alacoque üblich wurde, zurückgeht, so bedeutet dies nicht, dass sich die Herz-Jesu-Verehrung[31] in der Kirche erst von da an entwickelt hat. In Wirklichkeit ist sie so alt wie das Christentum selbst. Sie begann in dem Augenblick, als der Soldat die Seite des gekreuzigten Herrn mit einer Lanze öffnete. Aber schon im Alten Testament ist 26-mal vom Herzen Gottes die Rede, besonders eindrucksvoll im 11. Kapitel des Buches Hosea, wo es heißt: »Mein Herz wendet sich gegen mich, heftig entbrannt ist mein Mitleid!« Am Hochfest des Heiligsten Herzens Jesu stellt uns die Kirche mit diesem Text das Geheimnis des Herzens eines Gottes vor, der Mitleid empfindet und der die Menschheit mit seiner grenzenlosen Liebe überflutet; der auch nicht aufgibt angesichts der Undankbarkeit und Ablehnung; im Gegenteil, er sendet seinen Sohn, damit er die Macht des Bösen und des Todes besiegen und so den Menschen, die von der Sünde zu Knechten gemacht sind, die Würde von Kindern Gottes zurückerstatten kann.

Die patristische Theologie wurde im frühen Mittelalter durch ihre Aussage vom Gnadenquell aus der Seitenwunde Christi zur Grundlage einer weit verbreiteten Andacht zum Herzen Jesu. Die deutsche Mystik hat das patristische Erbgut vollends in die Sprache und Frömmigkeit des Mittelalters umgeprägt und kann als die fruchtbarste Periode der Herz-Jesu-Verehrung bezeichnet werden. Dem raschen Niedergang der Herz-Jesu-Mystik folgte im Zusammenhang mit den allgemeinen Reformbestrebungen seit dem 15. Jahrhundert eine Erneuerung und weitere Verbreitung, die vor allem in den zahlreichen Herz-Jesu-Bruderschaften gepflegt wurde. Diese private Andachtsform drängte seit dem Mittelalter zur öffentlichen und liturgischen Feier. Einem Zeitgenossen der hl. Margarete Alacoque, dem hl. Johannes Eudes (1601–1680) ist es zu verdanken, dass dieses Anliegen zunächst in Frankreich aufgegriffen wurde. Papst Pius X. bezeichnete ihn daher bei seiner Seligsprechung 1909 als »Vater, Lehrer und Apostel der liturgischen Verehrung der Herzen Jesu und Mariens«. Unter denen, welche die Herz-Jesu-Verehrung gefördert haben, nimmt aber Margarete Alacoque sicher den ersten Platz ein. Von den Jesuiten dabei unterstützt, sollte es dennoch bis zum Jahr 1856 dauern, bis Papst Pius IX. das Herz-Jesu-Fest in der Oktav des Fronleichnamsfestes auf die ganze Kirche festlegte.

Einen Höhepunkt der Verehrung stellte die Weltweihe an das Heiligste Herz Jesu durch Papst Leo XIII. dar, der zur Vorbereitung auf das Heilige Jahr 1900 in seiner Enzyklika »Annum sacrum« (vom 25. Mai 1899) die Weihe aller Menschen an das »Hochheilige Herz-Jesu« ankündigte. Er begründete diesen Schritt mit der Herrschaft Jesu Christi, dem der Vater alle Macht im Himmel und auf Erden gegeben habe und der diese Herrschaft durch Wahrheit, Gerechtigkeit und vor allem durch seine Liebe ausübe. Im Herzen Jesu habe er uns ein Symbol dieser Liebe geschenkt. Der Anblick dieses Herzens möge die Menschen bewegen, sich Jesus Christus ganz hinzugeben, sich ihm zu weihen. Diesem Wunsch und der Bitte des Heiligen Vaters entsprach der damalige Regensburger Bischof Ignatius von Senestrey (1858–1906) mit einem Rundschreiben vom 1. Juni 1899 (Fronleichnamsfest) an den Klerus und an alle Gläubigen des Bistums, wo er folgende Anordnungen traf:

Der Herz-Jesu-Freitag (erste Freitag eines jeden Monats) ist in allen Pfarreien und Kirchen so zu halten, dass nach der Hauptmesse die Herz-Jesu-Litanei und das vorgeschriebene Weihegebet mit den Gläubigen verrichtet werde. Es wird gestattet, dass dabei das Allerheiligste ausgesetzt und am Schluss der sakramentale Segen gegeben werden kann.

Im Monat Juni, der dem Herzen Jesu ohnehin geweiht ist, sollen diese Andachten nicht nur am ersten Freitag, sondern an jedem Freitag und an den Sonn- und Feiertagen gehalten werden.

Allen Vorständen der bischöflichen Seminare, den Rektoren und Professoren und Religionslehrern, den Präsides der katholischen Vereine und den Oberen der Klöster wird dringend empfohlen, diese Anordnungen umzusetzen, um damit den Gläubigen auch die Möglichkeit zu geben, die in Verbindung mit der Übung der Andacht von der Ritenkongregation gewährten Ablässe zu gewinnen.

Am Schluss des Rundschreibens äußert der Oberhirte die Hoffnung, dass die Gläubigen überall die Andacht zum Heiligsten Herzen des Erlösers mit neuem Eifer aufnehmen und fortsetzen.

Die Erbauer des Hauses in der Amberger Straße 26 haben dieser Hoffnung in besonderer Weise entsprochen, indem sie so kurz nach der von Papst Leo XIII. vollzogenen Weltweihe durch die Anbringung der schlichten Herz-Jesu-Statue an ein Wort dieses Papstes erinnern wollten: »Auf das Herz des Erlösers müssen wir alle unsere Hoffnung setzen; von ihm müssen wir das Heil der Menschheit erbitten und erwarten.«
Für dieses Glaubenszeugnis sollten wir ihnen auch heute dankbar sein.

Gib dir also Mühe, das gütigste, liebreichste, erbarmungsvollste Herz unseres Herrn Jesus Christus eifrig zu verehren. Denn es ist die Schatzkammer aller Gnaden und die Pforte, durch die wir zu Gott kommen und Gott zu uns«

(Justus Landsberger, Kartäuser in Köln, gest. 1539).

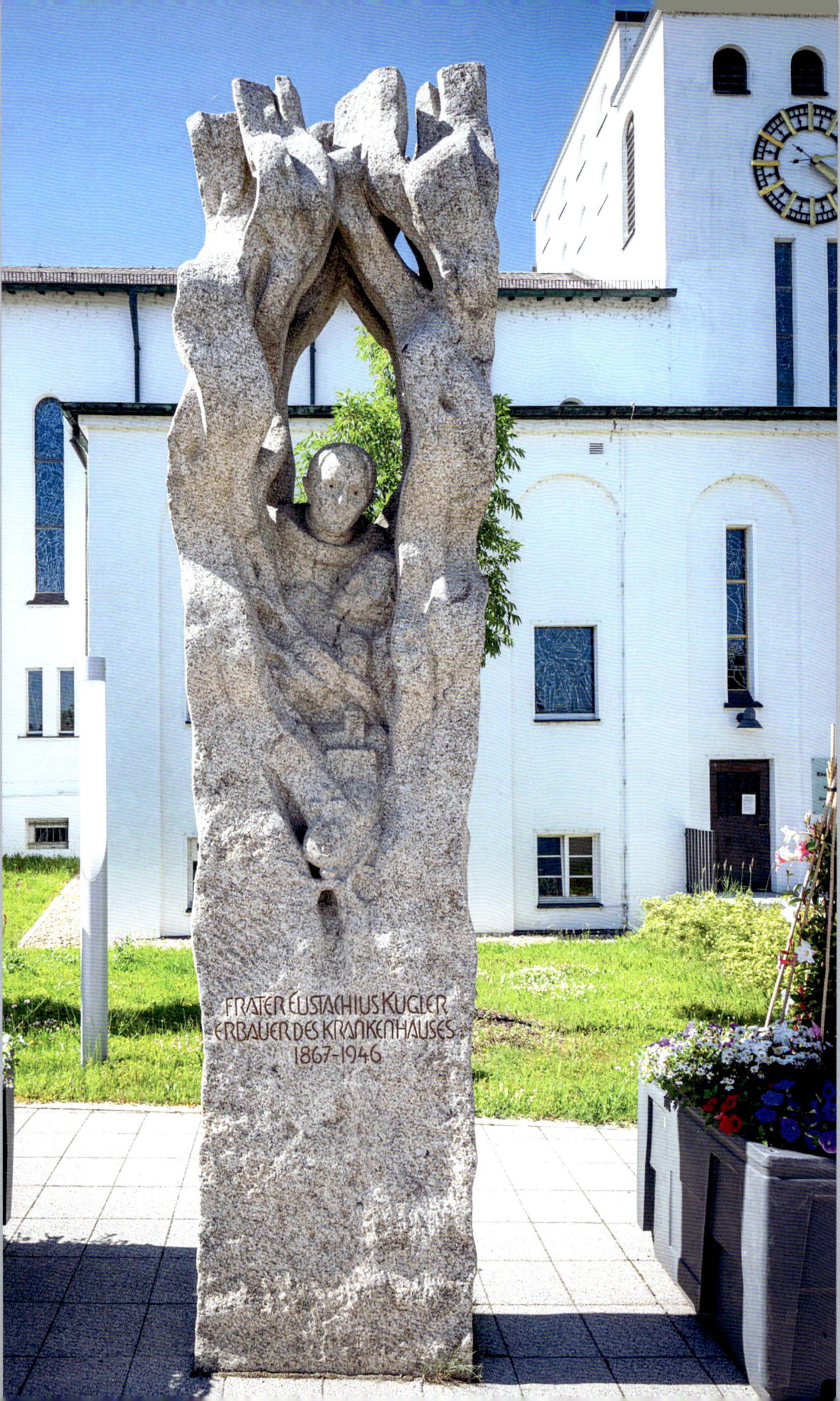
FRATER EUSTACHIUS KUGLER
ERBAUER DES KRANKENHAUSES
1867–1946

PATRON DER KRANKEN – SEL. EUSTACHIUS KUGLER

Granitmonument · Krankenhaus der Barmherzigen Brüder Vorplatz · Prüfeninger Straße 86

Frater Thomas Väth OH, Prior des Klosters der Barmherzigen Brüder

Groß, hart, kernig und gleichzeitig eher verborgen im Hintergrund, ja demütig. Diese Beschreibung passt sowohl auf die vier Meter hohe Stele aus Oberpfälzer Granit vor dem Krankenhaus der Barmherzigen Brüder in Regensburg als auch auf Frater Eustachius Kugler selbst, den Erbauer dieses Krankenhauses. Mit ihm ist ein Kranker, die Krankenhauskirche und ein Granatapfel mit Kreuz zu sehen.

Die Kirche: Gottesraum und Raum Gottes – Raum des gemeinsamen Betens.
Der Granatapfel: Symbol für das Leben und die sich-verschwenderisch-verschenkende Liebe.
Das Kreuz: Symbol der Hoffnung und Zeichen des Christen, des christlichen Glaubens.
Der Granatapfel mit Kreuz: Leben und Liebe vereint mit Hoffnung und Glaube – das Wappen des Ordens der Barmherzigen Brüder.

Aus Glauben dem Kranken in Liebe begegnen, Hoffnung auf Leben wecken und Raum geben. Wie der Granatapfelbaum im Boden verwurzelt und nach oben in den Himmel wächst, oder der Längsbalken des Kreuzes Himmel und Erde verbindet, so öffnet sich die Stele wellenförmig nach oben und verbindet Irdisches und Himmlisches.

Der Blick des Kranken zu Frater Eustachius nach oben ist gleichzeitig ein Blick in den Himmel. Der Blick von Eustachius Kugler nach unten wirkt so, als ob er kurz den Blick von dem Kranken nimmt und zur Erde blickt, zu uns, den Kontakt mit dem Kranken und dem Boden nicht verlierend in Verbindung mit dem Himmel.

Im Kontakt mit dem Kranken blickt Frater Eustachius in die Welt. Er sieht die Menschen mit ihren Sorgen und Nöten. Er nimmt dies mit in sein Gebet und sucht mit Gott nach Lösungen.

Als er in der Wirtschaftskrise der 1920er Jahre – gegen Widerstände von Regensburger Bürgern – den Bau des Krankenhauses hier an dieser Stelle durchfocht und seine Mitbrüder ihn vor dem finanziellen Risiko warnten, antwortete er: »Das habe ich mit meinem Herrgott schon abgemacht. Da fehlt nichts.«

Seine Entschlossenheit und sein Gottvertrauen waren hart wir Oberpfälzer Granit. Aber wie an der 1996 vom Bildhauer Günter Mauermann aufgestellten Stele die Erosion nicht spurlos vorübergegangen ist und sie etwas verwaschen wirkt, so ging auch an Frater Eustachius das Leben nicht spurlos vorüber. Vor allem die Zwangs-Deportation und Ermordung von über 1.700 Menschen mit Behinderung aus den ordenseigenen Einrichtungen im Nazi-Deutschland, die er und seine Mitbrüder nicht verhindern konnten, lasteten schwer auf ihm. Und doch strahlte er immer eine gewisse Ruhe aus, so auch in den rund 30 langwierigen Gestapo-Verhören, die er über sich ergehen lassen musste.

Er blieb sich und seinem Glauben treu. Als Adolf Hitler hier an der Prüfeninger Straße vorbeifuhr und sich Brüder an die Fenster stellten, um ihn und den Volksauflauf zu sehen, deutete Frater Eustachius auf die Kirche und sagte nur einen Satz: »Dort drinnen ist unser Führer.«

Er verlor nie den Blick für das Wesentliche. Oft ging sein Blick weiter, als seine Mitmenschen sehen konnten. Sein Blick war offen für die Kranken, Ausgegrenzten und Leidenden. Er sah die Menschen und das Not-wendige. Und so sieht er auch jetzt mich an, wenn ich vor diesem Denkmal stehe und in die tiefen Augen blicke.

DER SCHNELLSTE UND LEICHTESTE WEG
IST DER WEG DER LIEBE.
ALLES AUS LIEBE ZU GOTT.

(Sel. Eustachius Kugler)

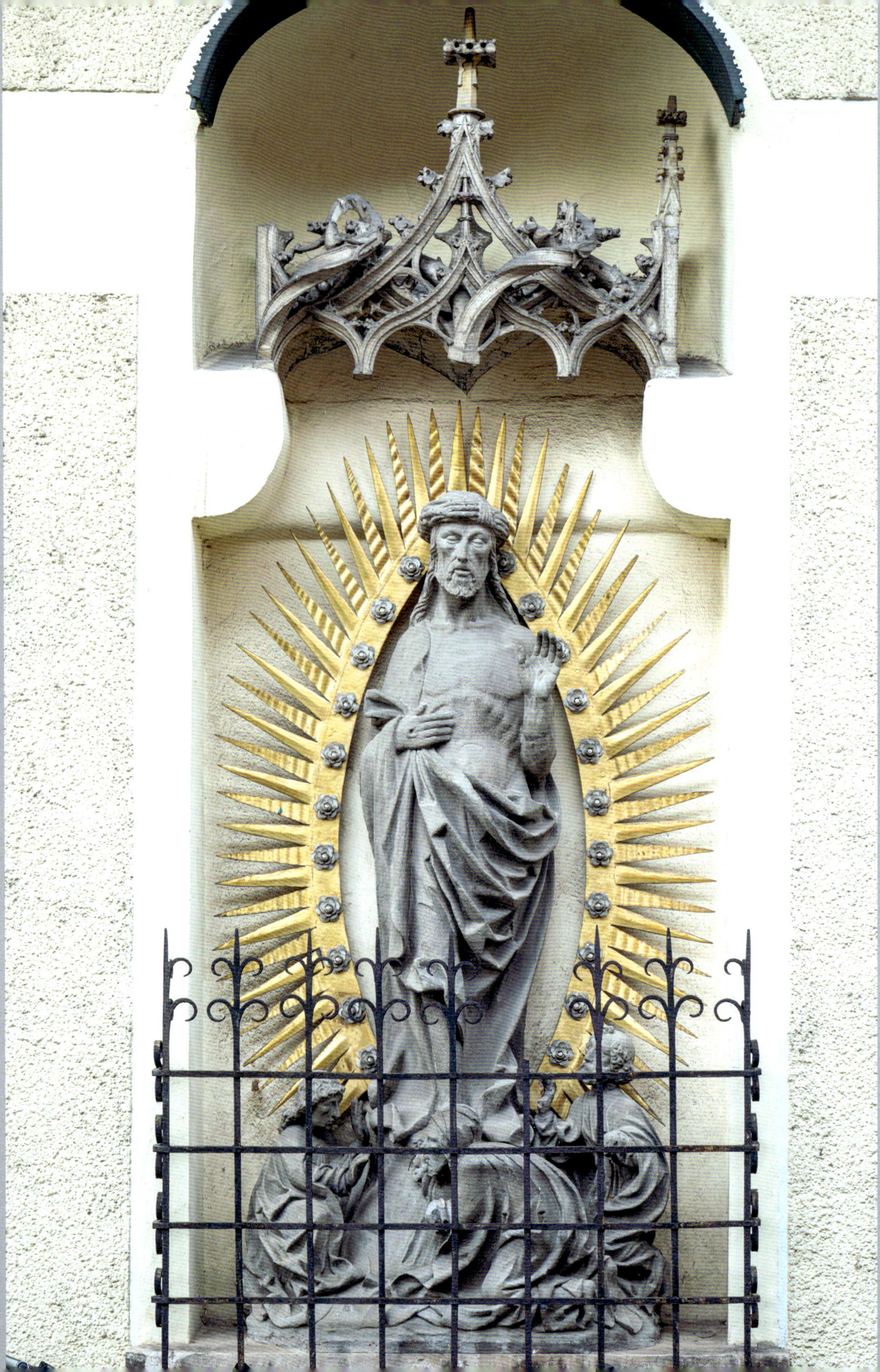

VERKLÄRUNG CHRISTI – JESUS ALS LEIDENSMANN MIT APOSTELN

Skulptur · Steinweg 1

Dr. Rudolf Voderholzer, Bischof von Regensburg

Etwas abseits von den Hauptstraßen und durch den in den 1970er-Jahren gebauten Rhein-Main-Donau-Kanal zusätzlich etwas abgeschnitten liegt das Gebäude des ehemaligen Stadtamhofer Waisenhauses St. Peter (erbaut 1737). An der östlichen, zum Steinweg hin ausgerichteten Stirnseite werden wir von einer beachtlichen spätgotischen Figurengruppe unter einem gotischen Maßwerk-Baldachin überrascht.[32] Das Ensemble erhebt sich vom fensterlosen Erdgeschoss bis ins erste Stockwerk. Es ist von einem metallenen Dach von oben und durch einen schmiedeeisernen Zaun von der Straße her geschützt. Im 19. Jahrhundert wurde diese Kopie angefertigt und installiert (vgl. Josef Kreiml, Maria Baumann, Achim Dittrich (Hg.), Hausmadonnen und Mariendarstellungen in den Straßen von Regensburg [= Regensburger Marianische Beiträge, Bd. 3], Regensburg 2022, 262). Das Original stammt aus der so genannten »Weintingerkapelle« in der Minoritenkirche, die mitsamt dem ehemaligen Konventgebäude heute zum Stadtmuseum Regensburg gehören.

Es handelt sich um eine außerordentlich bemerkenswerte und originelle Interpretation der Verklärung Christi, wie sie in den synoptischen Evangelien berichtet wird (Mk 9,2–10; Mt 17,1–9; Lk 9,28–36). Die Verklärungsszene steht etwa in der Mitte der Evangeliumsberichte, sie verknüpft das Ende der öffentlichen Verkündigung Jesu mit dem Beginn seines Kreuzweges, sie verbindet die Themen »Tod« und »Auferstehung« ebenso wie »Altes und Neues Testament«, Gebet und Nachfolge. Man könnte es sogar als ein Kompendium des ganzen Evangeliums bezeichnen.

Jesus nimmt drei ausgewählte Jünger, Petrus, Jakobus und Johannes (dieselben, die ihn am Ölberg zum Gebet in der Todesangst begleiten werden) mit auf einen hohen Berg. Die Tradition der Kirche identifiziert diesen Berg mit dem Tabor, der sich mächtig über der Jesreel-Ebene im Süden Galiläas erhebt. Auf dem Gipfel wird er »verwandelt«, in strahlend weißes Licht gehüllt, und die Stimme des Vaters aus dem Himmel bezeugt ihn als seinen »geliebten Sohn«. Mose und Elija, die bedeutendsten Repräsentanten des Alten Bundes, bezeugen ihn als die Erfüllung von Gesetz und Propheten. Gemäß dem Lukas-Evangelium sprechen sie mit Jesus über sein »Ende, das sich in Jerusalem vollenden« sollte, d.h. über seinen bevorstehenden Kreuzestod und die Auferstehung. Die Jünger aber verstehen nicht. Petrus schlägt aus Verlegenheit vor, drei Hütten zu bauen. Beim Abstieg vom Berg verbietet ihnen Jesus, von ihrem Erlebnis zu berichten, »ehe er nicht von den Toten auferstanden ist«.

Die Steinskulptur am ehemaligen Waisenhaus in Stadtamhof unterstreicht diesen Charakter der Zusammenfassung der neutestamentlichen Botschaft dadurch, dass sie den verklärten Herrn mit den Wundmalen der Kreuzigung darstellt und somit als den österlich-auferstandenen.

Mit dieser liebevoll gestalteten Figurengruppe begegnet uns mitten im Alltag ein starkes Hoffnungszeichen: Der am Kreuz Erhöhte hat die Macht des Todes gebrochen! Am Beginn seines Kreuzweges wird dem Herrn und seinen Jüngern eine Erfahrung vollkommener Klarheit und ungetrübten Lichtes geschenkt. Sie gibt Kraft und Zuversicht, alle Mühen und Beschwernisse des oft grauen Alltags, auch alle Widerstände, die sich der Verkündigung des Reiches Gottes entgegenstellen, zu tragen und nicht daran zu zerbrechen. Die geistliche Tradition spricht von »Taborstunden«, Momenten der Erfahrung unbedingten Gutseins von Leben und Welt, oft nur kurze Augenblicke, die freilich die Kreuzwege des je eigenen Lebens im Blick auf Christus und im Vertrauen auf sein Mitgehen bestehen lassen. Im Osterlied »Das ist der Tag, den Gott gemacht« heißt es in der zweiten Strophe: »Verklärt ist alles Leid der Welt, des Todes Dunkel ist erhellt. Der Herr erstand in Gottes Macht, hat neues Leben uns gebracht« (Gotteslob 329).

›WÄHREND ER BETETE, VERWANDELTE SICH DAS AUSSEHEN SEINES GESICHTS UND SEIN GEWAND BLITZTE WEISS AUF‹ … DIE VERKLÄRUNG IST EIN GEBETSEREIGNIS; ES WIRD SICHTBAR, WAS IM REDEN JESU MIT DEM VATER GESCHIEHT: DIE INNERSTE DURCHDRINGUNG SEINES SEINS MIT GOTT, DIE REINES LICHT WIRD. IN SEINEM EINS-SEIN MIT DEM VATER IST JESUS SELBST LICHT VOM LICHT. WAS ER ZUINNERST IST UND WAS PETRUS IN SEINEM BEKENNTNIS ZU SAGEN VERSUCHT HATTE – DAS WIRD IN DIESEM AUGENBLICK AUCH SINNLICH WAHRNEHMBAR: JESU SEIN IM LICHT GOTTES, SEIN EIGENES LICHTSEIN ALS SOHN.

(Joseph Ratzinger/Benedikt XVI., Jesus von Nazareth. Erster Teil. Von der Taufe im Jordan bis zur Verklärung, Freiburg u. a. 2007, S. 357–358)

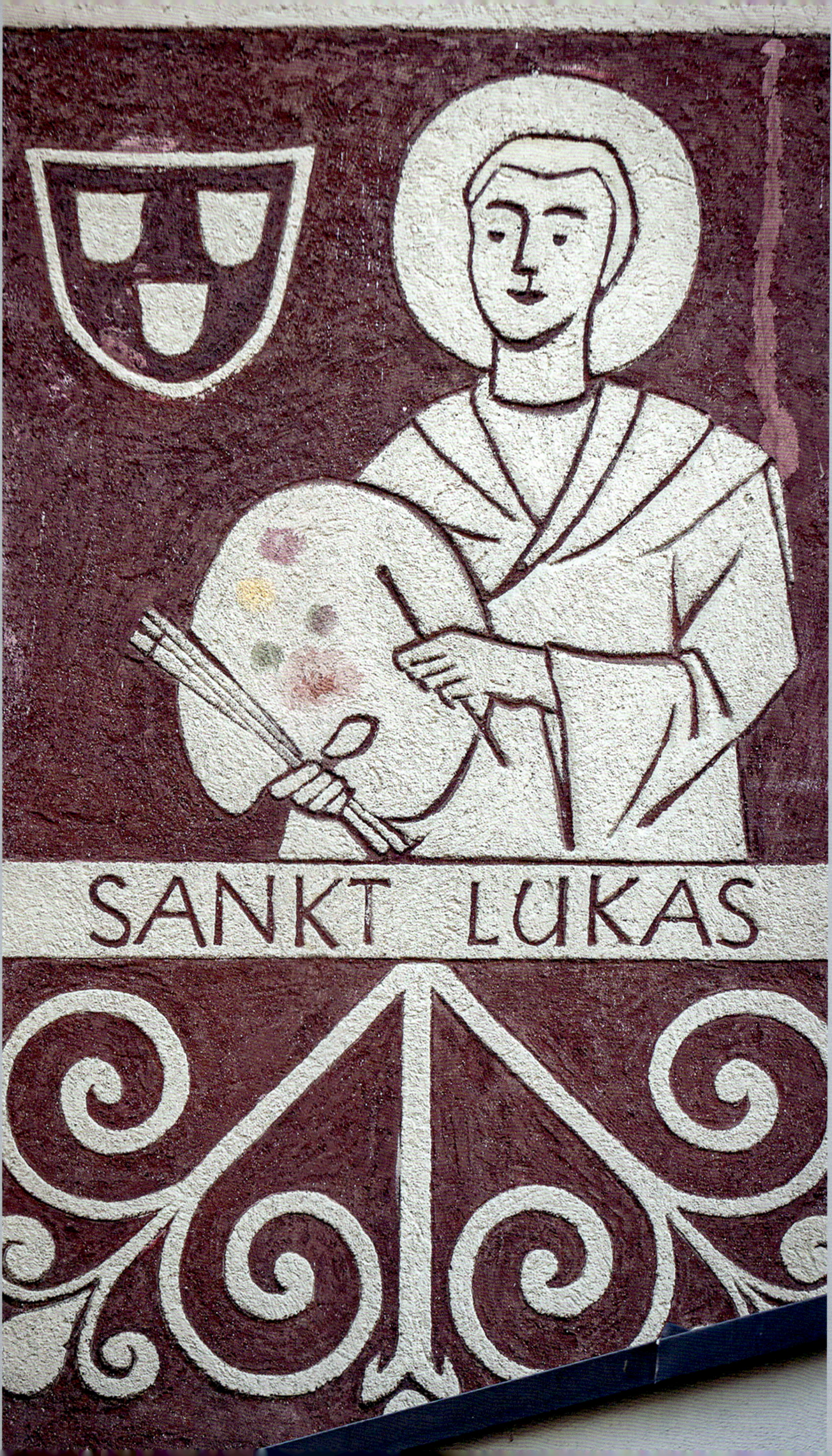
SANKT LUKAS

SANKT LUKAS, DER MALER

Fassadenmalerei in Zinnober · Stahlzwingerweg 3

Prof. Dr. Hans-Ulrich Weidemann, Professor für Neues Testament am Seminar für Katholische Theologie der Philosophischen Fakultät der Universität Siegen, Dozent am Bischöflichen Rudolphium Regensburg

Künstlerisch wertvoll ist es nicht, nicht einmal schön, das Lukasbild im Stahlzwingerweg in Regenburg. »Sankt Lukas« ist hier dargestellt als Maler mit Mischpalette, Pinseln und Malstock. Zunächst stutzt man: Der Verfasser des nach ihm benannten Evangeliums und der Apostelgeschichte, den man schon früh mit »Lukas, dem geliebten Arzt« und Paulusbegleiter von Kol 4,14 (vgl. Phlm 24 und 2 Tim 4,10–11) identifiziert hat, als Maler?

Ersten Aufschluss gibt das Künstlerwappen oben links: Es ist das typische Zunftwappen der Malergilden. Das große rote Wappen, das drei kleine weiße Schilde (vielleicht auch Farbentöpfchen) umschließt, ist seit der Mitte des 14. Jahrhunderts als Berufswappen von Malern (damals »Schilderer« oder »Schildener« genannt) belegt. Die Farben rot und weiß unseres Lukasbildes sind also keineswegs Zufall, sondern stehen in direktem Zusammenhang mit dem Portrait und dem Gildewappen. Wir haben also ein Bild des heiligen Lukas als Patron der Gilden und Bruderschaften der Maler vor uns – die darum seit dem Mittelalter auch »Lukasgilden« hießen.

Aber wann wurde aus dem Evangelisten und Arzt ein Maler? Und was soll er gemalt habe? Mindestens bis ins 6. Jh. findet sich auch in den legendarischen Entfaltungen seiner Biographie nicht der kleinste Hinweis darauf. Und die früheste Erwähnung eines von Lukas gemalten Marienbildes durch Theodorus Lector (um 530) ist vermutlich ein späterer Zusatz aus dem 14. Jh. Sicheren Boden betreten wir erst im 8. Jh. bei Andreas von Kreta (ca. 726). Dieser behauptet in seinem Fragment »Über die Verehrung der heiligen Ikonen«, dass alle Zeitgenossen des Evangelisten und Apostels Lukas sagten, er habe »mit seinen eigenen Händen sowohl den fleischgewordenen Christus selbst als auch seine allreine Mutter portraitiert (*zōgraphēsai*).« Andreas fügt hinzu, dass diese Ikonen in Rom und Jerusalem aufbewahrt werden (PG 97, 1304C).

Dieser Text ist auch deswegen interessant, weil Andreas hier eine Reihe von Beweisen (*hypodeigmata*) dafür anführt, dass die Verehrung der heiligen Ikonen aus alter

Überlieferung stammt: Andreas nennt zunächst die Abgarlegende, laut der Christus selbst sein Bild an den syrischen König gesandt haben soll. Dann folgt die »nicht von Menschenhand gemachte Ikone« der Gottesmutter von Lydda. Die von Lukas gemalten Bilder Christi und seiner Mutter sind der dritte Beweis. Wo auch immer die Legende von Lukas dem Maler ihren Ursprung hat, der byzantinische Bilderstreit im 8./9. Jh. wirkte als mächtiger Katalysator. Denn in der Auseinandersetzung um die Ikonenverehrung war ein Evangelist, der mit eigener Hand Ikonen von Christus und Maria schuf, ein unwiderlegbares Argument. Ab dem 10. Jh. wird Lukas im Osten auch in den liturgischen Texten zu seinem Fest am 18. Oktober als Maler der Madonna präsentiert. Im Westen dauert das noch etwas. In der Legenda aurea des Jakob von Voragine (12. Jh.) ist im Lukaskapitel noch keine Rede von Lukas dem Maler. Allerdings wird bei Gregor dem Großen die von Lukas gemalte Marienikone aus Santa Maria Maggiore erwähnt, mit der die Pest in Rom besiegt wurde.

Die Lukas-Maler-Legende ist also keineswegs ein Seitenprodukt der legendarischen Lukasbiografie der alten Kirche. Sie entsteht vielmehr an alten und hochverehrten Marienikonen, die nachträglich dem hl. Lukas zugeschrieben wurden. Dabei handelt es sich meist um Ikonen des Typs Hodegetria (Wegführerin), wie die bereits erwähnte römische Marienikone Salus Populi Romani. Die Durchsetzung der Legende von Lukas dem Maler führte dann ab dem 13. Jh. dazu, dass nun der Evangelist selbst bei der Herstellung seiner Marienikone dargestellt wurde. Diese Ikone, wieder meist vom Typ Hodegetria, erscheint als Bild im Bild. Neben das eigentliche Gnadenbild tritt also die Visualisierung des künstlerischen Schaffensprozesses.

Nach dem Bilderstreit im Osten gab das mittelalterliche Zunftwesen im Westen den zweiten starken Impuls: Als sich im Zuge der Urbanisierung die Malerei aus den Klöstern emanzipierte, schlossen sich die Maler wie andere Unternehmer und Handwerker im 13./14. Jh. zu Bruderschaften, Gilden und Zünften zusammen, wobei die Grenzen fließend waren. Von frühester Zeit an unterstellten sich diese Maler-Bruderschaften und Malerzünfte dem Patronat des heiligen Lukas, setzen also die Lukas-Maler-Legende voraus. Claudia Andratschke zufolge dokumentieren die zahlreichen Lukasgilden und Lukasbruderschaften den Siegeszug der Malerei gegenüber anderen bildenden Künsten. Und dieser Siegeszug wiederum führte dazu, dass zumindest in der Kunstgeschichte der Maler Lukas den Evangelisten in den Hintergrund drängte.

Da die Malerzünfte Kapellen und Altäre errichteten, für die Altarbilder benötigt wurden, nahmen die Darstellungen des malenden Lukas nun rasant zu. Als kunsthistorischer Markstein gilt das um 1435 von Rogier van der Weyden gemalte Tafelbild, auf dem Lukas der Madonna fast auf Augenhöhe gegenübersteht. Gisela Kraut zufolge wird hier erstmals bildlich realisiert, dass es der Künstler ist, welcher den Gläubigen die Epiphanie des Göttlichen vermittelt. Seit Rogier thematisieren Künstler mittels der Darstellung des malenden

Lukas ihr eigenes Handwerk und machen den künstlerischen Prozess als solchen sichtbar. Zur Darstellung des Lukas als Maler ohne die Madonna ist es dann nur noch ein kleiner Schritt.

Unser unscheinbares Bild im Stahlzwingerweg hat also eine bemerkenswerte Geschichte im Rücken. Aber warum machte gerade derjenige Evangelist, der »allem von Anfang an genau gefolgt ist und es der Reihe nach aufgeschrieben (*grapsai*) hat« (Lk 1,1–4), diese Karriere als Maler der Madonna und als Patron der Maler und Künstler? Dass das Lukasevangelium die umfangreichsten, schönsten und lebendigsten Marienerzählungen enthält, ist richtig, erklärt die Entstehung unserer Legende aber kaum. Dass Ärzte genau hinschauen müssen und die Autopsie, also das Sehen mit eigenen Augen, zu ihren Kernkompetenzen gehört, wusste schon die Antike, aber warum aus Lukas dem geliebten Arzt dann Lukas der Maler wurde, kann auch das nicht erklären. Bemerkenswert ist allerdings, dass das griechische Verb *graphein,* das Lukas ja im Prolog seines Evangeliums für seine schriftstellerische Tätigkeit benutzt (Lk 1,1–4, s.o.), auch für Zeichnen und Malen (sowie ursprünglich für Schaben und Einritzen) benutzt wird, da alle diese Tätigkeiten etwas mit Linien »umschreiben«. Wenn Andreas von Kreta daher ein Kompositum des Verbs in der Bedeutung (lebendig) »malen« (*zō-graphein*) auf Lukas anwendet, dann ist er nicht so weit von der eigenen Tätigkeitsbeschreibung des Evangelisten entfernt, wie es scheint. Der *Logographos* (Wortschreiber = Dichter) und der *Zōgraphos* (Lebensschreiber = Maler) sind im Griechischen enge Verwandte. Deswegen werden Ikonen bis heute in der orthodoxen Kirche »geschrieben«. Wenn die Legende den Schriftsteller durch den Maler ergänzt, dann ist hier die Erfahrung geronnen, dass das schriftliche Marien- und Christusbild ohne Visualisierungen sowohl spirituell als auch ästhetisch unvollendet bleibt.

Die schlichte Regensburger Darstellung zeigt Lukas ohne das Attribut eines Evangelisten, aber mit Heiligenschein. Sie zeigt ihn als heiligen Maler, aber ohne Maria und ohne die Ikone, die er einst legitimieren sollte. Gerade diese Darstellung des »Sankt Lukas« ist ein Plädoyer dafür, dass die bildende Kunst als selbständige und aus kirchlicher Verzweckung emanzipierte Ausdrucksform auch in der Kirche ihren Platz haben muss.

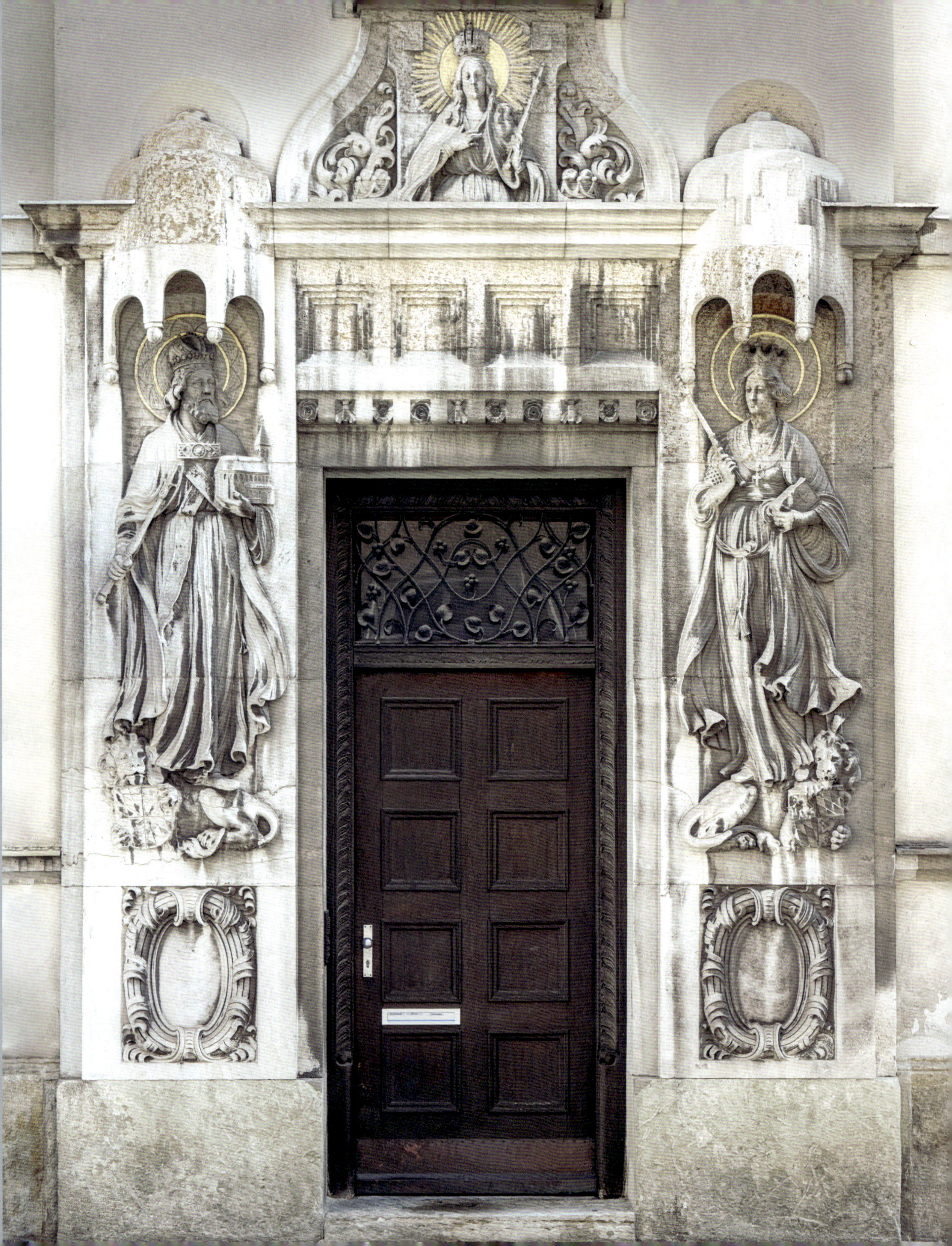

HEINRICH UND KUNIGUNDE – SÄULEN EINER LEBENSPENDENDEN HERRSCHAFT

Reliefs · Neue Dechantei · Drei-Kronen-Gasse 1

Dr. Gabriel Weiten, Theologischer Referent des Bischofs

Vor der sogenannten Neuen Dechantei des Kollegiatstiftes Unserer Lieben Frau zur Alten Kapelle wandert der Blick des Stadtbummlers und Kunstinteressierten schnell in die Schwarze-Bären-Straße. Mit der ehemaligen Deutschen Reichsbank (Schwarze-Bären-Straße 10) und der Alten Dechantei (Kapellengasse 6) findet er dort eines der »eindrucksvollsten Straßenbilder mit historisierender Architektur in Regensburg« (K. Bauer, 113) vor. Zusammen mit den beiden Domtürmen im Hintergrund bildet dieser Blick ein beliebtes Motiv für Ansichtskarten. Über dem Eingang des ehemaligen Bankgebäudes ist der Reichsadler zu sehen und am Runderker präsentieren Reliefs mit Symbolgestalten die Säulen der damaligen Finanzwelt: u.a. das Kolonialwesen, die Industrie und die Seefahrt. Auf der anderen Seite in der Kapellengasse lockt über einem Portal ein gotisches Relief einer Strahlenkranzmadonna. Weitere Sehenswürdigkeiten folgen in der Schwarzen-Bären-Straße: das romanische Portal der profanierten Galluskapelle und das spätgotische Dreikönigsrelief gegenüber. Doch es lohnt sich noch an der Ecke Drei-Kronen-Gasse / Am Brixener Hof zu verweilen, denn das Jugendstil-Portal der Neuen Dechantei in der Drei-Kronen-Gasse 1 verdient eine nähere Betrachtung (vgl. zu den kunstgeschichtlichen Daten REM 3, 107 f.).

Wir sehen dort ein repräsentatives, kunstvoll gestaltetes Portal. Im Jahr 1909, also zwei Jahre nach dem Bau der Reichsbank wurde es im Auftrag des Kollegiatstiftes geschaffen. An den Seiten sind säulenartig die beiden Heiligen Heinrich und Kunigunde dargestellt. Majestätisch stehen sie auf Löwen unter Baldachinen. Über dem Türsturz befindet sich eine Mariendarstellung. Die Gottesmutter wird gezeigt als Himmelskönigin mit Zepter und Krone, deren Haupt von der Sonne umstrahlt wird. Sie trägt Christus nicht auf dem Arm, sondern, wie ihre rechte Hand andeutet, im Herzen (vgl. Lk 2,19; Ps 119,11). Das inhaltliche Programm des Portals endet erst unterhalb des Daches, wo in goldener Farbe ein Christusmonogramm IHS und ein Kreuz zu sehen sind. Aus ihm heraus sprießt eine bunte, blühende Rankenmalerei, die das gesamte Haus umschlingt. Die Buchstaben IHS stehen ursprünglich für die ersten drei Buchstaben des griechisch geschriebenen Namens »Jesus«. In dieser Anordnung unter dem Kreuz dürfen sie verstanden werden als Darstellung der Vision, die der römische Kaiser Konstantin (Regierungszeit: 306–337) vor der Schlacht an der Milvischen Brücke hatte: »In Hoc Signo [vinces]« – »In diesem Zeichen wirst du siegen«. Konstantin erlangte mit dem Sieg die Alleinherrschaft im Westen des römischen Reiches. Er führte ihn zurück auf den Beistand des christlichen Gottes. Mit dem Begriff der »Konstantinischen Wende« ist seine kirchengeschichtliche Bedeutung zusammengefasst.

Die Gestaltung darf als Bekenntnis des Kollegiatstiftes verstanden werden, ein Bekenntnis zu Christus, dem wahren König, der durch sein Kreuz und die damit begonnene Revolution der Liebe die Welt regiert, ein Bekenntnis ebenso zur Muttergottes, die als erste vollen Anteil an der Königswürde ihres Sohnes erhalten hat und für die Menschen als Mittlerin am Thron Gottes sitzt. Das Portal dient auch der Verehrung des heiligen Kaiserehepaars Heinrich und Kunigunde, die in der Tradition Konstantins vorgelebt haben, wie jeder Christ die ihm teilgewordene Königswürde Christi in seinem Leben durch Glaube, Hoffnung und Liebe ausüben kann. Ja, es ist möglich, in der Welt zu leben und heilig zu werden, sogar als Herrscher eines weltlichen Reiches. Darüber hinaus erinnert das Kollegiatstift mit den beiden Heiligen auch an seine eigene Geschichte, in der diese eine maßgebliche Rolle spielen.

Im Jahr 1002 wurden sie beide zu deutschen Königen gekrönt. Heinrichs Vater war bayerischer Herzog, seine Schwester Gisela die spätere Königin von Ungarn. Kunigunde stammte aus einem Adelsgeschlecht aus dem Bereich des heutigen Luxemburg. Erzogen wurde Heinrich unter anderem von Bischof Wolfgang von Regensburg und Abt Ramwold von St. Emmeram. 995 wurde er nach dem Tod seines Vaters Herzog von Bayern und heiratete wenige Jahre später Kunigunde. Seine Residenz war im Bereich der heutigen Niedermünsterkirche in Regensburg. Er erweiterte sie um das Gebiet der karolingischen Königspfalz samt Kapelle nördlich des Alten Kornmarktes. Die »Alte Kapelle« ließ er »zusammen mit der geliebten Gemahlin Kunigunde« (Urkunde aus dem Jahr 1002, vgl. Eugen Trapp, Hll. Heinrich und Kunigunde, in: Bistum Regensburg [Hg.], Die im Licht sind. Heilige und Patrone im Bistum Regensburg, Regensburg 2001, 33–41, hier: 40) um das Jahr 1000 von Grund auf neu errichten und wieder täglich als Gottesdienstraum nutzen. Dies macht ihn gemeinsam mit seiner Frau zum »zweiten Gründer« des Kollegiatstiftes Unserer Lieben Frau zur Alten Kapelle.

Nach der Krönung Heinrichs in Mainz und Kunigundes in Paderborn setzte sich das Königspaar, dessen Ehe unfreiwillig kinderlos geblieben war, in vielfältiger Weise für die Kirche ein, wovon unter anderem die beiden Regensburger Damenstifte Nieder- und Obermünster profitierten. Das heutige Erzbistum Bamberg verdankt ihnen seine Existenz und verehrt sie deshalb in besonderer Weise. Heinrich war eine starke und lebensfähige Reichskirche wichtig, wobei er die Gorzer Reform schätzte, die auch seinen Lehrer Wolfgang geprägt hatte. Ihr ging es um eine Rückbesinnung auf die Regel des hl. Benedikt, eine gewissenhafte liturgische Praxis, eine Intensivierung der persönlichen Frömmigkeit und der Wohltätigkeit. Am 14. Februar 1014 wurden Heinrich und Kunigunde in Rom von Papst Benedikt VIII. zum Kaiserpaar gekrönt. Auf das Drängen Heinrichs hin wurde das Credo in die römische Liturgie aufgenommen und hat seither darin seinen festen Platz.

Kunigunde, eine hochgebildete Frau, unterstützte und ersetzte hin und wieder ihren Mann bei den Regierungsgeschäften. Gemeinsam versuchten sie Politik nach den Maßstäben des Evangeliums zu machen, was sich unter anderem in einem friedlichen Miteinander mit anderen Königen zeigte. Nach dem Tod Heinrichs führte Kunigunde die Reichsgeschäfte fort und kümmerte sich um die Wahl eines Nachfolgers. Sie war die erste Königin, die die Reichsinsignien in ihrer Gewalt behielt und dem neuen König als Zeichen der Legitimation aushändigte. Nachdem sie die Herrschaft des Reiches geordnet hatte, ging sie ins Kloster und tauschte ihr kaiserliches Prunkgewand gegen ein schlichtes Ordenskleid.

Das heilige Kaiserehepaar kann uns heute Vorbild sein, auch wenn sich unsere Lebenswelt seit dem Mittelalter sehr verändert hat, vor allem, was die Einheit von Kirche und Staat betrifft. Heinrich und Kunigunde, sie haben sich nicht darauf konzentriert, ihr Schicksal zu beklagen, sondern haben aus dem, was ihnen gegeben wurde in Form von Macht und politischem Einfluss etwas gemacht im Sinne der Kirche und für die Menschen (vgl. Lk 19,12–26). Beide wurden nach ihrem Tod verehrt und heiliggesprochen (Heinrich 1146 und Kunigunde 1201).

Das Portal der Neuen Dechantei, gegenüber der damaligen Reichsbank, ordnet die weltliche Macht in Gestalt des Kaiserehepaars der göttlichen Macht in Gestalt des Kreuzes und der Himmelskönigin Maria unter und lässt sie so zu tragenden Säulen einer lebenspendenden Herrschaft werden.

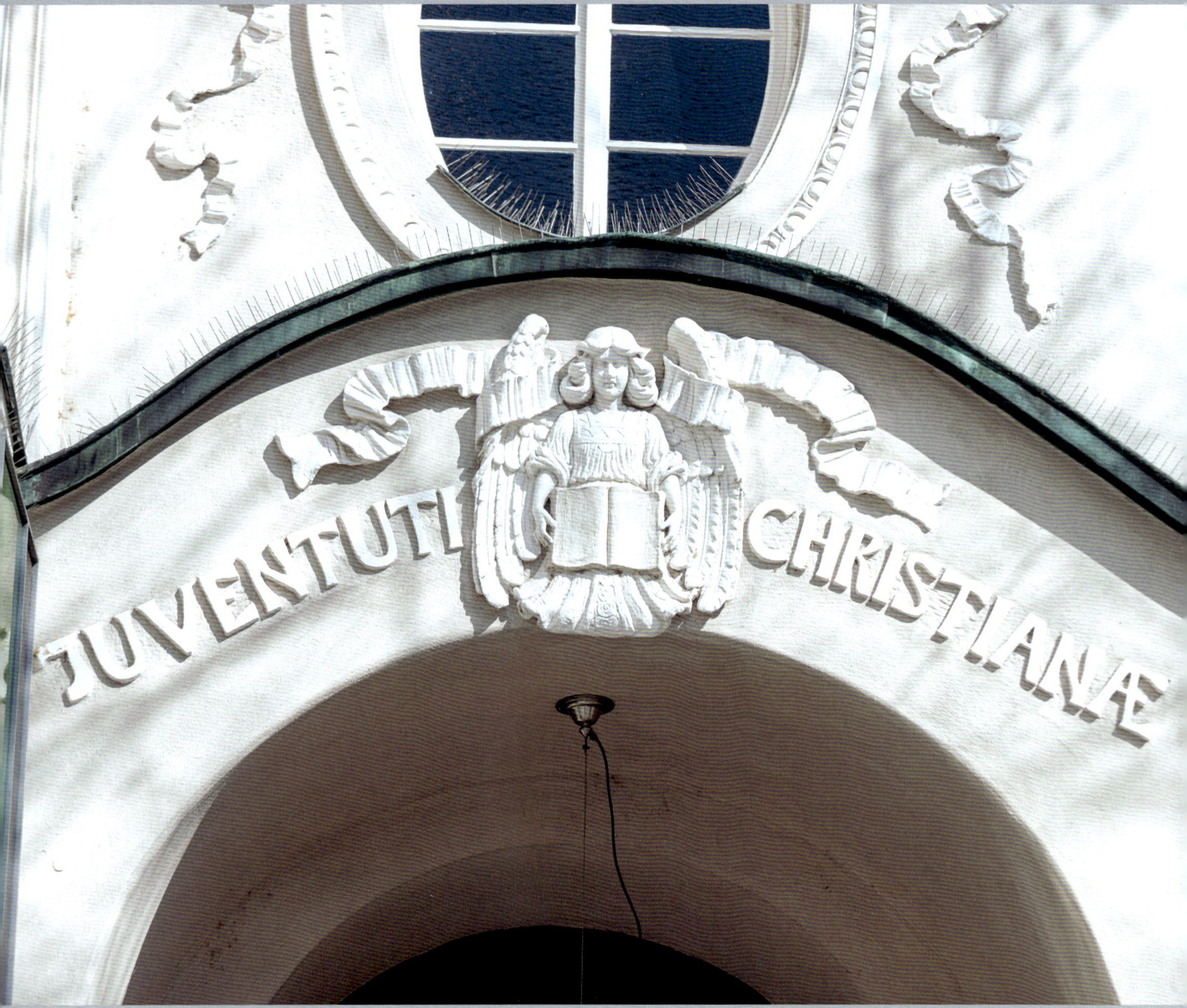
JUVENTUTI CHRISTIANÆ

JUVENTUTI CHRISTIANÆ

Stuckrelief · Mädchenrealschule der Armen Schulschwestern v. U. L. Frau
Alter Kornmarkt 5

Schwester Maria Rita Zirngibl SSND,
Schulleiterin der Mädchenrealschule Niedermünster der
Armen Schulschwestern v. U. L. Frau

Bereits 49 Jahre hatten Mädchen und junge Frauen durch Arme Schulschwestern von Unserer Lieben Frau im Institut Niedermünster Unterricht erhalten, als die Gebäude »Erhardigasse 8« und »Alter Kornmarkt 5« durch einen Mittelbau verbunden wurden, dessen Portal die Inschrift »Juventuti Christianae« (Der christlichen Jugend) trägt. Galt dieser 1903 angebrachte Text als Anerkennung für die bereits geleistete Bildungs- und Erziehungsarbeit der Schwestern oder als Motto für die Zukunft, oder beides? Ich weiß es nicht. Die Anfrage, zu dieser Inschrift einen Artikel zu schreiben, schafft Gelegenheit, einen Blick auf die Anfänge des pädagogischen Wirkens zu werfen und die Fortführung im Heute zu skizzieren.

In der Satzung des Gründungsjahres 1854 sind Zweck und Charakter der Anstalt folgendermaßen beschrieben: »Das Erziehungs- und Unterrichtsinstitut der armen Schulschwestern d.N.D. zu Regensburg hat den Zweck:

- der ihm anvertrauten weiblichen Jugend aus den mittleren und höheren Ständen eine religiös sittliche Erziehung angedeihen zu lassen,
- werktags schulpflichtigen Mädchen den Unterricht der öffentlichen Volksschule zu ersetzen,
- den im Alter vorgeschrittenen, aus der Werktagsschule entlassenen Mädchen eine den Anforderungen der Zeit entsprechende höhere, allgemeine Bildung zu vermitteln.«

Die Formulierungen in der Sprache der damaligen Zeit mögen auf uns heute befremdend wirken, doch inhaltlich spannen sie einen Bogen, der nicht übersehen werden darf: Religiöse Erziehung ist nicht abgehoben und weltfremd, sie ist verknüpft mit »einer den Anforderungen der Zeit entsprechenden höheren, allgemeinen Bildung«. Eben diese Verbindung kennzeichnet von Anfang an pädagogische Einrichtungen der Armen Schulschwestern und spiegelt die Größe und Weite der Gründerpersönlichkeit Maria Theresia von Jesu Gerhardinger wider. Sie sieht in der Förderung der weiblichen Jugend, der in der Säkularisation durch die Aufhebung von klösterlichen Schulen Bildungschancen vielfach genommen wurden, einen wichtigen Dienst für Kirche und Gesellschaft.

Wie die sprachlichen Formulierungen, so sind auch die religiösen Formen im Kontext der kirchlichen Praxis in der Gründerzeit zu sehen und zu verstehen. Die Festschrift »150 Jahre Kloster und Schule Niedermünster« (2004) gibt einen Einblick: »Generell orientierte sich das religiöse Leben selbstverständlich am liturgischen Kalender. Dazu gehörten die Feste von Heiligen, wie dem hl. Josef oder dem hl. Franz Xaver, denen oft Novenen – neuntägige Andachten – vorangingen. Lange Zeit wurde auch der hl. Aloisius von Gonzaga, der Schutzpatron der Jugend, besonders gefeiert, indem die Internatsschülerinnen an sechs Sonntagen sog. ‚Aloisien-Andachten' besuchten oder Vorträge hörten … Die kirchlichen Bußzeiten – Advent und Fastenzeit – waren geprägt von wöchentlichen Vorträgen, am Aschermittwoch hielt man das gebotene Stillschweigen ein. Andachten, Rosenkränze, Prozessionen an Bitttagen und die Fronleichnamsprozession werden wie die wöchentlichen Gottesdienste immer wieder genannt. Da der Orden sich unter den Schutz Marias gestellt hatte, spielte deren Verehrung eine große Rolle. Mutter Theresia Gerhardinger gab ihren Schwestern die Anweisung, diese auch den Kindern zu vermitteln« (S. 85).

Nach dem Motto der Schule »Lebendig in Tradition« gelten grundlegende Werte weiter und bestimmen die pädagogische Arbeit, allerdings in einem anderen Erscheinungsbild.

Für manche Schülerinnen ist unsere Schule der einzige Ort, an dem sie mit christlichen Werten und Erfahrungen, mit christlichem Wissen konfrontiert werden. Der Religionsunterricht (Ethik wird nicht angeboten), verbindliche Bestandteile im Schulalltag wie Morgengebet und Schulgottesdienste vor den Ferien sowie freiwillige Angebote wie Frühschicht und Bibelnacht sollen zur persönlichen Auseinandersetzung anregen und zu einer eigenen Meinungsbildung verhelfen. Die Verknüpfung von positiven Erfahrungen mit religiösem Erleben trägt m. E. wesentlich dazu bei, den Glauben als tragendes Fundament und als eine Bereicherung für mein Leben wahrzunehmen.

Wie kann das gelingen? Biblische Botschaften der Befreiung und Rettung (Lebensgeschichte des Mose in der Bibelnacht), Gottes Zusage des Neubeginns nach Scheitern und Versagen (Gleichnis vom Barmherzigen Vater am Besinnungstag), meditative Impulse mit Bildern und Symbolen als Hilfe zur Bewältigung schwieriger Lebenssituationen (z. B. Todesfall) stärken Jugendliche in ihrer Entwicklungsphase der Pubertät, mit der Verunsicherung, Selbstzweifel und Hunger nach Bestätigung und Anerkennung einhergehen. Nicht umsonst schaffen es soziale Medien, einen gewaltigen Sog auf ihre jungen Nutzer und Nutzerinnen auszuüben, weil scheinbar die Zahl der Likes und Follower das Ansehen steigert. Einander im realen Leben, im Schulalltag, achtsam und mit Wertschätzung zu begegnen, kann dem entgegenwirken. Diese Grundhaltung, die den Menschen als Individuum, als einmaliges Geschöpf Gottes sieht, entspringt einer bejahenden, christlichen Sicht des Menschen und der Welt, die verinnerlicht zum Tragen kommt, ohne immer fromme Worte im Munde führen zu müssen. Allerdings erwächst daraus auch der Mut, bei bestimmten Anlässen zum persönlichen Gebet einzuladen, sei es zum Dank oder zur Bewältigung von schweren Schicksalsschlägen. Mit einem Gebet beginnen auch unsere Konferenzen – Ausdruck, uns unserer Verantwortung für die uns anvertrauten Schülerinnen bewusst zu sein und Gottes Führung für unsere Entscheidungen zu erbitten.

Unsere weltlichen Lehrerinnen und Lehrer, Mitarbeiterinnen und Mitarbeiter sind zwar nicht der Lebensregel von uns Schulschwestern verpflichtet, aber Punkt 22 verwirklichen sie in unserer Einrichtung: »Für uns bedeutet Erziehung, die Menschen hinzuführen zu ihrer vollen Entfaltung als Geschöpf und Abbild Gottes und sie zu befähigen, ihre Gaben einzusetzen, um die Erde menschenwürdig zu gestalten. Wie Mutter Theresia erziehen wir in der Überzeugung, dass durch eine Änderung der Menschen die Welt verwandelt werden kann; unser apostolischer Dienst verlangt daher die christliche Sicht von der Berufung des Menschen und der Bestimmung der Welt.«

Klingen darin nicht die Zielsetzungen aus den Satzungen der Gründerzeit an? Im Prozess der Schulentwicklung stellten wir uns der Frage, was das im 21. Jahrhundert bedeutet. Unsere Überlegungen konzentrierten sich auf den Oberbegriff: »Die (digital) mündige Schülerin am Ende der 10. Klasse«.

Bereits seit Jahren gültige Maßstäbe unserer pädagogischen Arbeit (zu finden in unserem Flyer »Eine Schule für Mädchen eine Schule für mich!«, www.niedermuenster.de) verbanden wir mit den Herausforderungen der digitalen Welt, mit denen unsere Entlass-Schülerinnen konfrontiert werden. Konkret heißt das, mit entsprechenden Tools und Arbeitsweisen

- selbstständiges Lernen fördern und damit den Mädchen Raum geben zu einer individuellen Entfaltung ihrer Anlagen und Begabungen,
- Kreativität und Medienkompetenz fördern und damit die Lust am Lernen stärken,
- Kollaboration anbahnen und damit soziale Kompetenzen fördern,
- digitale Ethikkompetenz fördern und damit ein christliches Welt- und Menschenbild in der Praxis umsetzen.

Der Verbindungsbau mit der Aufschrift »Juventuti Christianae« stammt nicht mehr aus der Zeit Mutter Theresias; er ist rein äußerlich gesehen eine gewagte Weiterentwicklung des Instituts Niedermünster. Die Mädchenrealschule Niedermünster im Sinne Mutter Theresias, der bahnbrechenden Pädagogin des 19. Jahrhunderts, die für ihre Verdienste um das bayerische Schulsystem einen Platz in der Walhalla fand, in die Zukunft zu führen, ist uns Auftrag und Ansporn zugleich.

Anmerkungen

1 Vgl. Gotteslob-Lied »Wer nur den lieben Gott lässt walten«, Nr. 424,5.
2 Die Goliathstraße samt Goliath-Haus schreiben sich in Regensburg mit »h«, im biblischen Gebrauch der in diesem Buch verwendeten Einheitsübersetzung (EÜ 2013) wird der Philister-Hüne allerdings ohne »h« geschrieben: »Goliat«.
3 Vgl. https://www.katharinenspital.de/stiftung/spitalareal/
4 https://www.katharinenspital.de/bereiche/pfarrei/
5 Vera Schauber u. Hanns Michael Schindler, Heilige und Namenspatrone im Jahreslauf, Augsburg 1998, S. 608.
6 Ebd. S. 607.
7 Theodor Schnitzler, Die Heiligen im Jahr des Herrn. Ihre Feste und Gedenktage, Sechste Auflage als Sonderausgabe, Freiburg 1989, S. 413–414.
8 https://www.vierzehnheiligen.de/vierzehnheiligen/gnadenaltar/heilige-katharina/
9 Melodie nach »Lobe den Herren",Text: Franz Kastberger, 3. Strophe besonders für Feuerwehrleute.
10 Joseph Ratzinger – Benedikt XVI., Jesus von Nazareth, Bd. 1, Freiburg 2007, S. 208.
11 Christiana Reemts, Die Jakobsleiter. Zwei Gespräche, in: Geist und Leben 5/1999, S. 364–374, hier S. 372.
12 Martin Lohmann, Georg Michael Wittmann. Bischof, Seelsorger und Reformer, Regensburg 2019, S. 51.
13 Zitiert bei Lohmann, S. 53.
14 Zitiert bei Lohmann, S. 55 f.
15 Johann Baptist Lehner, Wer war Wittmann?, 11. Auflage, Furth bei Landshut 1983, S. 11.
16 Lehner, S. 18.
17 Eine kunstgeschichtliche Beschreibung und Würdigung dieser Pietà findet sich im Buch: Josef Kreiml, Maria Baumann, Achim Dittrich (Hg.), Die Schönste von allen. Hausmadonnen und Mariendarstellungen in den Straßen von Regensburg, Verlag Pustet, Regensburg 2022, S. 100 ff.
18 Vertiefende Literatur zum hl. Bischof Ulrich: Gerhard von Augsburg, Vita Sancti Uodalrici. Die älteste Lebensbeschreibung des heiligen Ulrich, 2. verbesserte Auflage, Heidelberg 2020 (= Editiones Heidelbergenses XXIV); Peter Rummel, Ulrich von Augsburg. Bischof – Reichsfürst – Heiliger, Augsburg 1993.
19 Weiterführende Literatur: Rosa Micus, Ludwig Foltz (1809–1867) Architektonische und kunstgewerbliche Arbeiten. Ein Beitrag zur Geschichte des Maximilianstils (mit Werkverzeichnis), Regensburg 1986; dies., Die Wegsäule vor dem Jakobstor (unveröffentlicht), 2013; Kerstin Pöllath, Prebrunnallee (Wegsäule). Die lange Reise eines spätmittelalterlichen Denkmals, in: Denkmalpflege in Regensburg (DR) 11 (2009), S. 280–286.
20 Es gibt eine ganze Studie des Autors zum Papstamt: Gerhard Ludwig Kardinal Müller, Der Papst – Sendung und Auftrag, Freiburg 2017.
21 Josef Holub, Der rote Nepomuk, Weinheim 1993, S. 11.
22 Literatur zum hl. Erhard und seinem Patronat: Kolpinghaus St. Erhard (Hg.), Vom alten Gesellenhaus zum modernen Kolpinghaus: 1891–1991, Verlag Günther Strauß, Regensburg 1991; Werner Chrobak, Beitrag zum Erhardihaus, in: Alfred Hofmaier u. Ludwig Haindl (Hg.), 150 Jahre Kolpingwerk DV Regensburg, Manz-Druck, Regensburg 2003, S. 77–80.
23 Vgl. https://de.wikipedia.org/wiki/Erzengel_Michael
24 https://www.vatican.va/content/francesco/de/speeches/2013/july/documents/papa-francesco_20130705_statua-san-michele.html
25 Vgl. Klaus Herbers, Michael in Deutschland, in: Der Erzengel Michael. Verehrung und Geschichte in Europa, hrsg. von Giorgio Otranto/Sandro Chierici, Regensburg 2022, S. 167.
26 Vgl. https://de.wikipedia.org/wiki/Engelsburg
27 Papst Franziskus, Angelus am Hochfest Mariä Empfängnis, 8. Dezember 2022: https://www.vatican.va/content/francesco/de/angelus/2022/documents/20221208-angelus.html
28 Ebd.
29 https://www.vatican.va/content/francesco/de/angelus/2018/documents/papa-francesco_angelus_20181007.html
30 https://www.vaticannews.va/de/gebete/heiliger-erzengel-michael.html
31 Weiterführende Literatur: Rudolf Graber, Die Herz-Jesu-Verehrung in der Krise der Gegenwart, Eichstätt 1962.
32 Weiterführende Literatur zur Plastik der Verklärung Jesu: Josef Kreiml, Maria Baumann, Achim Dittrich (Hg.), Die Schönste von allen. Hausmadonnen und Mariendarstellungen in den Straßen von Regensburg, Verlag Pustet, Regensburg 2022, S. 262 (Seitenblick 2); Marius Reiser, Und er wurde vor ihren Augen verwandelt. Fiktion und Wahrheit in neutestamentlichen Geschichtserzählungen, Verlag Herder, Freiburg 2021, S. 171–191.

LITERATUR

Allgemeine Literatur zum Thema

Emmeram H. Ritter, Zeugen des Glaubens. Heilige, Selige und Diener Gottes im Bistum Regensburg, Regensburg 1989.

Eugen Trapp und Genoveva Nitz, Die im Licht sind. Heilige und Patrone im Bistum Regensburg, Regensburg 2001.

Hiltgard L. Keller (Hg.), Lexikon der Heiligen und biblischen Gestalten. Legende und Darstellung in der bildenden Kunst, Ditzingen [13]2018 (Reclam jun.).

Häufig verwendete Verweisliteratur in der Objekt-Liste (Kurztitel fett gedruckt)

Karl **Bauer**, Regensburg. Aus Kunst-, Kultur- und Sittengeschichte, Regenstauf [6]2014 (hg. v. Peter Bauer); ältere Ausgabe: [5]1997.

Bayerisches Landesamt für Denkmalpflege (Hrsg.), Denkmäler in Bayern. Ensembles – Baudenkmäler – Archäologische Geländedenkmäler, III.37 Stadt Regensburg. Anke Borgmeyer, Achim Hubel, Andreas Tillmann, Angelika Wellnhofer. Regensburg: Mittelbayrische Druck- und Verlagsgesellschaft mbH, 1997 (**DiB – Regensburg**).

Bayerisches Landesamt für Denkmalpflege, Baudenkmäler in der kreisfreien Stadt Regensburg: https://www.geodaten.bayern.de/denkmal_static_data/externe_denkmalliste/pdf/denkmalliste_merge_362000.pdf – Zugriff: 15.12.2022 (194 Seiten, Stand 18.11.2022) – Verweise auf die Nr. der Denkmal-Liste (**D-3-62-000-xxxx**)

Max Hopfner / Richard Reil / Ludwig Sammer, Religiöse **Kleindenkmäler** im Pfarrgebiet, in: 100 Jahre Pfarrei St. Mang, **Stadtamhof**, 1912–2012, Regensburg 2012, S. 134–162.

Josef Kreiml, Maria Baumann, Achim Dittrich (Hg.), »Die Schönste von allen«. **Hausmadonnen** und Mariendarstellungen in den Straßen von Regensburg, Regensburg 2022.

Elke **Masa**, Freiplastiken in Regensburg. Brunnen, Denkmäler, Freiplastiken und Installationen im öffentlichen Raum, Neustadt an der Aisch 2005.

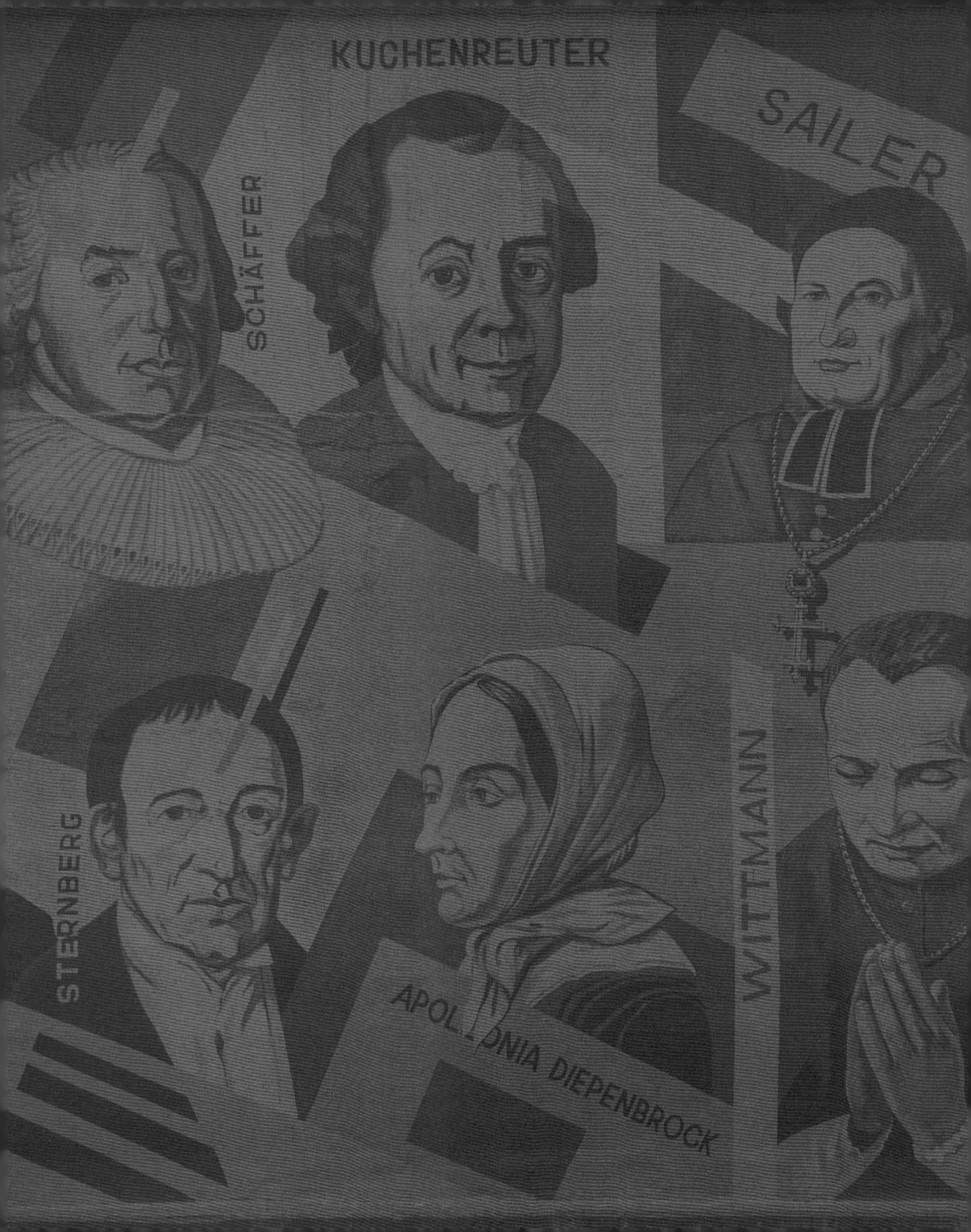
KUCHENREUTER
SAILER
SCHÄFFER
STERNBERG
WITTMANN
APOLLONIA DIEPENBROCK

LISTE CHRISTLICHER SKULPTUREN UND DARSTELLUNGEN IN DEN STRASSEN DES STADTGEBIETES VON REGENSBURG

(190 OBJEKTE)

Erstellt von:
Achim Dittrich und wissenschaftlichen Mitarbeiterinnen und
Mitarbeitern der Kunstsammlungen des Bistums Regensburg

Öffentliche Bildwerke christlicher Motive in Regensburg

Alphabetisch aufgelistet nach Adresse (mit Lokalisierung am Standort bzw. Gebäude), nach dem Motiv (Charakterisierung nach Material, Stil und Alter, Künstler) sowie – wenn vorhanden – mit der Denkmal-Nummer und weiterführender Literatur.

Rot unterlegt: Die im Buch vorgestellten 33 christlichen Darstellungen.

1 **Adolph-Kolping-Straße 1 (Kolpinghaus, Seite Kalmünzergasse, Ostfassade über Eck-Rundbogendurchgang): *Hl. Bischof Erhard* (Fassadenmalerei, 1954, mit Buch samt Augen).**

2 Ägidienplatz 6 (ehem. Alte Komturei des Deutschen Ordens, sog. »Altes Deutsches Haus«, Seniorenheim, Garten, an spätmittelalterlicher Stadtmauer): *Hl. Josef mit Jesuskind,* Sandstein u. Metall, 1760/61, restauriert um 1982; vgl. D-3-62-000-18; Masa S. 73.

3 Albertus-Magnus-Platz (vor dem Westportal der Dominikanerkirche St. Blasius, Mauerstück an der rechten Seite): *Hl. Albertus Magnus,* Bronzebüste in Ädikula (Kalkstein), 1910, von Ferdinand von Miller d. J.; vgl. D-3-62-000-24 u. -86, Masa S. 70 f., K. Bauer, Regensburg, [5]1997, S. 384. Im Westportal: Nische mit gotischer Sandsteinfigur des hl. Albert, 15. Jh.

4 Alte Nürnberger Straße 102 (am Felsen im Garten): *Kruzifix*, Corpus: Blechgemälde, Holzkreuz mit Winkeldach.

5 Alte Nürnberger Straße 10 (Ecke Spitalkellerweg, Wohn- und Geschäftshaus, Ecknische 1. OG): *Madonna mit Kind*, Muschelkalk, drittes Viertel 20. Jh.; vgl. Hausmadonnen S. 228 f.

6 **Alter Kornmarkt / Speichergasse (Stiftskirche zur Alten Kapelle): *Pietà* (gefasstes Schnitzwerk, spätgotisches Vesperbild vom Anfang des 15. Jh., in einem Kapellenstock von 1938); vgl. D-3-62-000-42, Hausmadonnen S. 100 ff.**

7 Alter Kornmarkt 8 (Stiftskirche zur Alten Kapelle, Nordportal, auf dem Bogen): *Strahlenkranzmadonna mit Kind*, Abguss des gotischen Originals, originale Steinfigur: 1. Hälfte 14. Jh.; vgl. D-3-62-000-42, Hausmadonnen S. 103–106.

8 Alter Kornmarkt 8 (Stiftskirche zur Alten Kapelle, Nordportal, Nischen): *Zwei Büßerfiguren*, Abgüsse der spätromanischen Originale, originale Steinrelief-Figuren um 1200; vgl. D-3-62-000-42; P. Morsbach, Ratisbona sacra, München 1989, S.160.

9 Alter Kornmarkt 6 (Karmelitenklosterkirche St. Josef, hochbarocke Westfassade): *Hl. Josef mit Jesuskind, Hl. Theresia von Ávila und Hl. Johannes vom Kreuz* (in den Nischen), *Hl. Heinrich II. und Hl. Kunigunde* (über den Giebelvoluten): Holz, gefasst; Sandstein; Fassade 1673 vollendet, Steinfiguren des Kaiserpaares 1740 ergänzt; vgl. D-3-62-000-40, St. Josef – Kirche und Kloster der Karmeliten, Regensburg 2022, S. 4 f.

10 **Alter Kornmarkt 5 (Realschule des Instituts der Armen Schulschwestern, Eingangsturm): Stuckrelief über dem Portal (Engel mit Buch, lateinischer Schriftzug links und rechts: »*Juventuti Christianae*« (1903); Stuckrelief im Turmgiebel: Das Auge Gottes im Wolken- und Strahlenkranz (Gesamtgebäude im neobarocken Stil mit Jugendstil-Schmuck, von Joseph Koch und Heinrich Hauberrisser); vgl. D-3-62-000-38.**

11 Amberger Straße 1 (Reinhausen, Wohnhaus, verglaste Nische): *Marienfigur mit Kind* (Gips, um 1900); vgl. Hausmadonnen S. 240 f.

12 Amberger Straße 2 (Reinhausen, Holzrahmen-Quadratnische): *Pietà* (Gips, polychrom gefasst, etwas verblasst, 19. Jh.); vgl. Hausmadonnen S. 236 f.

13 Amberger Straße 18 (Reinhausen, Wohnhaus, kl. verglaste Nische): *Hl. Florian mit Fahne* (polychrom gefasst, Mitte 20. Jh.).

14 Amberger Straße 20 (Reinhausen, Wohnhaus): *Madonna mit Kind* (bekrönte Gipsfigur in offener Nische, polychrom gefasst, um 1900); vgl. Hausmadonnen S. 234 f.

---

15 Amberger Straße 26 (Reinhausen, Ecknische): *Herz-Jesu-Figur* (Gips, polychrom gefasst; Gebäude von 1901).

---

16 Amberger Straße 29 (Reinhausen, Wohnhaus, Eckkonsole mit Schutzdach): *Hl. Josef mit Jesusknaben auf dem Arm* (Holz, polychrom gefasst, um 1900).

17 Amberger Straße 35 (Reinhausen, Wandnische 1. OG): *Madonna mit Kind* (bekrönte Gipsfigur mit partieller Vergoldung, um 1900); vgl. Hausmadonnen S. 232 f.

18 Amberger Straße 213A (Reinhausen, Bauernhof): *Hl. Florian* (Fassadenmalerei); 20. Jh.

19 Am Biopark (Universitäts-Sportplatz, vormals Josef-Engert-Straße): *Wegkreuz* (Burgfriedensäule Nr. 14) aus Sandstein, mit Eisenklammern, um 1496; vgl. Masa 150 f.; Bauer S. 612 f.

20 Am Brandlberg (Nähe Grünthaler Straße): *Brandlberger Ortskreuz* (Kruzifix mit Mater dolorosa), Eisenguss sowie gefasstes Holz, 19. Jh.; vgl. Masa S. 202.

21 Am Brixener Hof 10 (Wohnhaus mit Portal von 1735; zwischen 1. u. 2. OG): *Hl. Petrus mit Schlüssel und Fisch im Boot* (Emblem des Domkapitels), Wandmalerei, Nachbildung von 1983; vgl. D-3-62-000-51; Bauer, Regensburg, [5]1997, S. 46.

22 Am Brixener Hof 6 (ehem. Brixener Bischofshof, spätgotisch): *Agnus Dei mit Christusfahne*, von Mitra überhöht (Wappenschild des Bistums Brixen), Stein, teilweise polychrom gefasst, teilweise vergoldet, spätes 15. Jh.; vgl. D-3-62-000-49; Bauer, Regensburg, [5]1997, S. 45.

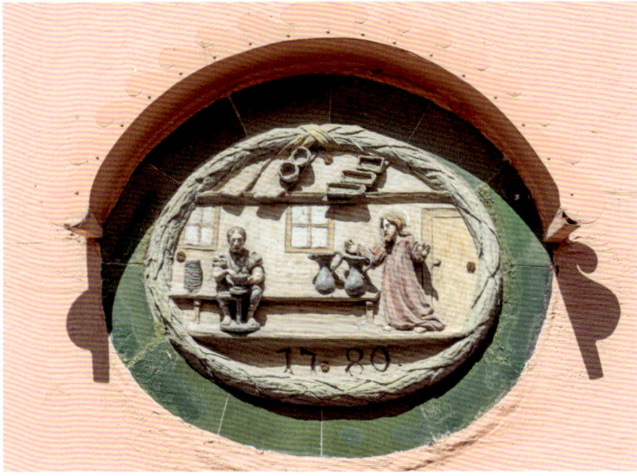

28

23 Am Dreifaltigkeitsberg 6 (Pfarrkirche Hl. Dreifaltigkeit, Friedhof): *Grabmäler* (ummauerte Anlage mit Grabmälern des 19. und 20. Jahrhunderts und zwei Kreuzen aus Holz (1798) u. Gusseisen (um 1900); vgl. D-3-62-000-58.

24 Am Gries 7 (Stadtamhof, ehem. Hafnerei, Hauszeichen 1. OG.): *Auferstehung Christi*, Terrakotta, 1863 als Hauszeichen gesetzt; vgl. D-3-62-000-62, 100 Jahre Pfarrei St. Mang, S. 148; Bauer, Regensburg [5]1997, S. 651.

---

25 Am Gries 13 (Stadtamhof, Hauswand zw. 1. u. 2. OG): *»Jesus stillt den Seesturm«* (rechteckiges Tonrelief, 1813); vgl. 100 Jahre Pfarrei St. Mang, S. 150.

---

26 Am Gries 22 (Stadtamhof, Wohnhaus, rechteckige Wandnische): *Maria als Königin mit dem Jesuskind*, Fliesenmosaik von Willy Steinmetz, 1955; vgl. Hausmadonnen S. 200 f., Kleindenkmäler Stadtamhof, S. 152.

27 Am Gries 35 (Stadtamhof, Wohnhaus, Fassade, Tondo): *Mutter mit Kind vor Flusslandschaft*, Mischtechnik auf Metall, um 1900, restauriert 1991; vgl. D-3-62-000-67, Hausmadonnen S. 202 f., Kleindenkmäler Stadtamhof, S. 154.

28 Am Gries 7 (Stadtamhof, ehem. Hafnerei, Hauszeichen 1. OG.): *Christus in der Hafnerwerkstatt*, Terrakotta, 1780; vgl. D-3-62-000-62, 100 Jahre Pfarrei St. Mang, S. 148, Karl Bauer, Regensburg. Kunst-, Kultur- und Alltagsgeschichte, Regensburg [5]1997, S. 651.

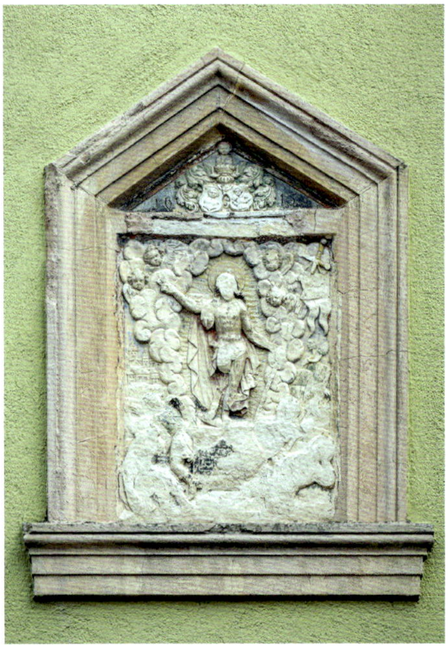

30

29 Am Gries 9 (Stadtamhof, Wohnhaus, Rundbogennische 2. OG): *Christus als Guter Hirte*, Terrakotta, letztes Viertel 19. Jh.; vgl. D-3-62-000-63, 100 Jahre Pfarrei St. Mang, S. 149.

30 Am Judenstein 9 (Wohnhaus, Fassade): *Auferstehung Christi*, Sandsteinrelief, mit Resten polychromer Fassung, 1613, Allianzwappen im Giebelfeld; vgl. D-3-62-000-73, Bauer, Regensburg [5]1997, S. 402 f.

31 Am Judenstein 10 (Haussockel): *Kruzifix*, Mischtechnik auf Metall, Holz, 20. Jh.

32 Am Königshof 2 (Achmannhaus, Seite Dr.-Wunderle-Straße, in angedeuteter Nische an der Fassade): *Thronende Madonna mit Kind*, Wandmalerei, 1982 von Markus Eberl; vgl. D-3-62-000-76, Hausmadonnen S. 146 f.

33 Am Protzenweiher 19 (Stadtamhof, ehem. Landesfeuerwehrschule): *Hl. Florian mit kniender Figur,* Fresko von 1937; verblasste Farben; vgl. 100 Jahre Pfarrei St. Mang, S. 163.

34 Am Schulbergl 2 (Ecke Weißgerbergraben): *Guter Hirte mit Dornenkrone*, Stein, polychrom gefasst, 1850 bis 1900; stark verwittert.

35 Am Singrün 2a (Erweiterungsbau des ehem. Bürgerstitfts St. Michael, 2./3. OG, Fassade am Herrenplatz): *Erzengel Michael* (Modernes Vertikal-Relief aus Terrakotta-Kacheln, von Peter Mayer, 1991).

36 An der Schierstadt 3 (Stadtamhof, spätbarockes Wohnhaus, oberhalb des Gefallenen-Gedenksteins): *Herz-Mariä-Madonna im Strahlenkranz* (bemalter Blechschnitt von 1862, mit Schutzdach, 2011 renoviert); vgl. D-3-62-000-1580; Hausmadonnen S. 216 f.; »100 Jahre St. Mang«, S. 155.

37 Andreasstraße 13 / Seifensiedergasse (St.-Mang-Kirche, Stadtamhof): *Fischlsäule*, aus Kalkstein von 1765; 1865 renoviert, 1922 Versetzung, 1978 erneuert; Mater Dolorosa, Stein, 1720; vgl. D-3-62-000-148, Masa 214 f.; 100 Jahre Pfarrei St. Mang, S. 143; Bauer, Regensburg [5]1997, S. 647 f.

38 Andreasstraße 19 (ehem. Frauenkloster Notre Dame; Gerhardingerschule, Rundbogennische): *Salvator mundi,* Kunstharz-Kopie von 1934, Original 1492; vgl. D-3-62-000-151, Masa S. 213f., 100 Jahre Pfarrei St. Mang, S. 146; Bauer, Regensburg [5]1997, S. 647.

39 Andreasstraße 21 (Stadtamhof, Rundbogennische): *Hl. Nikolaus mit Schiff,* Metall, polychrom gefasst, vor 2012, von Jürgen Lehner; vgl. D-3-62-000-153; 100 Jahre Pfarrei St. Mang, S. 147.

40 Andreasstraße 21 (Stadtamhof, verglaste Rundbogennische): *Blaue Madonn*a, Gips, polychrom gefasst, zweite Hälfte 19. Jh.; vgl. D-3-62-000-153; Hausmadonnen, S. 204 f.

41 Bäckergasse 25 (Wohnhaus): *Herz-Mariä-Figur*, Porzellan, polychrom gefasst, vor 1900; vgl. Hausmadonnen S. 226 f.

42 Bäckergasse 41 (Eck-Wohnhaus, 1. OG.): *Patrona Bavariae*, Kunststein, teilweise vergoldet, frühes 20. Jh.; vgl. Hausmadonnen S. 224 f.

43 Beraiterweg 4 (über der Eingangstür): *Mater dolorosa*, Blech, polychrom gefasst, Anfang 20. Jh.; vgl. Hausmadonnen, S. 162 f.

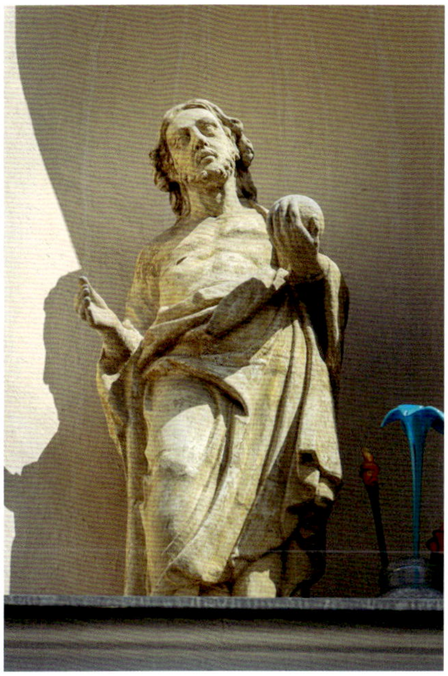

38

44 Bertoldstraße 9 (ehem. Getreidemagazin »Leerer Beutel«, Dachkonsole): *Engel mit Stadtwappen*, Grünsandstein, 1606/07, von Michael Dietlmaier; darunter mytholog. Gesicht; vgl. D-3-62-000-217; Bauer, Regensburg, Regensburg [5]1997, S. 350.

45 Bischof-Wittmann-Straße 24a (Pfarrkirche St. Wolfgang, Vorplatz): *Hl. Wolfgang*, Sandstein, von Gottfried Böhm, 1947); vgl. D-3-62-000-221, Masa S. 143 f.

46 Brandlberger Str. 76 (mehrstöckiges Mietshaus): *Fassadengemälde mit Madonna* (als oberer Abschluss), Putzgemälde, von Rudolf Böttger, 1953; vgl. Hausmadonnen S. 250 f.

47 D.-Martin-Luther-Straße 7 (ehem. Direktionsgebäude Sinz, Risalit, 1. OG): *Maria mit Kind*, Stuckrelief, Anfang 20. Jh.; vgl. D-3-62-000-298, Hausmadonnen S. 144 f.

48 Dechbetten 18 (Ecke Neyweg): *Patrona Bavariae*, Figur auf Säule und Postament, Kalksandstein, Figur polychrom gefasst, 1708; vgl. D-3-62-000-270, Masa S. 126 f., Hausmadonnen S. 177 f.

49 Dechbettener Brücke 2 / Kirchmeierstraße: sog. »*Ledermann-Wegkreuz*«, Kruzifix auf ionisierender Säule und gestuftem Inschrift-Sockel, Abguss des Originals, Sandstein, bezeichnet 1749, restauriert 1989; als Prozessionsmonument gestiftet von H. Ledermann OSB; vgl. D-3-62-000-640; Masa S. 124 f.; Bauer S. 643 f.; R. Schmeißner, Steinkreuze in der Oberpfalz (1977), S. 225f.

50 Dechbettener Straße (östlich der Bahnbrücke): *Bildstock mit Kreuzigungsszene und Wappen des Abtes Hieronymus Feury*, Kalkstein, Anfang 17. Jh.; vgl. D-3-62-000-272, Masa S. 123 f.

51 Domplatz 1 (Domkirche St. Peter, Außenfassade nach Süden und Westen): Westportal mit *Marienleben im Tympanon und in den Archivolten;* zahlreiche weitere Skulpturen (Heilige, biblische Gestalten), Kalksandstein, 13. bis 15. Jh.; vgl. D-3-62-000-313, Hausmadonnen S. 86–89.

52 Domgarten 1 (ehem. Domkapitelhaus, Hauswand mit Spolien): a) *Christus als Schmerzensmann mit Stifterfigur*, Rotmarmor, 1499; b) *Auferstehung Christi*, Stein, 1589; c) *Ölbergszene und kniende Stifter*, Sandstein, 16. Jh.; d) *Jesus mit Apostel in Gethsemani samt Kelch-Engel*, Rotmarmor, spätes 15. Jh.; vgl. D-3-62-000-309.

53 Domplatz 2 (St. Ulrich, 13. Jh.), Nordportal: *Madonna mit Kind und Lilienvase*, Scheibenrelief aus Kalkstein, 1859/61, von Fidelis Schönlaub; Südportal: *Pantokrator Christus und zwei Engel*, Tympanon-Relief aus Kalkstein, 13. Jh.; vgl. D-3-62-000-314, Hausmadonnen, S. 90 f., DiB Regensburg, S. 180.

54 Domgarten 3 (ehem. Büchsenmacherei): *Maria mit Kind,* Holz, polychrom gefasst, Mitte 18. Jh.; Vgl. D-3-62-000-311, vgl. Hausmadonnen, S. 92 f.

55 Domgarten 4 (Freigelände der Dombauhütte): *Totenleuchte des ehem. Domfriedhofs*, Kalkstein mit Glas, 1321; vgl. D-3-62-000-309; Bauer S. 796; https://www.regensburg.de/kultur/kulturdatenbank/eintrag/119015.

56 Domplatz 5 (ehem. Domkanonikerhof, neobarocke Fassade von 1890, Ecklisene mit Nische und Lampe, 1. OG): *Hl. Josef mit Kind und Säge*, Stein u. Metall, Mitte 20. Jh., von Dombaumeister Richard Triebe; vgl. D-3-62-000-316.

57 Donaustaufer Str. 29 (Ecke Wieshuberstraße, Pfarrkirche St. Josef, neobarocke Westfassade): *Josefs-Figur*, Kalkstein, 1908, flankiert von Bischofsfiguren: *St. Wolfgang u. a.*; im Giebel: *Gottvater im Strahlenkranz*, Stuck, 1908; nördl. Kirchplatz: *Großes Holzkreuz mit vergoldetem Korpus*, Holz, teilweise vergoldet, o. J.; vgl. D-3-62-000-1398.

58 Donaustaufer Str. 29a (Pfarrhaus St. Josef, Giebel): »*Das Priestertum*« (Stuckrelief mit Kelch und Stola, 1912; ebenso ein Stuck-Relief einer Patrona Bavariae, Entwürfe von H. Hauberisser); vgl. D-3-62.000-1398, Hausmadonnen S. 248 f.

59 Dr. Johann-Maier-Straße 8 (Wohnhaus, Ecknische mit Konsole an der Rückseite zur Prebrunnallee): *Maria Königin mit Jesuskind*, Holz, Gips, polychrom gefasst, neugotisch, vor 1900, Hausmadonnen S. 171f.

60 Dr.-Johann-Maier-Straße 2 (Privatgymnasium Pindl, Rückseite zur Prebrunnallee, Tondi in der Fassade, 1. OG): *Maria mit Kind und Josef mit Lilie*, Gips, Mitte 19. Jh., 2021 weiß gefasst; vgl. Hausmadonnen S. 169 f.

61 Drei-Kronen-Gasse 1 (Neue Dechantei): *Hl. Kaiser Heinrich II. und Königin Kunigunde*, Reliefs an den Pfosten des Jugendstil-Portals, Muschelkalk, 1909; über dem Türsturz: *Relief der Gottesmutter*, Muschelkalk, 1909; vollplastische Steinfigur in Ecknische von Heinrich II. an der Nordfassade (1. OG); vgl. D-3-62-000-329, Hausmadonnen S. 107 f., DiB Regensburg, S. 192.

62 Dreifaltigkeitsbergweg: *Kreuzwegstationen*, Kalkstein, Eisen u. Gips, polychrom gefasst, 1845/65 von Ludwig Graf; vgl. D-3-62-000-327, Masa S. 218f., Bauer, Regensburg [5]1997, S. 350; DiB Regensburg, S. 190.

63 Emmeramsplatz 3 (Pfarrhof St. Emmeram, rückwärtige Hausfassade im Garten, Nische im 1. OG): *Hl. Emmeram* (Steinfigur mit Leiter, Nachguss einer Renaissance-Figur); vgl. D-3-62-000-349; Engelkonsole an der Eingangstür des Pfarrhauses (neugotisch, von 1890).

64 Emmeramsplatz 4 (St. Emmeram, mit frühgotischer Torwand: zweigeschossige Wand mit zwei Spitzbogenportalen u. Arkaden-Reihe, um 1250): a) *Spätgotische Kreuzwegstation*, Steinrelief, 1511; b) Fresken von *Christus und Heiligen* (15), um 1250, seit 1560 nachweisbar, 1982 rekonstruiert; zentrale Leidensgestalt Christi: »*Ecce homo*«, von einem Engel gehalten, flankiert von *Johannes, Maria und Maria Magdalena* sowie weiteren Heiligen und Honoratioren: die *Kaiser Heinrich II.* und *Arnulf*, die *Päpste Leo IX.* und *Formosus*, die *Bischöfe Dionysius, Rupert, die Äbte Benedikt von Nursia und Emmeram, die Apostel Petrus und Paulus*; vgl. D-3-62-000-350; A. Hubel, Die nördliche Portalwand von St. Emmeram in Regensburg, in: Romanik in Regensburg, 1996, S. 124-147; zur Abteikirche St. Emmeram: DiB Regensburg S. 198 ff., zum spätgotischen Kreuzweg-Relief: ebd. S. 213.

65 Emmeramsplatz 6 / Waffnergasse (Marstall-Hofmauerportal, neobarockes Ädikula-Tor von 1910, im Giebeldreieck): *Hl. Christophorus in gebückter Haltung mit Jesuskind* (Steinrelief von Margarethe von Thurn und Taxis); vgl. D-3-62-000-352; https://domschatz-regensburg.de/index.php?option=com_content&view=article&id=151&Itemid=26.

66 Emmeramsplatz: *Bischof Johann-Michael Sailer*, Denkmal mit Kalksteinsockel und Kupferfigur, 1867/68, von Max von Widmann und Ferdinand von Miller jun.; vgl. D-3-62-000-459; vgl. Masa S. 88 f., https://www.regensburg.de/kultur/kulturdatenbank/eintrag/119009.

67 Erhardigasse 8 (Schulgebäude, Rückseite, über dem EG im Gesims): *Madonna mit Kind über Regensburg mit Donau*, Blech, polychrom gefasst, 2001, von Christian Goller; vgl. D-3-62-000-387; vgl. Hausmadonnen S. 122 f.

68 Erzbischof-Buchberger-Allee 23 (Von-Müller-Gymnasium): *Bischof Otto von Bamberg*, Figur aus Muschelkalk, 1980/81, von Heinrich Glas, vgl. Masa S. 133.

69 Fahrbeckgasse 1 (Eckhaus, Hauswand in der Heiliggeistgasse, zw. 1. u. 2. OG): »*Heiliger Wandel*« (Relief der Hl. Familie mit Trinität, monochrom gefasst, Kunststein, Mitte 19. Jh.); vgl. D-3-62-000-392; vgl. Hausmadonnen S. 184 f., DiB Regensburg S. 234; https://domschatz-regensburg.de/index.php?option=com_content&view=article&id=149&Itemid=28.

70 Fischlstraße 1 (Stadtamhof, barockes Wohnhaus, Muschel-Rundbogennische): *Madonna mit Kind im Stil der Spätgotik um 1500,* (Holz, polychrom gefasst, 20. Jh.; vgl. D-3-62-000-408; Hausmadonnen S. 206 f.; 100 Jahre Pfarrei St. Mang, S. 157.

71 Frankenstraße / Am Europakanal (»Buchhauser-Garten«): *Christushaupt in Dürer-Manier*, Steinmonument mit vollplastischem Haupt Jesu und kleinteilig bestücktem Unterbau; *Hl. Georg und Abendmahl* (Reliefs, Formstein / Kalkstein, 1970er Jahre, Max Buchhauser); vgl. M. Spaan, Das Stadtbuch Regensburg, hg. von H. Lankes, Regensburg 2004, S. 35; https://commons.wikimedia.org/wiki/Category:Max-Buchhauser-Garten (27 Fotos; Zugriff 13.12.22).

72 Frankenstraße / Bundesstraße 8 (Winzer): *Hl. Nikolaus*, monumentale Vollplastik mit Sockel am Donau-Ufer (Kalkstein, 1979/80, von Hans Wurmer); vgl. Masa S. 226 f.

73 Frauenbergl 6 (ehem. Dompropstei, Portal): *Jesus mit ausgebreiteten Armen*, Standfigur auf Konsole, Ton, monochrom gefasst, 19./20. Jh.; vgl. D-3-62-000-438, Bauer S. 119 f., DiB – Regensburg S. 248.

74 Friedrich-Ebert-Straße 2, 46 (Nähe Kirche St. Paul): *Hl. Johannes Nepomuk*, barocke Sandsteinfigur auf modernem Sockel, urspr. polychrom gefasst, 18. Jh., 1977 restauriert, Fassung verblasst, aus dem ehem. Gut Königswiesen; vgl. D-3-62-000-440; Bauer S. 651; Masa S. 131 f.

75 Gebhardstraße 9 (Stadtamhof, Wohnhaus, Rückseite): *Madonna mit Kind*, Standfigur in verglaster Giebelnische, Holz, polychrom gefasst, nach gotischem Vorbild; vgl. Hausmadonnen S. 210 f.; »100 Jahr St. Magn« S. 156.

76 Gerlichstraße 11a (Buchberger-Haus): *Erzengel Michael*, Fassadenmalerei, Mitte 20. Jh., heute verborgen unter Wärmedämmplatten.

77 Glockengasse 14 (»Huber'sches Stiftungshaus«, 14. Jh., rechteckige Nische über Portal): *Steinbüste des Johannes Baptist mit himmlischer Hand* (Kalkstein, Ende 13. Jh., mit Vertikalgravur »Johanes Baptista«); vgl. D-3-62-000-495, Bauer S. 515 f.

78 Goliathstraße 4 (frühgotisches Stadthaus, Fassade): *Monumentalfresko von David und Goliat* (von Franz Rinner, 1900); vgl. D-3-62-000-507; vgl. DiB Regensburg S. 208 f.

79 Grasgasse 2 (Ecke Fröhliche Türkengasse, Ecksäule): *St. Petrusfigur mit Schlüssel* (Steinfigur mit Kapitell u. Baldachin, 2. Hälfte 19. Jh.); vgl. Hausmadonnen S. 266 f.

80 Großprüfening 7 (Geschäftshaus): *Christus, der gute Hirte*, Standfigur mit Stab und Schaf auf Konsole unter Baldachin, Terrakotta, um 1900.

81 Großprüfening 33 (im Hof, Kirche St. Anna): *Grabstein mit Kreuzigungsszene*, unter segmentbogiger Überdachung, Steinrelief, Anfang 18. Jh.

82 Gutenbergstraße 8: *Gotisches Sühnekruzifix*, Kalkstein, um 1313, mit Inschrift, spätere Ergänzungen; vgl. D-3-62-000-526; Masa S. 145 f.; Bauer S. 664.

83 Hans-Sachs-Straße 2 (Albertus-Magnus-Gymnasium, Rasenfreifläche): *Hl. Albertus Magnus* (Travertinplastik von Toni Fiedler, 1965); vgl. Masa S. 110 f., Hausmadonnen S. 268 f.

84 Hemauerstr. 14 (Wohnhaus, 1. OG): *Jesus, der gute Hirte*, Standfigur mit Stab und Schaf in verglaster Nische, Gips, polychrom gefasst, Ende 19. Jh.

85 Herzog-Albrecht-Str. 1a: *Mariensilhouette*, Basrelief in Metallrahmen-Nische, Eichenholz, vergoldet; von Rudolf Ackermann, 2018; vgl. Hausmadonnen S. 212 f.

86 Hofgartenweg 6: *Steinkreuz mit kurzem Querbalken*, Granit, evtl. Ende 15. Jh.; vgl. Masa S. 142 f.

87 Hoher-Kreuz-Weg 7 (Ecke Straubinger Straße): *Spätgotisches Wegkreuz mit doppelseitiger Darstellung des Gekreuzigten und einer Mondsichelmadonna mit Kind auf der Gegenseite*, auf Säule über getrepptem Rundsockel, Kreuz: Kalkstein; Sockel: Sandstein, um 1500, um

87

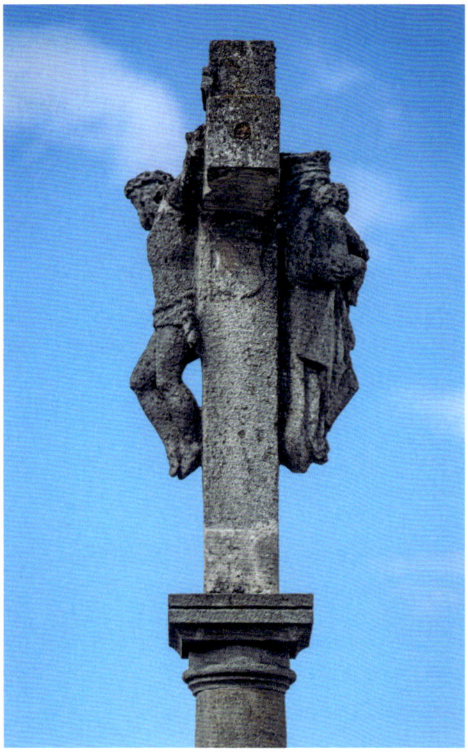

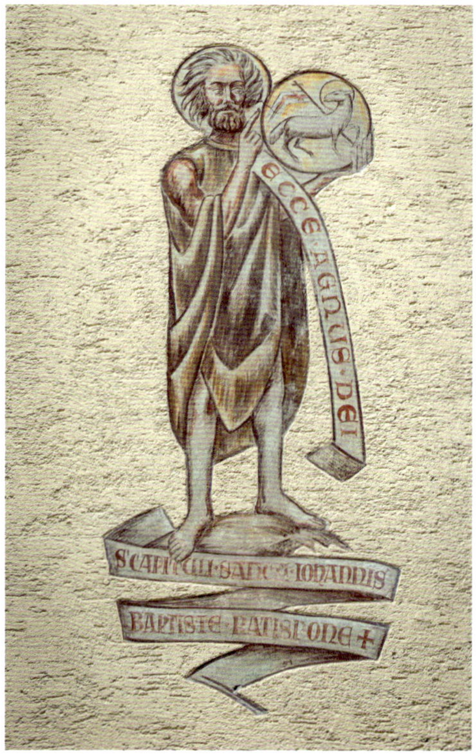

94

1700 und 1982 restauriert; vgl. D-3-62-000-1182; Masa S. 180 f.; Hausmadonnen S. 196 ff.; Bauer S. 568 f.

88 Jakobstraße 3 (Schottenkirche St. Jakob, Vorplatz): »*Das Haus Gottes*« (Gedenk-Monument zur Erinnerung an den Besuch von Papst Benedikt XVI.; Satteldach-Häuschen aus vergoldeter Bronze auf schwarzem Marmorsockel, von Joseph M. Neustifter, 2017); vgl. Hausmadonnen S. 164 ff.; M. Baumann / D. Rimsl, Das Denkmal zur Erinnerung an den Papstbesuch in Regensburg 2006 (Kulturschätze, 23). Hg. vom Priesterseminar St. Wolfgang, Regensburg 2019.

89 Johannisstraße 29 (Kinderhaus St. Maria): *Kruzifix unter Satteldach*, Holz, gefasst; Eisenguss, patiniert, evtl. um 1900; vgl. Masa S. 187 f.

90 Kagerer Weg (oberhalb von Niederwinzer): *Gotischer Bildstock mit Kreuzigungsgruppe,* Hochrelief (Sandstein, Anf. 15. Jh., erhebliche Schäden und Ergänzungen, Konservierungsmaßnahme 1988; vgl. D-3-62-000-1508; Masa S. 227 f.

91 Kapellengasse 6 (Alte Dechantei, Korbbogenportal): »*Türkenmadonna*« (Steinrelief einer Strahlenkranzmadonna mit Kind, 1464, polychrom gefasst); vgl. D-3-62-000-608, Hausmadonnen S. 109 ff.

92 Kapellengasse 6 (Ecke Schwarze-Bären-Straßen, Alte Dechantei, Erker): *Musizierender Engel* (dunkel gebeizte Holzschnitzerei, Engel mit Laute, 1906); vgl. D-3-62-000-608.

93 Killermannstraße 28 (Pfarrkirche St. Bonifaz, Vorplatz): *Hl. Bonifatius*, monumentale Standfigur auf Steinplateau, Kalkstein, 1969/70 Andreas Sobeck; vgl. D-3-62-000-638; Masa S. 119 f.; https://st-bonifaz-regensburg.de/images/bonifazkirchenfuehrer.pdf.

94 Königsstraße 1 (Ecke Weißbräuhausgasse, Hauswand 1. OG): *St. Johannes der Täufer*, Fassadenmalerei, Ganzfigur mit Lamm-Tondo und Inschriftenbanderolen, 2. Hälfte 20. Jh.

95 Krauterermarkt 3 (Ecke Unter den Schwibbögen, Bischofshof): *Hl. Wolfgang*, Halbfigur am Erker, unter zwei Doppel-Voluten, mit Stadtwappen, Sandstein, teil-koloriert, 1904; vgl. D-3-62-000-661; DiB Regensburg S. 346 f.

96 Krauterermarkt 4 (Stiftskirche St. Johann, Westfassade, Giebelnische): *Hl. Johannes der Täufer mit Kreuzesbanner*, vollplastische Steinstatue, Kalkstein, monochrom gefasst, von Friedrich Preckel, 1889; vgl. D-3-62-000-663; www.kollegiatsstift-stjohann.de.

97 Kumpfmühler Straße 1 (Pustet-Villa, Ecke Fürst-Anselm-Allee): *Madonna mit Kind*, gotisches Steintondo, Schluss-Stein aus ehem. Kapelle »Unsere Liebe Frau hinter der Pfannenschmiede«, Stein, koloriert, Ende 14. Jh.; vgl. D-3-62-000-685; vgl. Hausmadonnen S. 148 f.

98 Kumpfmühler Straße 3 (1. OG): *Patrona Bavariae*, in Altan-Nische, Sandstein, teilvergoldet, 1895; vgl. D-3-62-000-688; vgl. Hausmadonnen S. 150 f.

99 Landshuter Straße 9 (Geschäftshaus, ehem. Augenklinik Dr. Klier / Villa Oculus, Treppenhausanbau, 1. OG): *Hl. Odilie* (Kubische Bronze-Skulptur mit Kopf-Ring sowie Buch mit zwei Kugeln).

100 Leibnizstraße Nr. 11 (Freigelände an der Zufahrt): *Hl. Erhard,* Bronze-Figur (ca. 1,50 m hoch) mit Bischofsstab und Buch samt Augenpaar (Attribut) auf grobem Granitsockel, von Johannes Potzler, 1993.

101 Leichtlgasse 8 (Hauswand): *Trauernder Apostel Johannes*, Sandstein, halbplastisch, wohl 15. Jh.

102 Lessingstraße 20 (mehrstöckiges Wohnhaus): *Hl. Michael mit Schwert*, Waage und Drachen, Fassadengemälde, von Otto Baumann, 1950; erneuert 2003.

103 Ludwig-Thoma-Straße 14 (Bezirkskrankenhaus, ehem. Benediktinerkloster Prüll): *Vitusbrunnen*, oktogonales Becken, zentrale Säule mit Postament und vergoldeter Kugel mit lothringischem Kreuz als Abschluss, Kalkstein, 1732; vgl. D-3-62-000-745; vgl. Masa S. 139 f.

104 Neutraublinger Str. 13 (Harting, Vorgarten u. Fassade): *Lourdesgrotte aus Schlackensteinen*, weißblaue

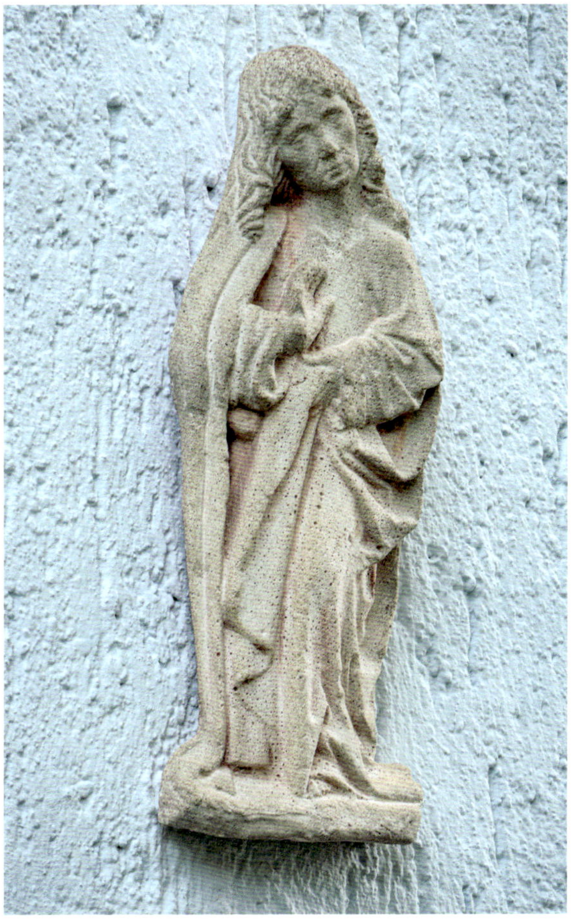

101

Lourdes-Madonna aus Gips, um 1900; Madonna mit Kind (Nische, hinter Glas: Jesuskind mit kreuzförmig ausgebreiteten Armen, gehalten von der Gottesmutter), um 1900; vgl. Hausmadonnen S. 156 f.

105 Neutraublinger Str. 32 (Harting, Wohnhaus, Giebelnische): *Betende Madonna*, Gips, koloriert, um 1900; vgl. Hausmadonnen S. 158 f.

106 Neutraublinger Straße 32 (Harting): *Paulusdenkmal*, Denkmal zur Erinnerung an Paul Puricelli mit Relief des hl. Paulus in hausartigem Aufbau, Klinkerhäuschen mit Kalksteingiebel, um 1880; vgl. Masa S. 172 f.

107 Neyweg 2 (Dechbetten, Wallfahrtskirche Mariä Himmelfahrt): *Marienfiguren in den Portalnischen von Kirche und Friedhofsmauer* (Zugang Neyweg), Sandstein, 18. Jh.;

vermauertes Sandstein-Fragment links neben Friedhofsportal: *Christus mit Kelch,* Basrelief, Ölbergszene, evtl. 15. Jh.; *Grabmonumente* (Friedhof um die Kirche herum); vgl. D-3-62-807; vgl. Hausmadonnen S. 177 f.

108 Niedermünstergasse 3 (Pfarrkirche Mariä Himmelfahrt und St. Erhard, Westfassade): *Strahlenkranzmadonna mit Kind samt Zepter und Sichelmond*, über Renaissance-Portal auf Konsole, Sandstein, 1621; vgl. D-3-62-000-810; vgl. Hausmadonnen S. 94 ff.

109 **Nonnenplatz 1 (Kirche Heilig Kreuz, Seitenportal): *Hl. Helena mit Kreuz und Zepter* (kolorierte Steinfigur, um 1755); vgl. D-3-62-000-74; vgl. DiB Regensburg S. 54 ff.; M. J. Geßner, Dominikanerinnenkirche Hl. Kreuz Regensburg, München u. Zürich 1989, S. 4–10.**

110 Nürnberger Straße 182 (Winzer, Wohnhaus): *Kreuzstein mit Traube und Winzermesser*, 1570; vgl. Bauer, S. 773; https://domschatz-regensburg.de/index.php?option=com_content&view=article&id=154&Itemid=23.

111 Nürnberger Straße 234 (Winzer, barockes Wohnhaus): *Hausmadonna*, 17. Jh.; vgl. D-3-62-000-823.

112 Obere Bachgasse 7 / Ecke Augustinergasse (Albrecht-Altdorfer-Haus): *Maria vom Siege*, Kalkstandstein, mit Lampe, Anfang 18. Jh.; vgl. D-3.62-000-830, Hausmadonnen S. 126 ff.; https://domschatz-regensburg.de/index.php?option=com_content&view=article&id=152&Itemid=25.

113 Obere Regenstraße 27 (Kirche St. Nikolaus, Ecksäule zur Straße hin): *Hl. Nikolaus*, mit Buch und goldenem Bischofsstab, unter Baldachin, Kalkstein, monochrom gefasst, Stab Buntmetall, 14. Jh.; vgl. D-3-62-000-842; vgl. Bauer, S.744 f.

114 Obermünsterplatz 1 (2. OG, Ecknische von 1791): *Patrona Bavariae*, Kopie eines spätbarocken Originals, 1981; D-3-62-000-844; vgl. Hausmadonnen S. 129 f.

115 Obermünsterplatz 4 (Ecke Obermünsterstraße): *Gotische Madonna mit Kind*, Holz, koloriert, ohne Zepter, um 1490; vgl. Hausmadonnen S. 131 f.

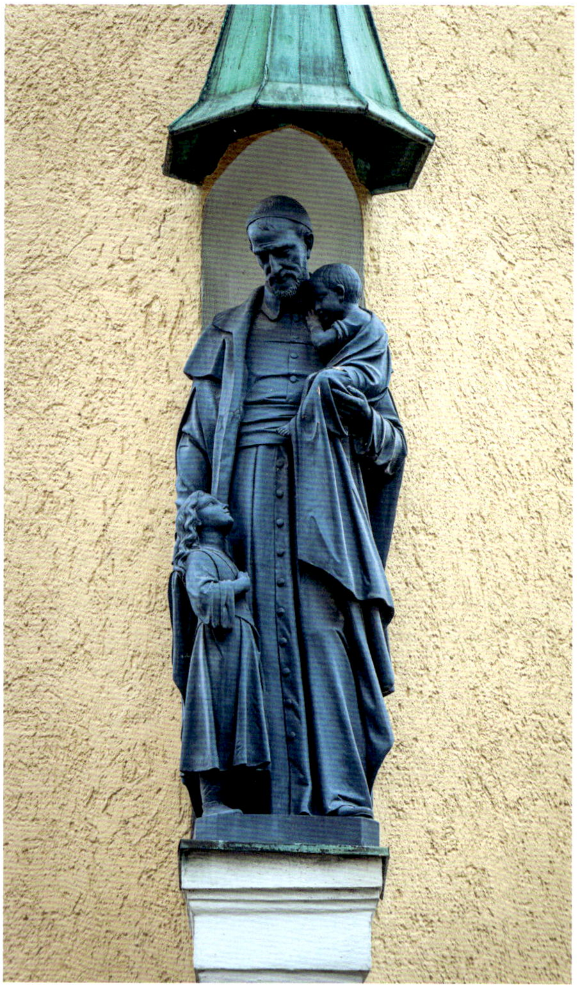

118

116 Obermünsterplatz 5 (ehem. Priesterhaus zum hl. Franz Xaver, »Josefshäuschen« von A. Diepenbrock) in verglaster Nische: *Patrona Bavariae*, Holz, koloriert, um 1700; vgl. D-3-62-000-847; Hausmadonnen S. 133 f., Bauer S. 163 f., DiB Stadt Regensburg S. 424.

117 Obermünsterstraße 8 / Hausseite Obermünsterplatz (Wohn- und Geschäftshaus, 2. OG): *Gotische Sitzmadonna mit Kind*, Abguss eines polychrom gefassten Originals von 1330/35; vgl. D-3-62-000-854; Hausmadonnen S. 135 ff.

118 Obermünsterstraße 10 (Ecke Obermünsterplatz, ehem. Jesuitenburse, in Eckaussparung): *Hl. Vinzenz von Paul mit zwei Kindern*, Standfigur, bronzeartige Fassung, 20. Jh.

119 Obermünsterstraße 11 (Wohnhaus, 1. OG): *Kniender Ritter vor Kruzifix* (Epitaph des Johann Wolfgang von Salis), Kalkstein, 1639; das Epitaph befand sich ursprünglich in der Niedermünsterkirche über dem Grab des Johann Wolfgang von Salis (bis Mitte des 19. Jh.s); vgl. D-3-62-000-858; Bauer S. 517

120 Obermünsterstraße 13 / Hausseite Simadergasse (Wohn- und Geschäftshaus): *Betende Madonna*, Gips, koloriert, um 1900; Standfigur in verglaster Nische; vgl. D-3-62-000-859; Hausmadonnen S. 138 f.

121 Obermünsterstraße 15 / Ecke Simadergasse (Wohn- und Geschäftshaus): *Steinmadonna mit Kind*, Kalkstein, monochrom gefasst, Ende 19. Jh.; Standfigur auf Konsole und Baldachin in Ecknische mit Taubenschutz; vgl. Hausmadonnen S. 140 f.

122 Obermünsterstraße 17 (Wohn- und Geschäftshaus, über Bogenportal): *IHS-Monogramm mit Kreuz und Jahreszahl »1679«*, Kalkstein, dat. 1679; vgl. D-3-62-000-861.

123 Obertraublinger Straße / Aubach-Brücke (Burgweinting): *Hl. Nepomuk,* Kalksteinfigur, 18. Jh.; vgl. Masa S. 168 f.

124 Ostengasse 24 (Wohnhaus, über dem Portal, zwischen den Fenstern des 1. und 2. OG): Tondi »*Maria mit Kind*« und »*Josef mit Lilie*«, Terracotta mit vergoldetem Hintergrund, um 1873; ehem. Bolland'sches Brauerei-Anwesen; vgl. D-3-62-000-893; Hausmadonnen S. 186 f.

125 Ostengasse 1 / Ecke Hunnenplatz (mehrstöckiges Wohnhaus, 2. OG): *Engel-Komposit-Konsole*, Schriftzug »St. Maria, bitte für uns«, Sandstein, dat. 1881; ohne Marienfigur; vgl. Hausmadonnen S. 258 f.

126 Ostengasse 36 / Ecke Am Stärzenbach (»Marienheim«): *Patrona Bavariae*, Stein, monochrom gefasst und vergoldet, 1896/97; Standfigur auf Volutenkonsole unter großem Baldachin; vgl. D-3-62-000-901; Hausmadonnen S. 188 f.

127 Ostengasse 36 (»Marienheim«): »*Das Auge Gottes*« *in Dreieck im kreuzförmigen Strahlenkranz*, Stuckrelief, 1901; vgl. D-3-62-000-901; Hausmadonnen S. 188 f.

128 Pfaffensteiner Weg 24 (Wohnhaus, EG): *Freistehendes Holzkruzifix mit gezahntem Manteldach*, Holz, dunkelbraun gebeizt, teilvergoldet; bis 2012 auf dem Oberen Friedhof; vgl. 100 Jahre Pfarrei St. Mang, S. 160.

129 Pfaffensteiner Weg 4 / 6 (Stadtamhof, Wohnhaus): *Barocke Pietà in Steinhäuschen*, verglast und vergittert; Holz, polychrom gefasst, Kopie einer barocken Figur um 2000; Anwesen aus zwei Gebäuden zusammengelegt; vgl. D-3-62-000-903; Hausmadonnen S. 214 f.; 100 Jahre Pfarrei St. Mang, S. 159.

130 Pfaffensteiner Weg 4 / 6 (Stadtamhof, Wohnhaus): *IHS-Kartusche* (Jesuiten-Hauszeichen über Tür-Architrav), Rotmarmor, wohl 17. Jh.; Anwesen aus zwei Gebäuden zusammengelegt; vgl. D-3-62-000-903; 100 Jahre Pfarrei St. Mang, S. 159.

131 Pfauengasse 10 / Ecke St. Kassians-Platz: *Gotische Madonna mit Kind*, Holz, polychrom gefasst, 14. oder 15. Jh. (Skulptur); Standfigur unter spitzem Kegeldach, auf reduzierter Konsole (1955) an der ehem. Emmerams-Apotheke; vgl. D-3-62-000-916; Hausmadonnen S. 115 ff.

132 Pfauengasse 3 (Wohn- und Geschäftshaus mit Neobarockfassade, 1. OG): *Patrona Bavariae*, Stein, polychrom gefasst, 1903; Standfigur in Nische am ehem. Syndikatshaus des Domkapitels; vgl. D-3-62-000-914; Hausmadonnen S. 118 ff.

133 Platz der Einheit / Prebrunnallee: »*Pestsäule*« (spätgotische Kalkstein-Wegsäule von 1459 mit Passionsszenen und Prophetenfiguren, Wimpergen und Fialen, 1845/50 überarbeitet von Ludwig Foltz); vgl. D-3-62-000-452; Masa S. 96 ff., Hausmadonnen S. 167 f., Bauer S. 563; https://domschatz-regensburg.de/17-statischer-inhalt/denkmal/155-pestsaeule.html.

134 Prinzenweg 4 (ehem. Waisenhauskapelle »*Maria vom Schnee*«, 1734; Seite Heiliggeistgasse, Fassade): Mosaik von *Bischof Georg Wittmann mit Ordensfrau und Kindern* (Kachelmosaik von ca. 2 x 2,5 m, 1955, Schriftzug: »Bischof Wittmann schütze dein Heim«); vgl. D-3-62-000-931.

135 **Prinzenweg 15 (»Ulrichshaus«, Fassade über dem linken Gittertor-Eingang): *Bischof St. Ulrich zu Pferde* (Schmiedearbeit aus schwarzgefassten Metallbändern, mit Stab und Mitra).**

136 Predigergasse 4: *Barockes Steinrelief zur Bootspredigt Jesu am See-Ufer* (Inschrift: GA. W 1711).

137 Prüfeninger Schloßstraße / Nähe Sinzinger Straße: *Bildstock mit Kreuzigungsgruppe*, Sandstein-Relief, 18. Jh.; vgl. D-3-62-000-944; Masa S. 118.

138 Prüfeninger Schulgasse 14: *Auferstehungsfigur Christi*, Ton, polychrom gefasst, um 1880/1900; Standfigur in verglaster Rundbogennische.

139 **Prüfeninger Straße 86 (Krankenhaus der Barmherzigen Brüder, Vorplatz Krankenhaus-Kapelle Hl. Pius V.): *Granitmonument des sel. Eustachius Kugler* (Günther Mauermann, 1996); vgl. Masa S. 114f.**

140 Rathausplatz 4 (großer Rathaushof): *Allegorische Figuren der vier Kardinaltugenden*, Kalkstein, 1632, Leonhard Kern; Figuren ursprünglich für die drei Portale der Dreieinigkeitskirche geschaffen; der Kopf einer fünften Figur (Allegorie der Liebe) wird im historischen Museum verwahrt; vgl. D-3-62-000-956; Masa S. 61 f.

141 Reinhausen 43 (ehem. Gutshaus, Giebelnische): *Madonna mit Kind mit ausgebreiteten Armen*, Gips, polychrom gefasst, vor 1900; vgl. Hausmadonnen S. 243 f.

142 Reinhausen 46 (Wohnhaus, Giebelnische): *Madonna mit Rosenkranz*, Holz, polychrom gefasst, 19 Jh.; vgl. Hausmadonnen S. 238 f.

143 Roritzerstraße 2a (Neo-Renaissance-Villa mit Eckturm, rechte Hausseite): *Antikisierende Figuren in drei Nischen – Maria mit Jesusknaben, Hl. Florian, Hl. Josef mit Jesuskind,* Kunststein, 1897 Architekt Alois Janker; vgl. D-3-62-000-982, Hausmadonnen S. 192 f.

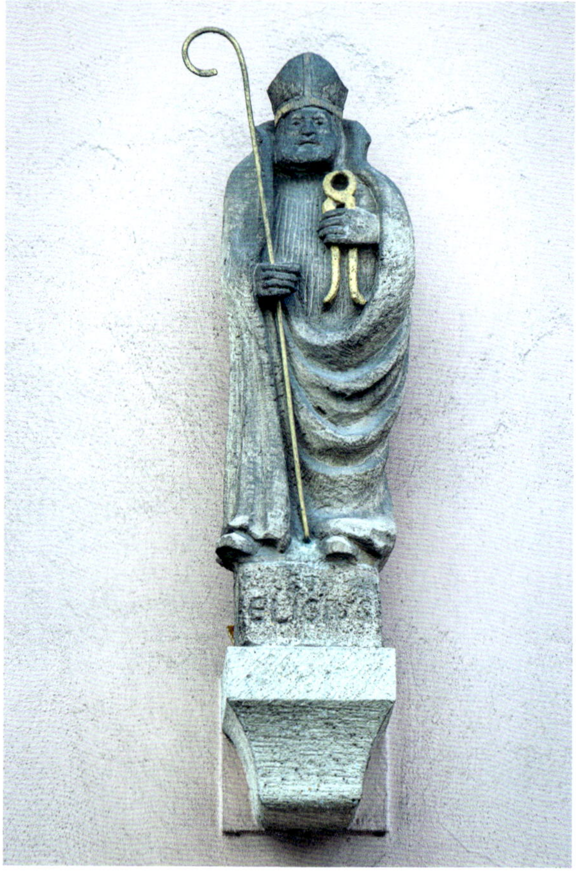

149

144 Roter Herzfleck 2 (beim Alten Rathaus): *Christus-Monogramm IHS und Arma-Christi-Symbole*, Kalkstein, übermalt; vgl. D-3-62-000-1000, vgl. https://domschatz-regensburg.de/index.php?option=com_content&view=article&id=146&Itemid=22

145 Röhrlgässel 9 (Wohnhaus in Zeile, 1./2. OG): *Marienhalbrelief*, Kunststein in Spitzbogennische, monochrom gefasst, Kopie der Terrakotta-Madonna von Filippo Lippi, um 1900; vgl. Hausmadonnen S. 190 f.

146 Sallerergasse 2 (Pfarrkirche Mariä Himmelfahrt, Friedhof): *Totenlichtsäule* (mit Relieftafeln), Anfang 15. Jh., Grabmonumente (18.–21. Jh.), Friedhofskreuz, Korpus gusseisern, 1904; vgl. D-3-62-000-1011.

147 Salzburger Gasse 1 (ehem. Studienseminar der Stiftung »Alte Kapelle« im Neo-Renaissance-Stil, Portal im

Rundturm): *Maria als Königin mit Lilie*, Sandsteinrelief-Medaillon mit Voluten und Rollkartusche, 1899; vgl. D-3.62-000-1012, Hausmadonnen S. 120 f.

148 Salzburger Gasse 4: *Petrus im Boot*, rechteckiges Sandstein-Relief, 1912, Max Roider; vgl. https://domschatz-regensburg.de/index.php?option=com_content&view=article&id=150&Itemid=27

149 Schäffnerstraße 22 (Hauswand, Konsole): *Hl. Bischof Eligius mit goldener Zange* (Steinfigur, 2. Hälfte 20. Jh., evtl. Richard Triebe.

150 Schopperplatz 7 (Oberer Wöhrd, Wohnhaus, verglaste Rundbogennische): *Fátima-Madonna*, weiße Gipsfigur mit goldenen Ornamenten, Mitte 20. Jh.; vgl. Hausmadonnen S. 208 f., »100 Jahre St. Mang« S. 161.

151 Schwalbenneststraße / Ziegetsdorfer Straße (Dechbetten): *Kruzifix*, Gusseisen mit vergoldetem Korpus, Ende 19. Jh.; vgl. Masa S. 127f.

152 Schwalbenneststraße 7 (Wohnhaus, Dechbetten, vergittere Kleinnische in der Fassade): *Maria mit Jesuskind*, Gips, polychrom gefasst, 2. Hälfte des 20. Jh.; vgl. Hausmadonnen S. 180 f.

153 Schwandorfer Straße 16: *Erzengel Rafael mit Knabe*, Gipsfigur in neogotischer Nische mit Kreuzblume, 19. Jh.

154 Schwandorfer Straße 27 (Wohnhaus, Ecknische 1. OG): *Jungfrau Maria*, gezahnte Konsole, hexagonaler Flachbaldachin; weiß-blau gefasste Tonfigur, Mitte 19. Jh.; vgl. Hausmadonnen S. 230 f.

155 Schwanenplatz 1 (Hauswand, über Bogenfenster): *Michael tötet den Drachen*, flache Bronzefigur mit Kreuzstab, um 1980, Peter Mayer(?); vgl. D-3-62-000-1058.

156 Schwarze-Bären-Straße 1 (ehem. Manz-Gebäude, über dem Portal): »*Huldigung der Könige*« (gotisches »Dreikönigsrelief«, Stein, koloriert, mit Textzeile, 1478); vgl. D-3-62-000-1062; vgl. Hausmadonnen S. 112 ff., Bauer S. 110 f.; https://domschatz-regensburg.de/index.php?option=com_content&view=article&id=145&Itemid=32.

157 Schwarze-Bären-Straße 1 (1. OG, links vom Portal): Glasmosaik »*Josef mit Jesusknaben*« (Ädikula - klassizistische Umrahmung in Fenstergröße); vgl. D-3-62-000-1062, Hausmadonnen S. 112 ff. und 264 f.

158 Schwarze-Bären-Straße 7 (Stiftspfarramt St. Kassian, Portal, ehemals Inspektorenhaus der Kirchen-Musikschule): *Hl. Cäcilia mit Orgel,* Jugendstil-Portal mit Segens-Vers auf dem Portalquerbalken: »Introitum et exitum Dominus custodiat«, Kardinaltugenden und theologische Tugenden, Sandstein, 1904, Architekt Anton Mayer; vgl. D-3-62-000-1066.

159 Sedanstraße 16 (Innenhof, »Gartenhaus« des Stuckateurs Jakob Grau, Schweifgiebel-Fassade): *Neugotisches Relief des hl. Johannes Evangelist, Schmerzensmann*, Medaillon *»Maria mit Kind«, Pietà, Kreuzigungsgruppe*, Soldat(?), Kunststein, um 1900; vgl. D-3-62-000-1078, Hausmadonnen S. 194 f.

160 Seifensiedergasse 12 (Stadtamhof, Wohnhaus in Häuserzeile): *Mariakönigin in hellblauem Gewand mit Kind,* polychrom gefasstes Porzellan, verglaste Rundbogennische, 19. Jh.; vgl. Hausmadonnen S. 220, 100 Jahre Pfarrei St. Mang, S. 144.

161 Seifensiedergasse 8 (Stadtamhof): *Madonna mit Jesuskind in kreuzförmiger Haltung*, polychrom gefasste Gipsmadonna, neugotische Holznische mit Fialen und Kreuzblume, Mitte 19. Jh.; vgl. Hausmadonnen S. 221, 100 Jahre Pfarrei St. Mang, S. 145.

162 St.-Kassians-Platz 1 (Pfarrkirche St. Kassian, Rokoko-Portal an der Nordseite, vor Oberfenster): *Hl. Bischof Kassian*, vollplastische Figur; Sandstein; Kopie von 2015 nach spätgotischem Original aus der Zeit um 1477; D-3-62-000-1020; R. Gimmel / A. Moosburger, Stiftspfarrkirche St. Kassian, Regensburg 2016, S. 10.

163 St.-Katharinen-Platz, Stadtamhof (oktogonaler Granit-Brunnen): *Hl. Katharina* (vergoldete Figur mit Schwert und Rad, nach einem gotischen Vorbild, von Sandro Herbrand, 2018).

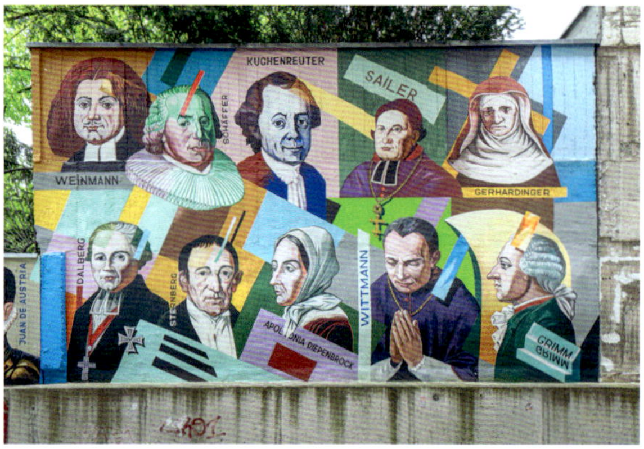

169

164 St. Koloman-Weg 2 (Harting, Gebäude der Freiwilligen Feuerwehr): *Hl. Florian*, Fassadengemälde, Ende 20. Jh.

165 St.-Koloman-Weg 4 (Harting, Pfarrheim): *Hl. Koloman*, dargestellt als Jakobspilger mit Kreuzstab, Inschrift »St. Coloman«, Fassadengemälde, Ende 20. Jh.

166 St.-Konrad-Platz (Pfarrkirche St. Konrad): *Brunnenanlage mit Bruder Konrad von Parzham und bedürftiger Frau an der Klosterpforte*, Bronzeplastik, 1995, Studio Pante; vgl. D-3-62-000-684, Masa S. 200 f.

167 St.-Peters-Weg 11 (Obermünsterzentrum, Südtrakt): *Madonna mit Jesuskind*, Muschelkalk-Relief an der Balkon-Brüstung des Doppelsäulen-Portal, 1930; vgl. Hausmadonnen S. 152 f.

168 St.-Peters-Weg 13 (Bischöfliche Zentralbibliothek): *Betende Madonna auf Weltkugel*, vollplastische Holzfigur im Freien, Pappelholz, ehemals rot gebeizt, 2011, Holzschnitzerei Tremml in Arnbruck; vgl. Hausmadonnen S. 154f.

169 St.-Peters-Weg 13 (Betonwand der Bischöflichen Zentralbibliothek zur Gasse beim Parkhaus): *Porträts von historischen Persönlichkeiten aus Regensburg, darunter Apollonia Diepenbrock und Johann M. Sailer, die Seligen Hemma, Gisela von Ungarn, Theresia Gerhardinger und Weihbischof Georg M. Wittmann sowie der Heilige Albertus Magnus*, Kunstprojekt von Oleg Kuzenko, Wandmalerei mit Acrylfarbe, seit 2019; das Werk wird um weitere Darstellungen ergänzt; vgl. Hausmadonnen S. 272 f.

170 St.-Peters-Weg (auf Höhe des Fußwegs zum Hauptbahnhof): *Predigtsäule*, Sandstein, 1. Viertel 14. Jh.; Restaurierungen 1526 und 1858; die Kreuzigungsgruppe ist ein Zementabguss von 1858; an allen Seiten Halbreliefs, u. a. *Jüngstes Gericht, Christus als Weltenrichter mit Maria und Johannes, 12 Apostel, Ölbergszene, Arme Seelen;* vgl. D-3-62-000-456, Masa S. 83 ff.

171 Stadtamhof Nr. 11 (Neobarock-Fassade): *Madonna mit Kind* (in Muschel-Bogennische unter Buchstaben-Kartusche, fehlend u.a. rechte Hand und rechter Fuß des Kindes, linke Hand Mariens sowie ein Teil der Krone), Stuck oder Gußstein, grau gefasst, 1895; vgl. D-3-62-000-1138, Hausmadonnen S. 218 f.

172 Stadtamhof Nr. 18 (Wohn- und Geschäftshaus, über Portal, 1. OG): *Hl. Josef mit Buch und Lilie*, polychrom gefasste Gipsfigur, um 1900, in verglaster Kleinnische; vgl. D-3-62-000-1145, 100 Jahre Pfarrei St. Mang, S. 137.

173 Stadtamhof Nr. 8 (ehem. Brauereigaststätte, Bogennische): *Abstrakte Tonplastik* (zwei Vertikalbögen), Fassung in Terrakotta und Weiß, 1980er Jahre; ersetzt eine ehemals dort vorhandene Figur des hl. Georg; vgl. D-3-62-000-1135, 100 Jahre Pfarrei St. Mang, S. 140.

---

174 Stahlzwingerweg 3 (Hauswand über Torbogen, 1. OG): *Hl. Lukas als Maler* (Fassadenmalerei in Zinnober, Gildenmotiv, 1950er Jahre, mit Schriftzug »Sankt Lukas«).

---

175 Stahlzwingerweg 23 (Wohnhaus, »Salve-Haus«): *Drei antikisierende Terrakotta-Figuren in Giebelnischen – Jesus, Maria und Florian* (Gebäude von Alois Janker, 1894); vgl. D-3-62-000-1160; vgl. Hausmadonnen S. 173 f.

---

176 Steinweg 1 (ehemals Waisenhaus St. Peter): Figurennische mit gotischem Sprengwerkbaldachin »*Verklärung Christi als Schmerzensmann*« (Original aus der Weintinger Kapelle um 1500, Kopie Mitte 19. Jh., saniert 1986); vgl. D-3-62-000-1166, Bauer S. 733f., 100 Jahre Pfarrei St. Mang, S. 135, Hausmadonnen S. 262 f.

177 Steinweg 14 (Wohnhaus, 18. Jh., Fassade): *Hl. Georg*, Relief, 1775; vgl. D-3-62-000-1170.

178 Sudetendeutsche Straße 31 (Wohnhaus): *Madonna mit Kind* (unter Blechdach), Kunstguss in Holzoptik aus dem Grödnertal, in der Formgebung barocken Madonnenfiguren nachempfunden, 1990; vgl. Hausmadonnen S. 252 f.

179 Theodor-Storm-Straße / Karthäuserstraße: *Kruzifix*, Kalksteinsäule mit Postament, Komposit-Kapitell und Corpus, barock, 1734; vgl. D-3-62-000-610, Masa S. 140 f., Bauer S. 664.

180 Trunzergasse 10 (Wohnhaus mit Fassade zur Ostengasse, 1. OG): *Hl. Josef*, Tondo, Kalksandstein-Relief des hl. Josef mit Winkel und Lilie im Halbporträt, 1892; D-3-62-000-1575.

181 Unter den Schwibbögen 17 (ehem. Kanonikatshof, Giebelfeld): *Patrona Bavariae* (Thronende Maria mit Kind, mit Strahlenkranz, links und rechts unterhalb der Mariendarstellung zwei geflügelte Engelsköpfe), Stuckrelief von 1898; vgl. D-3-62-000-1227, Hausmadonnen 97 f., DiB Regensburg, S. 582.

182 Unter den Schwibbögen 21: »*Jona und der Wal*« (Wirtshausschild »Zum Walfisch«, Schmiedearbeit; Kopie, klassizistisches Original um 1800); vgl. D-3-62-000-1229, Bauer S. 98 f.; https://domschatz-regensburg.de/17-statischer-inhalt/denkmal/153-jona-und-der-wal.html

183 Untere Regenstraße 7 (spätbarockes Gebäude, heute Restaurant): *Maria Immaculata*, vollplastische Holzfigur im Rokoko-Stil, polychrom gefasst, um 1760/70, in verglaster Nische mit Baldachin; vgl. D-3-62-000-1246, Hausmadonnen S. 246 f.

184 Untere Regenstraße / Donaustaufer Straße 2 (Nähe Reinhausener Brücke): *Hl. Johannes Nepomuk mit Kreuz im Arm* (vollplastische Kalkstein-Figur mit Putten auf Postament, um 1750, evtl. von Andreas Sebastian Ney); vgl. D-3-62-000-1245, Masa S. 192f, Hausmadonnen S. 270 f., Bauer S. 745 f.

185 Von-der-Tann-Straße 38 (Jugendstil-Wohnhaus, im Schweifgiebel): *Hl. Florian* (Relief mit Namenszug, Architekt Johann Mayer, 1903); vgl. D-3-62-000-1264.

186 Weiße-Hahnen-Gasse 2 (Ecke Weiße-Lamm-Gasse; ehem. Gasthof »Weißes Lamm«): *Osterlamm-Säule* (Rundsäule mit aufgestelltem runden Steinrelief des Osterlammes), Kalkstein; 14./15. Jh.; vgl. D-3-62-000-1338, Bauer S. 213 f.

187 Weiße-Lilien-Straße 6 (Südseite Viereimergasse, neobarocker Schweifgiebel): *Hl. Johannes Evangelist mit Adler und Banderole*, Fassadenmalerei, 1907, Architekten Gebr. Wildanger; vgl. D-3-62-000-1548.

188 Weißgerbergraben 4 (Wohngebäude, klassizistische Fassade; Relief über dem Hauseingang): *Maria mit Kind*, Gips oder gebrannter Ton, polychrom gefasst, romantisch-italienisierender Stil, 1843; vgl. D-3-62-000-1361, Hausmadonnen S. 175 f.

189 Wieshuberstraße 4 (Pfarrheim St. Josef): *Hl. Florian, auf Konsole*, späthistoristisch, um 1910/20, barocker Stil, Gips, polychrom gefasst.

190 Winzersteig 3 (Pfarrkirche St. Nikolaus, Friedhof, Mauer): *Kalksteinrelief des Gekreuzigten*, ungefasst, in der Form eines Gabelkreuzes; stark verwittert; die Grabsteine mit heraldischen Motiven; 15.-17. Jh.; vgl. D-3-62-000-1412.

Alle Abbildungen stammen von Gerald Richter, Regensburg.

Umschlagabbildung: Der Heilige Wolfgang,
Sandsteinfigur vor der Wolfgangskirche in Regensburg

Klimaneutral
Druckprodukt
ClimatePartner.com/10951-2308-1009

Bibliographische Informationen der Deutschen Nationalbibliothek:
Die Deutsche Nationalbibliothek verzeichnet diese Publikation
in der Deutschen Nationalbibliographie; detaillierte bibliographische Daten
sind im Internet über https://dnb.de abrufbar.

1. Auflage 2023

Umschlaggestaltung: Julie August
LayoutSatz: typegerecht berlin
Druck: Gutenberg Beuys Feindruckerei GmbH, Langenhagen

ISBN 978-3-7954-3866-1

Weitere Informationen zum Verlagsprogramm erhalten Sie unter:
www.schnell-und-steiner.de